高等医学院校教材

大学生创业基础

顾　问　林昌虎　何志旭
主　审　罗　鹏
主　编　张红霞　刘雪梅
副主编　冯广卫　张　洁
编　委　（按姓名汉语拼音排序）
贲　琛（贵州医科大学）
陈丽娜（贵州医科大学）
冯广卫（贵州医科大学）
龚　红（贵州医科大学）
桂晓玲（贵州医科大学）
韩　康（贵州医科大学）
李　莉（贵州医科大学）
刘雪梅（贵州医科大学）
孙　静（贵州医科大学）
王晓玲（贵州医科大学）
肖榜权（贵州医科大学）
余小川（贵州医科大学）
张　洁（贵州医科大学）
张　蓉（贵州医科大学）
张红霞（贵州医科大学）
张雪晴（贵州医科大学）

北京大学医学出版社

DAXUESHENG CHUANGYE JICHU

图书在版编目（CIP）数据

大学生创业基础/张红霞，刘雪梅主编. —北京：北京大学医学出版社，2016.8（2022.1 重印）

ISBN 978-7-5659-1446-1

Ⅰ. ①大… Ⅱ. ①张… ②刘… Ⅲ. ①大学生—创业高等学校—教材 Ⅳ. ①G647.38

中国版本图书馆 CIP 数据核字（2016）第 184682 号

大学生创业基础

主　　编：张红霞　刘雪梅
出版发行：北京大学医学出版社
地　　址：（100191）北京市海淀区学院路 38 号　北京大学医学部院内
电　　话：发行部 010－82802230；图书邮购 010－82802495
网　　址：http://www.pumpress.com.cn
E－mail：booksale@bjmu.edu.cn
印　　刷：北京溢漾印刷有限公司
经　　销：新华书店
责任编辑：韩忠刚　刘云涛　**责任校对**：金彤文　**责任印制**：李　啸
开　　本：787 mm × 1092 mm　1/16　**印张**：13.75　**字数**：360 千字
版　　次：2016 年 8 月第 1 版　2022 年 1 月第 6 次印刷
书　　号：ISBN 978-7-5659-1446-1
定　　价：29.00 元

前　　言

随着全球经济一体化进程的加快，国家越来越重视科学技术在各个领域的快速发展。在我国，对于科技的集中地——高校，国家越来越重视将科学技术转化成生产力。近年来，对于大学生创新、创业等工作，党中央、国务院给予了高度重视，各级政府相继出台了许多优惠政策，涉及融资、开业、税收、创业培训、创业指导等诸多方面，这为将高校的人才培养与市场的需求相对接，将高校的研究成果直接转化成生产力提供了现实的保障。大学生创业教育能够帮助大学生培育创业精神、创新意识，提高创业能力，为未来的工作或创业打下良好的基础。加强大学生创业教育是顺应国际高等教育发展趋势的必然要求，是建设创新型国家的根本需要，是有效缓解当前就业压力的根本选择。深化高等学校创新创业教育改革是国家实施创新驱动发展战略、促进经济提质增效升级的迫切需要，是推进高等教育综合改革、提高人才培养质量的重要举措。进一步做好大学生的创新创业教育，可激发大学生创新创业热情，提高人才的培养质量。

2014 年 5 月 9 日，国务院办公厅印发《关于做好 2014 年全国普通高等学校毕业生就业创业工作的通知》（国办发〔2014〕22 号），部署进一步做好高校毕业生的就业创业工作。通知提出，2014 年至 2017 年，在全国范围内启动实施“大学生创业引领计划”，帮助和扶持更多高校毕业生自主创业，逐步提高高校毕业生的创业比例。各高校要广泛开展创新创业教育，将创业教育课程纳入学分管理，有关部门要研发适合高校毕业生特点的创业培训课程，根据需求开展创业培训，提升高校毕业生的创业意识和创业能力。

2015 年 3 月 2 日，国务院办公厅印发《关于发展众创空间推进大众创新创业的指导意见》（国办发〔2015〕9 号），全面部署以营造良好创新创业生态环境为目标，以激发全社会创新创业活力为主线，以构建众创空间等创业服务平台为载体，有效整合资源，集成落实政策，完善服务模式，培育创新文化，加快形成大众创业、万众创新的局面。

2015 年 5 月 4 日，国务院办公厅印发《关于深化高等学校创新创业教育改革的实施意见》（国办发〔2015〕36 号），要求高校全面贯彻党的教育方针，落实立德树人的根本任务，坚持创新引领创业、创业带动就业，主动适应经济发展新常态，以推进素质教育为主题，以提高人才培养质量为核心，以创新人才培养机制为重点，以完善条件和政策保障为支撑，促进高等教育与科技、经济、社会紧密结合，加快培养规模宏大、富有创新精神、勇于投身实践的创新创业人才队伍，不断提高高等教育对稳增长、促改革、调结构、惠民生的贡献度，为建设创新型国家、实现“两个一百年”奋斗目标和中华民族伟大复兴的中国梦提供强大的人才智力支撑。

我校高度重视大学生的创业课程建设和创业就业工作，从 2015 年开始全面深化我校创新创业教育改革，到 2020 年全面健全融理论教学、实训实践、平台基地、支持保障为一体的创新创业教育体系，强化学生自主学习，完善文化引领和指导帮扶，使得学生的创新精神、创业意识和创新创业能力明显增强，投身创业实践的学生显著增加，涌现大批优秀的学生创新创业成果，毕业生就业质量和人才培养质量稳步提高。本教材是根据我校多年教学和实践工作的经验，借鉴国内外其他高校的先进创业理论和成功经验，结合我校实际情况而编写的。教材以提升创业意识，掌握创业方法，探索创业实践，了解创业企业管理，解决创业核心难题等为基本思路。

本书在编写过程中借鉴、参考了部分国内外创新创业教育方面的文献资料以及一些专家教授的理论和观点，在此一并表示感谢！

贵州医科大学张红霞、刘雪梅担任主编，并由张红霞统筹定稿。参加本书编写的有张红霞、刘雪梅、李莉、桂晓玲、龚红、贲琛、张雪晴、张洁、陈丽娜、张蓉、王晓玲、孙静、余小川、韩康、冯广卫、肖榜权。

由于时间和水平有限，书中难免有疏漏和不妥之处，欢迎广大读者提出宝贵意见和建议，以便更好地修订和完善。

编　者

2016 年 7 月

目　　录

第一章 创业教育

本章要点

1. 了解创业的含义和特点。
2. 了解创业的紧迫性与创业环境。
3. 熟悉创业的基本步骤和创业过程应注意的问题。
4. 掌握创业者应具备的基本素质与能力。

第一节 创业概述

一、创业的概念

创业顾名思义就是开创事业（创设、创造、创新职业或企业），获得绩效，亦即有创意地进行择业、谋职就业、自办企业，是创业者对自己拥有的资源或通过努力对能够拥有的资源进行优化整合，从而创造出更大经济或社会价值的过程。

创业有广义和狭义之分。广义的创业是指创业者的各项创业实践活动，其功能指向成就国家、集体和群体的大业。狭义的创业是指创业者的生产经营活动，主要是开创个体和家庭的小业。创业者发现某种信息、资源、机会或掌握某种技术，利用或借用这些平台或载体，将其发现的信息、资源、机会或掌握的技术，以一定方式转化、创造成更多的财富和价值，并实现某种追求或目标的过程即为创业。

对创业概念，可以从以下四个方面理解：

1. 创业是一个复杂的创造过程——它创造出某种有价值的新事物。这种新事物必须是有价值的，不仅对创业者本身有价值，对社会也要有价值。价值属性是创业的重要社会属性，同时也是创业活动的意义和价值。

2. 创业必须要贡献必要的时间和精力，付出极大的努力。要完成整个创业过程，要创造新的有价值的事物，就需要大量的时间，而要获得成功，没有极大的努力是不可能的，而且很多创业活动的初期是在非常艰苦的环境下实现的。

3. 创业要承担必然的风险。创业的风险可能有各种不同的形式，取决于创业的领域和创业团队的资源。但通常的创业风险主要是人力资源风险、市场风险、财务风险、技术风险、外部环境风险、合同风险、精神方面的风险等几个方面。创业者应具备超人的胆识，甘冒风险，勇于投身多数人望而却步的风险事业。

4. 创业将给创业者带来回报。作为一个创业者，最重要的回报可能是其从中获得的独立自主以及随之而来的个人物质财富的满足。对于追求利润的创业者，金钱的回报无疑是重要的，对其中的许多人来说，物质财富是衡量成功的一种尺度。通常，风险与回报成正相关关系。创业带来的回报，既包括物质的回报也包括精神的回报，它是创业者进行创业的动机和动力。

二、创业的特点

创业是一种劳动方式，是一种需要创业者组织、运用服务、技术、器物作业的思考、推理、判断的行为。根据杰弗里 A. 蒂蒙斯（Jeffry A. Timmons）所著的创业教育领域的经典教科书《创业创造》定义：创业是一种思考、推理和行为方式，它为机会所驱动，需要在方法上全盘考虑并拥有和谐的领导能力。创业必须要贡献出时间、付出努力，承担相应的财务的、精神的和社会的风险，并获得金钱的回报、个人的满足和独立自主。

创业主要有以下几个特点：

1. 创新性　创业是创造具有“更多价值的”新事物的过程。

2. 投入性　创业需要投入必要的时间和精力，付出极大的努力。

3. 风险性　创业需承担必然存在的风险，包括财务、精神、社会领域及家庭等方面所带来的风险。

4. 回报性　创业可获得报酬、金钱、独立自主和个人满足。

对于一个真正的创业者，创业过程不但充满了激情、艰辛、忧虑、痛苦和徘徊，还需要付出坚持不懈的努力，当然，渐进的成功与感悟也将带来无穷的欢乐和分享不尽的幸福。

创业作为一个商业领域，致力于创造新事物（新产品、新市场、新生产过程或原材料、组织现有技术的新方法）的机会，这些机会出现并被特定个体发现或创造，这些人运用各种方法去利用和开发它们，然后产生各种效果。

三、创业的类型

按照不同的标准，可将创业分成不同的类型。了解创业类型是为了在创业决策中做比较，选择最适合自己条件的创业类型。我们可以从动机、渠道、主体、项目、风险和周期六个不同的角度进行分类。

1. 机会型创业与就业型创业　从动机角度，创业可分为机会型创业与就业型创业。

（1）机会型创业：机会型创业的出发点并非谋生，而是为了抓住、利用市场机遇。它以新市场、大市场为目标，因此能创造出新的需要，或满足潜在的需求。机会型创业会带动新的产业发展，而不是加剧市场竞争。世界各国的创业活动以机会型创业为主，但中国的机会型创业数量较少。

（2）就业型创业：就业型创业的目的在于谋生，为了谋生而自觉地或被迫地走上创业之路。这类创业大多属于尾随型和模仿型，规模较小，项目多集中在服务业，并没有创造新需求，而是在现有的市场上寻找创业机会。由于创业动机仅仅是为了谋生，往往小富即安，极难做大做强。

就业型创业和机会型创业与主观选择相关，但并非完全由主观决定。创业者所处的环境及其所具备的能力对于创业动机类型的选择有决定性作用。因此，创造良好的创业环境，通过教育和培训来提高人的创业能力，就会增加机会型创业的数量，不断增加新的市场，促进经济发展和生活改善，减少企业之间的低水平竞争。

2. 自主型创业与企业内创业 按照新企业建立的渠道，可以将创业划分为自主型创业和企业内创业。

（1）自主型创业：自主型创业是指创业者个人或团队白手起家进行创业。

自主型创业充满挑战和刺激，个人的想象力、创造力可得到最大限度的发挥，不必再忍受单位官僚主义的压制和庸俗的人际关系的制约；有一个新的舞台可供表现和实现自我；可多方面接触社会、各种类型的人和事，摆脱日复一日的单调乏味的重复性劳动；可以在短时期内积累财富，奠定人生的物质基础，为攀登新的人生巅峰做准备。

然而，自主型创业的风险和难度也很大，创业者往往缺乏足够的资源、经验和支持。我们透过许多案例发现，自主型创业失败的原因主要表现在这样两个方面：

其一，创业者对自己所提供的产品或服务及进入的领域缺乏了解，准备不足，质量不稳，导致在竞争中失败。

其二，创业者被突如其来的成功冲昏了头脑，变得过于自信，甚至刚愎自用，把偶然性当成了必然性，继而进行盲目的脱离实际的战略决策，使企业迅速扩张，导致管理失控，产品和服务质量下降，出现信用危机，使企业陷入破产的危险中。

自主型创业有许多种方式，但是，大体上可以归纳为如下几种方式：

其一，创新型创业。创新型创业是指创业者通过提供有创造性的产品或服务，填补市场需求的空白。

其二，从属型创业。从属型创业大致有两种情况：一是创办小型企业，与大型企业进行协作，在企业整个价值链中，做一个环节或者承揽大企业的外包业务。这种方式能降低交易成本，减少单打独斗的风险，提升市场竞争力，且有助于形成产业的整体竞争优势。二是加盟连锁、特许经营。利用品牌优势和成熟的经营管理模式，减少经营风险，如加盟麦当劳、肯德基等。

其三，模仿型创业。根据自身条件，选择一个合适的地点和进入壁垒低的行业，学着别人开办企业。这类企业投入少，并无创新，在市场上拾遗补缺，但逐步积累也有机会跻身于强者行列，创立自己的品牌。

（2）企业内创业：企业内创业是进入成熟期的企业为了获得持续的增长和长久的竞争优势，为了倡导创新并使其研发成果商品化，通过授权和资源保障等支持的创业。每一种产品都有生命周期，一个企业在不断变化的环境中，只有不断创新，不断将创新的成果推向市场，不断推出新的产品和服务，才能跳出产品生命周期的怪圈，不断延伸企业的生命周期。成熟企业的增长同样需要创业的理念、文化，需要企业内部创业者利用和整合企业内部资源创业。

企业内创业是动态的，正是通过二次创业、三次创业乃至连续不断的创业，企业的生命周期才能不断地在循环中延伸。

3. 大学生创业、失业者创业和兼职者创业 按创业主体分类，创业可以分为大学生创业、失业者创业和兼职者创业。

（1）大学生创业：大学毕业后自主创业，可独立创业，也可合伙创业；可从事所学专业，也可从事非所学专业，后者在今天已较普遍。自主创业的目的并非以挣钱为主，而是不愿替人打工、受制于人，是干自己想干的事，体现自我人生价值。

独立创业是指创业者独立创办自己的企业。个人独立创业也成为一种很平常的现象。独创企业的特点在于产权是创业者个人独有的，相对独立，而且产权清晰，企业利润归创业者独有。企业由创业者自由掌控，创业者按自己的思路来经营和发展自己的企业，无须迎合其他持股者的利益要求及其对企业经营的干扰。但是，独创企业需要创业者面临独自承担风险、创业资金筹备比较困难、财务压力大和个人才能的限制等约束。

合伙创业是指与他人共同创办企业。与独创企业相比，合伙创业有以下几个优势：一是共担风险；二是融资难得到缓解；三是有利于优势互补，形成一定的团队优势。不利因素有：一是易产生利益冲突的问题；二是易于出现中途退场者；三是企业内部管理交易费用较高；四是对企业发展目标可能有分歧。

（2）失业者创业：不少失业者也通过自身努力，成了创业的佼佼者。这类创业大多选择服务行业，投资少，回报快，风险低。比如，北京的月嫂服务就是失业工人开创的，市场非常巨大，十分适合有生活经验的中年妇女。

（3）兼职者创业：如大学教授中有一部分就是兼职创业者，尤其是搞艺术专业的，自己建立公司。

4. 传统技能、高新技术和知识服务型创业 按创业项目分类，创业大致可以分为传统技能型、高新技术型和知识服务型三种。

（1）传统技能型：选择传统技能项目创业将具有永恒的生命力，因为使用传统技术、工艺的创业项目，如独特的技艺或配方都会拥有市场优势。尤其是在酿酒业、饮料业、中药业、工艺美术品业、服装与食品加工业、修理业等与人们日常生活紧密相关的行业中，独特的传统技能项目表现出了经久不衰的竞争力，许多现代技术都无法与之竞争。不仅中国如此，外国也如此。有不少传统的手工生产方式在发达国家至今仍保留着。

（2）高新技术型：高新技术项目就是人们常说的知识经济项目、高科技项目，知识密集度高，带有前沿性和研究开发性。国家科学技术委员会将中国高新技术分为11类：微电子和电子信息技术、空间科学和航空技术、光电子和机电一体化技术、生命科学和生物工程技术、材料科学和新材料技术、能源科学和新能源技术、生态科学和环境保护技术、地球科学和海洋工程技术、医药科学和生物医学工程技术、精细化工等传统产业新工艺新技术、基本物质科学辐射技术。高新技术企业的标准有四条：一是知识密集、技术密集；二是大专以上学历人员占职工总数的30%以上，且研究开发人员占10%；三是高新技术产品研究开发费用占总收入的3%以上；四是技术性收入与高科技产品产值总和占企业总收入50%以上。

（3）知识服务型：当今社会，信息量越来越大，知识更新越来越快。为了满足人们节省精力、提高效率的需求，各类知识性咨询服务的机构会不断细化和增加，如律师事务所、会计师事务所、管理咨询公司、广告公司等。知识服务型项目是一种投资少、见效快的创业选择。剪报创业就是一种知识服务型创业。北京有人创办剪报公司，专门为企业剪报，把每天主要媒体上与该企业有关的信息全部收集、复印、装订起来，年收入可达100万元，且市场十分稳定。

5. 依附型、尾随型、独创型和对抗型创业 按创业风险分类，创业大致可以分为依附型、尾随型、独创型和对抗型创业。

（1）依附型创业：依附型创业可分为两种情况：一是依附于大企业或产业链而生存。在产业链中确定自己的角色，为大企业提供配套服务，如专门为某个或某类企业生产零配件，或生产、印刷包装材料。二是特许经营权的使用，如麦当劳、肯德基，利用品牌效应和成熟的经营管理模式，减少经营风险。

（2）尾随型创业：尾随型创业即模仿他人创业，所开办的企业和经营项目均无新意，行业内已经有许多同类企业，新创企业尾随他人之后，“学着别人做”。尾随的第一个特点，是短期内不求超过他人，只求能维持下去，随着企业的成熟，再逐步进入强者行列。尾随的第二个特点，是在市场上拾遗补缺。不求独家承揽全部业务，只求在市场上分得一杯羹。

（3）独创型创业：独创型创业可表现在诸多方面，归结起来，集中在两个层面。一是填补市场需求内容的空白。二是填补市场需求形式的空白。前者经营项目具有独创性，独此一家，别无分店。大到商品独创性，小到商品的某种技术的独创性。如生产的洗衣粉比市场上卖的环保性好且去污力强，这就属于商品的某种技术的独创性。独创性也可以表现为一种服务，如搬家服务过去是没有的，改革开放后，搬家服务已形成市场，谁先成立搬家公司，谁的创业就具备独创性。当然，独创型创业有一定的风险性，因为消费者对新事物有一个接受的过程。独创型创业也可以是旧内容新形式，比如，产品销售送货上门，经营的商品并无变化，但在服务方式上扩大了，从而更具竞争力。

（4）对抗型创业：对抗型创业是指进入其他企业业已形成垄断地位的某个市场，与之对抗较量。这类创业必须在知己知彼、科学决策的前提下，决心大，速度快，把自己的优势发挥到淋漓尽致，把自己的劣势填平补齐，抓住市场机遇，乘势而上，避开市场风险，减少风险损失。希望集团就是对抗型创业的成功典型。20 世纪 90 年代初，外国饲料厂商进入中国市场大量倾销合成饲料，希望集团建立了我国西南地区最大的饲料研究所，一起步就定位于与外国饲料厂商争市场。

6. 初始创业、二次创业与连续创业　按创业周期划分，创业可分为初始创业、二次创业与连续创业。

（1）初始创业：初始创业是一个从无到有的过程。创业者经过市场调查，分析自己的优势、劣势和外部环境的机遇、风险，权衡利弊，确定自己的创业类型，履行必要的法律手续，招聘员工，建立组织，设计管理模式，投入资本，营销产品或服务，不断扩大市场，由亏损到盈利的过程就是初始创业。同时，初始创业也是一个学习过程，创业者往往边干边学。在初始创业阶段企业的死亡率较高，风险来自多方面，有时甚至会出现停止是死，扛下去可能有生路的局面，总之要承受更大的心理压力和经济压力。所以，初始创业要尽量缩短学习过程，善用忠实之人，减少失误，坚持到底。

（2）二次创业：传统的观念认为，新建企业为创业，老企业只存在守业问题，不存在创业问题。所谓“创业难，守业更难”，是一种小农意识，在当代社会，特别是进入知识经济时代，业是守不住的，纵然是存在银行里的钱，也可能贬值或遭受金融危机的洗劫。所以，创业是个动态的过程，伴随企业全部的生命周期。企业的生命周期分为投入期、成长期、成熟期和衰退期四个阶段。创业者表现最明显的是在投入期和成熟期，没有投入期，就没有创业；成熟期不再次创业，企业就会死亡。成熟期再创业的，就是二次创业。它对企业的生存和发展举足轻重。北京的电冰箱、洗衣机企业在全国曾经有过辉煌的历史，海尔冰箱、洗衣机只是白菊、雪花的小兄弟，但在二次创业中，北京家电业没有迈过去，最后消亡了，而海尔在张瑞敏的率领下成功地进行了二次创业，并成为海尔企业集团。

二次创业的目的是使企业不要进入衰退期，恒久地保持成长期和成熟期的良好状态，彰显出长久的竞争优势。靠什么呢？靠新技术、新产品和新服务。在企业成长期结束、成熟期开始时，就要进行二次创业，就要投入新产品（包括新技术和新服务）。老产品处于成熟期，新产品处于投入期；老产品进入衰退期，新产品进入成长期，这样就能保证企业生命不衰，青春常驻。没有二次创业，企业必会昙花一现。

(3) 连续创业：创业其实是沿着哲学法则运行的。创业体现的是从无到有，“有”要完成它的生命周期四个阶段，这四个阶段是由生到死的阶段，不使其死的唯一办法是嫁接生命，把企业生命由原来所系的产品（或服务、技术）嫁接到另一种新产品（或新服务、新技术）的生命也是有限的，这就需要三次创业，三次嫁接。进入第三次创业的企业往往有了较大的实力和规模，抗风险能力比较强，而且经过三次创业的企业，不少走向了分权化、集团化。

四、创业的要素与特征

由创业的概念可知，创业的要素包括创业者、商业机会、技术、资源、人力资本、组织、产品服务等几个方面。

1. 创业者 创业者是创业过程中处于核心地位的个人或团队，是创业的主体。创业者在创业过程中起着关键的推动和领导作用，包括识别商业机会、创建企业组织、融资、开发新产品、获取和有效配置资源、开拓新市场等。因而创业者的素质和能力是创业成功的第一要素。

2. 商业机会 商业机会是创业过程中的核心，创业者从发现和识别商业机会开始创业。商业机会指没有被满足的市场需求，它是市场中现有企业留下的市场空缺。商业机会就是创业机会，它意味着顾客能得到比当前更好的产品和服务的潜力。

3. 技术 技术是一定产品或服务的重要基础。产品与服务当中的技术含量及其所占比例，是企业满足社会和市场需求的重要保障，是企业的核心竞争力。

4. 资源 资源是组织中的各种投入，包括各种人、财、物。资源不仅指有形资产，如厂房、机器设备，也包括无形资产，如专利、品牌；不仅包括个人资源，如个人技能、经营才能，也包括社会网络资源，如信息、权力影响、情感支持、金融资本。

5. 人力资本 人力资本是创业的重要资源投入。成功的关键在于创业者的识人、用人、留人。形成创业的核心团队，制订有利的政策制度和有效的组织结构，建立良好的企业文化是建立人力资本的核心。

6. 组织 组织是协调创业活动的系统，是创业的载体，是资源整合的平台。创业型组织的显著特征是创业者强有力的领导和缺乏完善的组织结构及制度。从广义来说，创业型组织是以创业者为核心形成的关系网络，不仅包括新设组织内的人，还包括这个组织之外的人或组织，如顾客、供应商和投资人。

7. 产品服务 产品服务是创业者为社会创造的价值，它既是创业者成功的必要条件，也是创业者对社会的贡献。

总之，创业是具有创业精神的创业者、商业机会、组织与技术、资金、人力资本等资源相互作用、相互配置，以创造产品和服务的动态过程。

五、创业的紧迫性

创业是时代的召唤，创业是劳动者实现人生价值的重要途径。为鼓励与促进劳动者创业，我国政府已为创业者出台了一系列的创业优惠政策。当今这个时代是一个高速发展、日益革新、信息高科技的时代，也是世界经济一体化的时代。面临全球竞争日益激烈的这一现实，每个有志于实现人生价值的劳动者都应树立创业的志向，走创业之路。

1. 发展的时代需要创业　随着人类社会的发展，人类文明的脚步迈进了21世纪。在这个不断进步的社会，人类积淀的科技成果和物质基础为人们开创事业提供了充分的物质保障。互联网的出现，让人们摄取知识更加便捷；交通的发展，为人们交往提供便利等。但要适应社会不断发展的需要，跟上时代发展的步伐，就必须根据环境的要求和自身的特点进行创业活动，这是社会进步对人的要求，也是人们自身发展的必然趋势。

2. 变革的时代需要创业　当今社会正处于一个不断变革的时代，这种变革渗透到社会生活的各个方面，然而每个方面的变革又同其他方面相互影响、相互作用。这种变革过程更加注重突出人的价值，体现人的发展，显示人的才能。只有这样，变革的目的与人的发展才趋于一致。面对这种变革的社会，只有适应社会的发展，创造自己的事业，才能实现人的价值，显示个性特征，才能把自己融于变革的社会发展之中，适应时代的要求。

3. 产业结构调整需要创业　随着我国经济的发展和改革的逐步深入，我国的产业结构正在逐步地调整。我国产业结构调整的方针是：大力加强第一产业，调整提高第二产业，积极发展第三产业。在这一方针的指导下，迎来了第三产业蓬勃发展的春天，为了适应产业结构调整需要，要求更多的人创办第三产业，从而为我国的社会发展注入新的活力。

4. 高科技的时代需要创业　这个时代是信息高科技迅速发展的时代，科学技术就是生产力，知识就是资本。科学技术的发展不仅为创业提供了条件，也为创业拓宽了道路。目前，世界正处于知识经济时代，知识经济的崛起，为高科技人员创业提供了广阔的市场。

5. 全球经济一体化的发展需要创业　当今国际经济不断发展并逐步趋向一体化。这种经济一体化表现在货币、金融、贸易、市场和就业等方面朝着一体化的方向发展。经济发展一体化的过程必将带来各国商品品牌、质量、价格等之间的竞争，要想使国家经济能继续快速稳定发展和全民就业率不断提高，就必须鼓励劳动者创业，创办适合社会要求的企业，创造出高质量的产品，在国际经济大潮中立于不败之地。

六、树立正确的创业观

创业是一种追求，是一种行为，更是一种人生态度，这种态度不仅影响创业的成功或失败，更影响创业者的人生价值。创业者唯有树立正确的创业观，才能创造辉煌的人生。

1. 创业的社会道德观　创业是一种社会行为，创业活动都要通过一定的社会实践活动来完成，因而创业必须符合一定的社会道德规范，自觉接受法律的约束，要做到合法创业，守法经营，依法行事；要自觉接受社会公德和职业道德的约束，做到文明经商，诚信经营，互助互利。创业者在创业过程中，其行为只有符合社会道德规范，才能在社会中得以生存和发展。

2. 先就业后创业观　从许多打工者发展成才，最终成为成功的创业者的事例来看，打工生涯是一种很有成效的“留学”，是造就创业素质和积累创业资本的“社会大学”。打工就业使创业者开阔了视野，增长了见识，更新了观念，激发了创业的欲望；使创业者增长了才干，积累了创业所需的知识和技能；使创业者磨炼了意志，优化了创业者的心理品质；使创业者拓展了信息源，有利于捕捉创业的机缘；使创业者建立一定的人际关系，特别是营销方面的人脉，这为以后创业实践准备了良好的资源。因此，应树立先就业、后创业的理念。

3. 创业的价值观　由于创业的动机不同，创业者对创业的价值也有不同的看法，有人认为创业是为了生存，有人认为创业是为了“发家致富”，有人认为创业是为社会创造财富，也有人认为创业是为了发挥与展示个人的才能。这些创业的价值观，在每个创业者身上，在不同时期有不同程度的反映。

劳动者为了自身的生存而创业，先解决自己的生存问题，这是无可厚非的；“发家致富”是现阶段我国政策所允许和提倡的，但是“发家致富”过程中不能只顾个人利益，不顾他人、集体和国家利益，要做到“先富”带“后富”，最后实现“共同富裕”。成功的创业者在为自己生存获得必要的经济来源的同时也对社会做出了贡献；成功的创业者能为社会提供就业岗位，为社会创造更多的财富；创业要发挥智慧、顺应天时、把握地利和人际关系，并克服各种困难与挫折，这需要创业者具备必要的能力以应付、排解各种各样的困难，使创业得以成功，事业走向辉煌。

第二节 大学生创业形势

一、大学生创业的现实意义

随着高等教育从“精英教育”向“大众教育”迈进，高校毕业生就业形势日益严峻，大学毕业生数量将远远超过空缺岗位的数量。有专家指出，近几年城镇每年需要就业的人数将保持在2400万人以上，而在现有经济结构下，每年大概只能提供1100万个就业岗位，年度就业岗位缺口在1300万左右。在今后很长时期内，大学生将面临更为严峻的就业形势。因此，大学毕业生创业具有十分重要的意义。

1. 缓解大学生就业压力 大学生创业有利于解决大学生就业难的问题。创业能力是一个人在创业实践活动中自我生存、自我发展的能力。一个创业能力很强的大学毕业生不但不会成为社会的就业压力，相反还能通过自主创业活动来增加就业岗位，以缓解社会的就业压力。

2. 帮助大学生实现自我价值 大学毕业生通过自主创业，可以把自己的兴趣与职业紧密结合，做自己最感兴趣、最愿意做和自己认为最值得做的事情，在五彩缤纷的社会舞台中大显身手，最大限度地发挥自己的才能。创业并非人人成功，既然如此，为什么还有众多的人选择了创业这条路径呢？谋求生存乃至自我价值的实现是创业最主要的原动力。

3. 有利于大学生实现致富梦想 大学生要想变得非常富有，开创自己的事业最有希望实现致富的目标。当前，大学生的就业观念正在悄悄地发生改变，一个鼓励创业、保护创业、崇拜创业的大环境正在逐步形成。原先由政府包揽的就业和创业活动逐渐被市场取代，产业结构调整带来的巨大创业机会，以及政府出台“创业带动就业”的政策，促使大学生创业潜流涌动，大学生通过自主创业将实现致富梦想。

4. 促进中小企业的快速发展 从国际经验来看，等量资金投资于小企业，它所创造的就业机会是大企业的四倍。有个国家99.5%的企业属于小企业，65%～80%的劳动者在其中就业。美国对中小企业的发展一直比较重视，称其为“美国经济的脊梁”，美国企业创新产品中82%来自中小企业。而我国小企业太少，因此，鼓励大学生自主创业有利于中小企业的快速发展。

5. 培养大学生艰苦奋斗的作风 大学生在自主创业的过程中，困难和挫折，甚至失败都在所难免，这就要求自主创业的大学生具备顽强的意志和良好的品格，勇于承担风险，自立自强，艰苦拼搏，通过创业培养自立自强意识、风险意识、拼搏精神和艰苦奋斗的作风。

6. 培养大学生的创新精神　创新是一个民族的灵魂，是一个国家兴旺发达的不竭动力。青年大学生作为中国最具活力的群体，如果失去了创造的冲动和欲望，那么中华民族最终将失去发展的动力。大学生的创业活动，有利于培养勇于开拓创新的精神，把就业压力转化为创业动力，培养出越来越多的各行各业的创业者。

二、大学生创业的政策支撑

为支持大学生创业，国家和各级政府出台了一系列的优惠政策，涉及融资、开业、税收、创业培训、创业指导等诸多方面。

1. 鼓励大学生创业已经上升为国家战略发展的需求　党的“十八大”明确提出，各级政府要把鼓励和引导大学生创业摆在重要位置，积极营造良好的环境，加大政策扶持和引导力度，为大学生自主创业构建绿色通道。

（1）完善创业政策，强化创业激励。要全面梳理现有创业、就业的有关政策，把扶持政策统一到“以创业带动就业”这一导向上来，把扩大就业与鼓励创业结合起来，把创业项目开发与创业培训结合起来，把毕业生创业与相关政策结合起来，建立项目开发、创业培训、小额贷款等相结合的创业机制。各级政府要积极引导各类金融机构，加大对毕业生创业的支持力度，简化小额贷款担保手续，实行劳动、担保、银行联合调查，为大中专毕业生提供小额贷款担保。中国人民银行、财政部、人力资源和社会保障部联合发布了《关于进一步改进小额担保贷款管理积极推动创业促就业的通知》。《通知》规定，自 2008 年 1 月 1 日起，小额担保贷款经办金融机构对个人新发放的小额担保贷款，其贷款利率可在中国人民银行公布的贷款基准利率的基础上上浮 3 个百分点。其中，微利项目增加的利息由中央财政全额负担。同时，小额担保贷款经办金融机构对个人新发放的小额担保贷款最高额度由 2 万元提高到 5 万元，对符合条件的劳动密集型小企业的小额担保贷款最高额度由不超过 100 万元提高到不超过 200 万元。对符合条件的人员合伙经营和组织起来就业的，经办金融机构可适当扩大贷款规模。

（2）加强创业教育，提升创业能力。一是培养创业精神，让毕业生了解我国当前严峻的就业形势，懂得创业的社会责任感和使命感。二是丰富创业知识，创业培训要与项目推荐、技术支持、人才服务、小额贷款、融资担保、创业指导等相结合，与企业家和自主创业成功者开展“创业一对一”活动，定期举办创业经验交流会和开展创业大比拼等活动，既要丰富他们创业所必备的工商、税务、金融、劳动和企业经营方面的知识，又让他们学会如何办理有关手续、如何筹措资金和规避市场风险等知识。三是加强创业心理辅导，通过培训使他们克服不敢创业、不愿创业、怕冒风险、害怕失败的心理，建立创业自信心。四是提高创业能力，通过培训使他们基本掌握如何把握商机、如何组织创业团队、如何充分发挥团队的人力资源优势等，不断提高创新能力、策划能力、组织能力、协调能力及管理能力。

（3）建设创业基地，加强创业扶持。政府要鼓励多方投资，充分利用闲置厂房、专业化市场等适合中小企业聚集创业的场所，建设具有滚动孵化功能的中小企业创业辅导基地，让自主创业的毕业生理清创业思路，提高创业技能。通过聘请知名企业家、毕业生创业成功人士、专家学者组建自主创业导师队伍，根据自主创业者的不同需要，提供咨询、技术、管理、政务代理等指导和服务。有关科研院所要积极研发一批市场前景好、投资见效快，符合创业者需要的新产品、新技术，向创业者推介，并组织专业技术人员开展创业服务。有关部门要设立大学生自主创业服务窗口，开设自主创业政策和信息专栏，提供政策咨询、投资信息、市场行情、项目推介、技术进步、外经外贸和劳务供求等有关资讯服务。要树立一批创业典型，推广一批成功经验，让更多的毕业生学有榜样、干有劲头。

（4）规范执法行为，营造创业环境。要大力推进“阳光政务”工程，加强机关效能建设，简化办事程序，提高办事效率。要禁止任何部门、单位和个人干预企业正常经营，严格制止乱收费、乱摊派、乱罚款、乱检查、乱培训等行为。要打破行业垄断，凡国家没有明文规定禁止的行业，都要允许民营企业进入，让各种所有制经济获得平等竞争的权利，为创业者提供良好的市场环境。

2. 政策支撑为大学生创业提供有力的外部环境（创业具体优惠政策） 近年来，国家相继出台了12项政策，从放宽市场准入条件、享受资金扶持、实行税费减免优惠、提供培训指导等多方面扶持鼓励普通高校毕业生自主创业。具体政策如下：

（1）创业担保贷款和贴息：对符合条件的大学生自主创业的，可在创业地按规定申请创业担保贷款，贷款额度为10万元。鼓励金融机构参照贷款基准利率，结合风险分担情况，合理确定贷款利率水平，对个人发放的创业担保贷款，在贷款基准利率的基础上上浮3个百分点以内的，由财政给予贴息。

（2）大学生创业税收优惠：持人社部门核发《就业创业证》（注明“毕业年度内自主创业税收政策”）的高校毕业生在毕业年度内（指毕业所在自然年，即1月1日至12月31日）创办个体工商户、个人独资企业的，3年内按每户每年8000元为限额依次扣减其当年实际应缴纳的营业税、城市维护建设税、教育费附加和个人所得税。对高校毕业生创办的小型微利企业，按国家规定享受相关税收支持政策。

（3）免费创业服务：有创业意愿的大学生，可免费获得公共就业和人才服务机构提供的创业指导服务，包括政策咨询、信息服务、项目开发、风险评估、开业指导、融资服务、跟踪扶持等“一条龙”创业服务。

（4）享受培训补贴：对大学生创办的小微企业新招用毕业年度高校毕业生，签订1年以上劳动合同并缴纳社会保险费的，给予1年社会保险补贴。对大学生在毕业学年（即从毕业前一年7月1日起的12个月）内参加创业培训的，根据其获得创业培训合格证书或就业、创业情况，按规定给予培训补贴。

（5）免收有关行政事业性收费：毕业2年以内的普通高校学生从事个体经营（除国家限制的行业外）的，自其在工商部门首次注册登记之日起3年内，免收管理类、登记类和证照类等有关行政事业性收费。

（6）取消高校毕业生落户限制：高校毕业生可在创业地办理落户手续（直辖市按有关规定执行）。

（7）创新人才培养：创业大学生可享受各地各高校实施的系列“卓越计划”、科教结合协同育人行动计划等，同时享受跨学科专业开设的交叉课程、创新创业教育实验班等，以及探索建立跨院系、跨学科、跨专业交叉培养创新创业人才的新机制。

（8）开设创新创业教育课程：自主创业大学生可享受各高校挖掘和充实的各类专业课程和创新创业教育资源，以及面向全体学生开发开设的研究方法、学科前沿、创业基础、就业创业指导等方面的必修课和选修课，享受各地区、各高校资源共享的慕课、视频公开课等在线开放课程和在线开放课程学习认证及学分认定制度。

（9）强化创新创业实践：自主创业大学生可共享学校面向全体学生开放的大学科技园、创业园、创业孵化基地、教育部工程研究中心、各类实验室、教学仪器设备等科技创新资源和实验教学平台。参加全国大学生创新创业大赛、全国高职院校技能大赛和各类科技创新、创意设计、创业计划等专题竞赛以及高校学生成立的创新创业协会、创业俱乐部等社团，提升创新创业实践能力。

（10）改革教学制度：自主创业大学生可享受各高校建立的自主创业大学生创新创业学分累计与转换制度，将开展创新实验、发表论文、获得专利和自主创业等情况折算为学分，将学生参与课题研究、项目实验等活动认定为课堂学习的新探索。同时也享受为有意愿有潜质的学生制订的创新创业能力培养计划，创新创业档案和成绩单等系列客观记录并量化评价学生开展创新创业活动情况的教学实践活动。优先支持参与创业的学生转入相关专业学习。

（11）完善学籍管理规定：有自主创业意愿的大学生，可享受高校实施的弹性学制，放宽学生修业年限，允许调整学业进程、保留学籍休学创新创业等管理规定。

（12）大学生创业指导服务：自主创业大学生可享受各地各高校对自主创业学生实行的持续帮扶、全程指导、一站式服务，以及地方、高校两级信息服务平台，为学生实时提供国家政策、市场动向等信息和创业项目对接、知识产权交易等服务。可享受各地在充分发挥各类创业孵化基地作用的基础上，因地制宜建设的大学生创业孵化基地和相关培训、指导服务等扶持政策。

3. 社会各级纷纷营造全民创业良好氛围（社会各级创业政策详情） 为支持大学生创业，国家和各级政府出台了许多优惠政策，涉及融资、开业、税收、创业培训、创业指导等诸多方面。

（1）大学毕业生在毕业后两年内自主创业，到创业实体所在地的工商部门办理营业执照，注册资金（本）在 50 万元以下的，允许分期到位，首期到位资金不低于注册资本的 10%（出资额不低于 3 万元），1 年内实缴注册资本追加到 50% 以上，余款可在 3 年内分期到位。

（2）大学毕业生新办咨询业、信息业、技术服务业的企业或经营单位，经税务部门批准，免征企业所得税两年；新办从事交通运输、邮电通讯的企业或经营单位，经税务部门批准，第一年免征企业所得税，第二年减半征收企业所得税；新办从事公用事业、商业、物资业、对外贸易业、旅游业、物流业、仓储业、居民服务业、饮食业、教育文化事业、卫生事业的企业或经营单位，经税务部门批准，免征企业所得税一年。

（3）各国有商业银行、股份制银行、城市商业银行和有条件的城市信用社要为自主创业的毕业生提供小额贷款，并简化程序，提供开户和结算便利，贷款额度在 2 万元左右。贷款期限最长为两年，到期确定需延长的，可申请延期一次。贷款利息按照中国人民银行公布的贷款利率确定，担保最高限额为担保基金的 5 倍，期限与贷款期限相同。

（4）政府人事行政部门所属的人才中介服务机构，免费为自主创业毕业生保管人事档案（包括代办社保、职称、档案工资等有关手续）2 年；提供免费查询人才、劳动力供求信息，免费发布招聘广告等服务；适当减免参加人才集市或人才劳务交流活动收费；为创办企业的员工优惠提供一次培训、测评服务。

三、大学生创业现状及趋势

2004 年全国普通高校毕业生仅有 280 万人，随着这一年高校扩招政策的实施，高校毕业生呈爆发性增长的态势，2015 年人数达到 749 万，是 2003 年毕业人数的三倍有余。然而在毕业生人数增长的同时，社会所能提供的就业岗位并未相应增多，致使越来越多的大学生毕业就将面临失业。面对如此严峻的就业形势，国家大力提倡大学生自主创业，国务院总理李克强指出："促进大众创业，万众创新，大学生是其中的重要力量。"

（一）大学生创业的现状

1. 创业热情较高，实践经历较少 经过调查发现，越来越多的大学生选择创业作为解决自身就业问题的途径，某知名就业网站的一份网络问卷调查显示，"2015 年有 21.44% 的大学生有可能选择自主创业，另有近 5% 的学生表示将创业作为主要的就业方式，两项数据之和超过 26%，明显高于往年"。这表示当前大学生的创业热情有所增高，但并不表示这些大学生的创业热情会转化为创业实践。实际上，自主创业的大学生人数比例还不到全国大学生的 1%，这就是说多数大学生，即使是表明把创业当做就业主要手段的学生，也是心动大于行动。

2. 创业动机多元，注重经济利益 大学生的创业动机，是其创业观的直观体现。大学生的创业动机受多种因素的影响，丰厚收入的刺激、冒险尝试的心理、就业压力的增加等都影响着大学生的创业动机。在大学生创业的众多动机中，获得更多的经济利益是主要动机。说明大学生自主创业主要看重物质上的刺激，容易导致大学生片面追求经济效益最大化。这种片面的动机，使大学生在创业初期经常做出短视行为，一旦短期之内无法达到想象的利益目标，容易打击创业激情，使创业观念往错误的方向发展。

3. 创业认知程度有待提高 不可否认，当代大学生站在时代的潮头，创业激情高涨，但大部分的大学生常年闭塞地待在象牙塔中，缺乏对创业现实的客观认识和体验。比如在对专业和创业关系的认知上，还有很多同学认为创业和所学专业必须紧密挂钩。实际上，许多成功的企业家，当初选择创业的行业和他们在校期间所学专业毫无关系，但他们依旧取得了令人瞩目的成就。这表明创业方向不必和专业相吻合，但从另一方面讲，并不是选择创业，就要放弃所学专业。对自身专业的学习和专研，对自身能力本身就是一种提高，在创业实践中，运用所学专业思维方法解决问题，对创业实践取得良好的成果也起着非常重要的作用。

4. 创业途径局限，能力水平有限 创业的途径是多种多样的，应该更注重创新。鼓励大学生自主创业，不仅是量的增长，更主要是质的提高。许多大学生认为创业是简单的批发商品零售出去，或者开间小饭馆，这种落后的创业观念，不符合这一群体的特质。大学生拥有较高的知识水平和专业素质，但通过这种简单的途径创业，不利于他们高素质人才优势的发挥；反之，其缺乏社会经验、缺少吃苦耐劳精神的弱点，会让他们在与那些在社会上摸爬滚打很多年的人的竞争中败下阵来。从这些年的实际情况可以看出，大学生创业成功的案例较少。大学生整体创业能力水平有限，导致缺少足够的榜样事例，对大学生创业观念产生了消极影响，进而形成了恶性循环。

（二）大学生创业的趋势

中国的大学生创业呈现四个明显趋势。

1. 严峻的就业形势要求更多的大学生选择创业之路　中国人力资源和社会保障部部长尹蔚民就曾在十二届全国人大三次会议记者会上谈到，在我国国民经济增速放缓的大背景下，中国的就业形势将更加复杂，也将更为严峻。加上当前就业工作中出现的就业岗位供需不平衡、地域差距明显以及用人单位的盲目要求等一系列实际问题，无疑进一步加大了大学生就业的竞争压力。因此，加强创新创业教育，使学生由求职者向职位提供者这样角色的转变，已经成为了当前就业问题的一个重要出口。加之，国家一系列优惠政策的出台，使得大学生创业已然成为当前发展的必要趋势。

2. 大学生自主创业迎合了产业发展转向“知识经济”的趋势　随着科技和生产力的不断进步发展，人们一步步从农业时代过渡到工业时代再到信息时代，产业结构也随之发生了重大变化，进入21世纪，知识经济已成为现代经济的主要组成部分。当代大学生作为科技大发展时代的新生力量，同时兼具了开拓创新与知识革新的双重优势，特别是在当前这样一个信息高度集中的大数据产业时代，知识转化为生产力的途径变得更为多元化。

3. 大学生自主创业越来越得到政府和社会的支持与关心　自主创业在我国是市场经济特别是民营经济迅速发展与壮大的产物，现在民营经济已成为中国经济增长最为活跃的力量与源泉。中国已经进入了“创业者”的时代。时代呼唤创业者，一批又一批创业者的涌现推动了经济发展，紧跟了世界经济潮流。大学生是国家社会将来的主人，是社会的接班人和建设者，更需要涌现出一批创业者。大学生自主创业队伍，具有良好的教育背景，具备更好的综合能力，它将进一步改善民营经济从业人员的结构，已经成长为国民经济发展的重要组成，也正因如此，大学生创业群体越来越受到政府和社会各界的重视，也有更多的支持政策和社会关注来为大学生的发展保驾护航。

4. 创业者的创业行为更加理性、创业项目更加多样　大学生创业还是一个很“新”的概念，所以现在市场还比较混乱，现在大学生成功创业的概率并不大。随着市场经济制度的完善，政府越来越多的重视以及社会给予的关心支持，大学生创业未来的发展空间将越来越大。

第三节　创业的准备

一、创业的知识准备

在新的世纪，自主创业成为大学毕业生新的择业选择，并受到了各界的充分肯定。虽然并不主张每个大学生都走自主创业之路，但不能否认，在知识经济时代，自主创业无疑具有广阔的发展前景。自主创业成功，除了必须具有一定的专业特长外，还要求大学生必须具有合理的知识结构、良好的心理素质和创新能力。创业者尤其要对企业的设立及运营过程等管理专业知识有基本的了解。这类专业知识对于创业者来说是十分重要的。当选定自己创业的发展方向时，要对这方面的专业知识有一定的掌握，并在发展中不断“充电”。

创业者还需要对以下各个环节的专业知识有一定的了解：市场调查、市场分析、市场定位等的市场知识，财务理念、财务分析等的财务知识以及常规的经济法律法规知识。创业者一定要对公司的经营管理有足够的重视，因为市场如同无情的战场，它对弱者的惩罚并不会因为你的无知而有所宽容。

（一）市场知识

1. 市场调查 市场调查就是指运用科学的方法，有目的地、有系统地搜集、记录、整理有关市场营销的信息和资料，分析市场情况，了解市场现状及其发展趋势，为市场预测和营销决策提供客观的、正确的资料。内容包括市场环境调查、市场状况调查、销售可能性调查，还可对消费者及消费需求、企业产品、产品价格、影响销售的社会和自然因素、销售渠道等开展调查。市场调查的方法主要有观察法、实验法、访问法和问卷法。

（1）观察法（observation）：是社会调查和市场调查研究的最基本的方法。它是由调查人员根据调查研究的对象，利用眼、耳等感官以直接观察的方式对其进行考察并搜集资料。例如，市场调查人员到被访问者的销售场所去观察商品的品牌及包装情况。

（2）实验法（experiment）：由调查人员根据调查的要求，用实验的方式，将调查的对象控制在特定的环境条件下，对其进行观察以获得相应的信息。控制对象可以是产品的价格、品质、包装等，在可控制的条件下观察市场现象，揭示在自然条件下不易发生的市场规律，这种方法主要用于市场销售实验和消费者使用实验。

（3）访问法（interview）：可以分为结构式访问、无结构式访问和集体访问。

结构式访问是事先设计好的、有一定结构的访问问卷的访问。调查人员要按照事先设计好的调查表或访问提纲进行访问，要以相同的提问方式和记录方式进行访问。提问的语气和态度也要尽可能地保持一致。

无结构式访问是没有统一问卷，是由调查人员与被访问者自由交谈的访问。它可以根据调查的内容，进行广泛的交流。如：对商品的价格进行交谈，了解被调查者对价格的看法。

集体访问是通过集体座谈的方式听取被访问者的想法，收集信息资料。可以分为专家集体访问和消费者集体访问。

（4）问卷法（survey）：是通过设计调查问卷，让被调查者填写调查表的方式获得所调查对象的信息。在调查中将调查的资料设计成问卷后，让调查对象将自己的意见或答案填入问卷中。在一般进行的实地调查中，以问卷采用最广；同时问卷调查法在网络市场调查中运用较为普遍。

2. 市场分析 市场分析是对市场规模、位置、性质、特点、市场容量及吸引范围等调查资料所进行的经济分析。市场分析的方法，一般可按统计分析法进行趋势和相关分析。从估计市场销售潜力的角度讲，也可以根据已有的市场调查资料，采取直接资料法、必然结果法和复合因素法等进行市场分析。对事物的认识有一个从抽象到具体的过程，对市场进行系统分析时，市场是一个非常复杂的现象，对它的分析研究也必须遵循这一认识规律。在对市场这一对象进行研究时，首先对市场问题进行了概括的阐述，继而又以基础理论、微观市场、宏观市场对市场进行了较为详尽的分析，最后又对市场的各种类型进行了具体的解剖，从而使人们对这个市场的状况和运行规律既有了概括的了解，又有了具体的认识。

（1）系统分析法：市场是一个多要素、多层次组合的系统，既有营销要素的结合，又有营销过程的联系，还有营销环境的影响。运用系统分析的方法进行市场分析，可以使研究者从整体上考虑企业经营发展战略，用联系的、全面的和发展的观点来研究市场的各种现象，既看到供的方面，又看到求的方面，并预见它们的发展趋势，从而做出正确的营销决策。

（2）比较分析法：比较分析法是把两个或两类事物的市场资料相比较，从而确定它们之间相同点和不同点的逻辑方法。对一个事物不能孤立地去认识，只有把它与其他事物联系起来加以考察，通过比较分析，才能在众多的属性中找出本质的属性。

（3）结构分析法：在市场分析中，通过市场调查资料，分析某现象的结构及其各组成部分的功能，进而认识这一现象本质的方法，称为结构分析法。

（4）演绎分析法：演绎分析法就是把市场整体分解为各个部分、方面、因素，形成分类资料，并通过对这些分类资料的研究分别把握特征和本质，然后将这些通过分类研究得到的认识联结起来，形成对市场整体认识的逻辑方法。

（5）案例分析法：所谓案例分析，就是以典型企业的营销成果作为例证，从中找出规律。市场分析的理论是从企业的营销实践中总结出来的一般规律，它来源于实践，又高于实践，用它指导企业的营销活动，能够取得更大的经济效果。

（6）定性与定量分析结合法：任何市场营销活动，都是质与量的统一。进行市场分析，必须进行定性分析，以确定问题的性质；也必须进行定量分析，以确定市场活动中各方面的数量关系，只有使两者有机结合起来，才能既看得准问题的性质，又能使市场经济活动数量化，从而更加具体和精确。

（7）宏观与微观分析结合法：市场情况是国民经济的综合反映，要了解市场活动的全貌及其发展方向，不但要从企业的角度去考察，还需从宏观上了解整个国民经济的发展状况。这就要求必须把宏观分析和微观分析结合起来以保证市场分析的客观性、正确性。

（8）物与人的分析结合法：市场分析的研究对象是以满足消费者需求为中心的企业市场营销活动及其规律。企业营销的对象是人。因此，要想把这些物送到所需要的人手中，就需要既分析物的运动规律，又分析人的不同需求，以便实现二者的有机结合，保证产品销售的畅通。

（9）直接资料法：直接资料法是指直接运用已有的本企业销售统计资料与同行业销售统计资料进行比较或者直接运用行业地区市场的销售统计资料同整个社会地区市场销售统计资料进行比较。通过分析市场占有率的变化，寻找目标市场。

（10）必然结果法：必然结果法是指商品消费上的连带主副等因果关系，由一种商品的销售量或保有量推算出另一种商品的需求量。

（11）复合因素法：复合因素法是指选择一组有联系的市场影响因素进行综合分析，测定有关商品的潜在销售量。

3. 市场定位 市场定位是指企业根据竞争者现有产品在市场上所处的位置，针对顾客对该类产品某些特征或属性的重视程度，为本企业产品塑造与众不同的、给人印象鲜明的形象，并将这种形象生动地传递给顾客，从而使该产品在市场上确定适当的位置。市场定位的方法主要有：区域定位、阶层定位、职业定位、个性定位、年龄定位等。

（1）区域定位：区域定位是指企业在进行营销策略时，应当为产品确立要进入的市场区域，即确定该产品是进入国际市场、国内市场，还是在某市场、某地等。只有找准了自己的市场，才会使企业的营销计划获取成功。

（2）阶层定位：每个社会都包含有许多社会阶层，不同的阶层有不同的消费特点和消费需求，企业的产品究竟面向什么阶层，是企业在选择目标市场时应考虑的问题。根据不同的标准，可以对社会上的人进行不同的阶层划分，如按知识分，就有高知阶层、中知阶层和低知阶层。进行阶层定位，就是要牢牢把握住某一阶层的需求特点，从营销的各个层面上满足他们的需求。

（3）职业定位：职业定位是指企业在制订营销策略时要考虑将产品或劳务销售给什么职业的人。将饲料销售给农民及养殖户，将文具销售给学生，这是非常明显的，而真正能产生营销效益的往往是那些不明显的、不易被察觉的定位。在进行市场定位时要有一双善于发现的眼睛，及时发现竞争者的视觉盲点，这样可以在定位领域内得到巨大的收获。

（4）个性定位：个性定位是考虑如何把企业的产品销售给那些具有特殊个性的人。这时，选择一部分具有相同个性的人作为自己的定位目标，针对他们的爱好实施营销策略，可以取得最佳的营销效果。

（5）年龄定位：在制订营销策略时，企业还要考虑销售对象的年龄问题。不同年龄段的人，有自己不同的需求特点，只有充分考虑到这些特点，满足不同消费者要求，才能够赢得消费者。如对于婴儿用品，营销策略应针对母亲而制订，因为婴儿用品多由母亲来实施购买。

（二）财务知识

1. 财务理念 即企业财务管理的观念，是进行企业财务管理工作的重要基础，对企业财务管理的内容、方法及其工作质量有着重要影响。财务理念的主体有：所有者财务、国家财务、经营者财务、员工民主理财。

2. 财务分析 是以会计核算和报表资料及其他相关资料为依据，采用一系列专门的分析技术和方法，对企业等经济组织过去和现在有关筹资活动、投资活动、经营活动的偿债能力、盈利能力和营运能力状况进行分析与评价，为企业的投资者、债权人、经营者及其他关心企业的组织或个人了解企业过去、评价企业现状、预测企业未来，做出正确决策提供准确的信息或依据的经济应用学科。财务分析的方法有很多种，主要包括趋势分析法、比率分析法、因素分析法。

（1）趋势分析法：趋势分析法又称水平分析法，是将两期或连续数期财务报告中的相同指标进行对比，确定其增减变动的方向、数额和幅度，以说明企业财务状况和经营成果变动趋势的一种方法。

趋势分析法的具体运用主要有以下三种方式：

1）重要财务指标的比较：它是将不同时期财务报告中的相同指标或比率进行比较，直接观察其增减变动情况及变动幅度，考察其发展趋势，预测其发展前景。

对不同时期财务指标的比较，可以有两种方法：

a. 定基动态比率。它是以某一时期的数额为固定的基期数额而计算出来的动态比率。其计算公式为：

定基动态比率=分析期数额÷固定基期数额

b. 环比动态比率。它是以每一分析期的前期数额为基期数额而计算出来的动态比率。其计算公式为：

环比动态比率=分析期数额÷前期数额

2）会计报表的比较：会计报表的比较是将连续数期的会计报表的金额并列起来，比较其相同指标的增减变动金额和幅度，据以判断企业财务状况和经营成果发展变化的一种方法。

3）会计报表项目构成的比较：这是在会计报表比较的基础上发展而来的。它是以会计报表中的某个总体指标作为100%，再计算出其各组成项目占该总体指标的百分比，从而比较各个项目百分比的增减变动，以此来判断有关财务活动的变化趋势。

但在采用趋势分析法时，必须注意以下问题：用于进行对比的各个时期的指标，在计算口径上必须一致；剔除偶发性项目的影响，使作为分析的数据能反映正常的经营状况；应用例外原则，应对某项有显著变动的指标做重点分析，研究其产生的原因，以便采取对策，趋利避害。

（2）比率分析法：比率分析法是指利用财务报表中两项相关数值的比率揭示企业财务状况和经营成果的一种分析方法。根据分析的目的和要求的不同，比率分析主要有以下三种：

1）构成比率：构成比率又称结构比率，是某个经济指标的各个组成部分与总体的比率，反映部分与总体的关系。其计算公式为：

构成比率=某个组成部分数额÷总体数额

利用构成比率，可以考察总体中某个部分的形成和安排是否合理，以便协调各项财务活动。

2）效率比率：它是某项经济活动中所费与所得的比率，反映投入与产出的关系。利用效率比率指标，可以进行得失比较，考察经营成果，评价经济效益。

3）相关比率：它是根据经济活动客观存在的相互依存、相互联系的关系，以某个项目和与其有关但又不同的项目加以对比所得的比率，反映有关经济活动的相互关系，如流动比率。

比率分析法的优点是计算简便，计算结果容易判断，而且可以使某些指标在不同规模的企业之间进行比较，甚至也能在一定程度上超越行业间的差别进行比较。但采用这一方法使用比率指标时应注意以下几点：

一是对比项目的相关性。计算比率的子项和母项必须具有相关性，把不相关的项目进行对比没有意义。

二是对比口径的一致性。计算比率的子项和母项必须在计算时间、范围等方面保持口径一致。

三是衡量标准的科学性。运用比率分析，需要选用一定的标准与之对比，以便对企业的财务状况做出评价。通常而言，科学合理的对比标准有：①预定目标；②历史标准；③行业标准；④公认标准。

（3）因素分析法：因素分析法也称因素替换法、连环替代法，它是用来确定几个相互联系的因素对分析对象——综合财务指标或经济指标的影响程度的一种分析方法。采用这种方法的出发点在于，当有若干因素对分析对象产生影响作用时，假定其他各个因素都无变化，顺序确定每一个因素单独变化所产生的影响。

（三）法律知识

大学生创业过程中自身是否具备法律意识和法律理性，是否了解和掌握与其创业相关的法律法规是依法创业的关键，因此大学生创业的法学教育就显得尤为重要。创业法律教育不仅可以指导学生在校期间规避风险，也可以对学生真正走入社会后的独立创业起到很好的指导作用。大学生创业涉及的各种共性法律问题，主要包括：

1. 创业初始阶段的资金、设备场地以及办公场所等相关法律问题 由于学生的特殊身份，普遍没有财产可供抵押，又无银行个人信用记录，导致贷款困难。此时应该指导学生多寻求行政干预和支持。此时各地针对高校自主创业的学生，在工商注册、小额担保贷款、税费减免等方面出台的各项优惠政策就尤为重要，需要在法律教育培训中让学生全面了解并加以利用。

在创业基地中通过项目申报，创业所需的设备场地问题一般都能在校内解决，但对于一些企业经营类的创业计划，经常会涉及在校外租店面及办公场所，这就需要向学生介绍《合同法》中关于房屋租赁的相关法律规定。

2. 创业拓展阶段关于设立经营实体、进行行政审批的相关法律问题 对于创业经济组织的具体责任形式，我国《个人独资企业法》《公司法》《中外合资经营企业法》以及《中外合作经营企业法》等一系列法规都有不同的规定，制订了多种企业组织形式。2005 年《公司法》中增加的一人有限责任公司以及 2006 年《合伙企业法》新增加的有限合伙企业的法律规定对学生创业有很好的辅助作用，可部分解决大学生创业存在的资金规模较小、筹措资金困难等问题。同时学生创业需要依据《企业登记管理条例》《公司登记管理条例》以及消防、卫生等行政审批程序的一些具体规定办理相关手续。

3. 创业经营阶段涉及的市场交易及管理的相关法律问题 创业经营必然涉及市场主体间的各种交易行为，无论是从合同的订立到合同的履行，还是违约责任的承担，都与《合同法》关系密切。同时应了解《产品质量法》《劳动法》《票据法》《保险法》《反不正当竞争法》等法律中与自身创业有关的法律规定。

4. 创业经营阶段涉及知识产权的相关法律问题 创业经营阶段应该在法律允许的范围内使用他人的知识产权。目前我国已经建立了一个比较完备的知识产权法律保护体系，主要包括《商标法》《著作权法》《专利法》等法律法规。大学生创业之初可以利用专利先行公开的特点，合理利用现有专利给自己的创业提供技术开发的思路和可行性支持，同时又要保证不侵犯他人的专利权。具体经营中如何合法使用商标专利等知识产权都是创业法律教育必须深入细致讲解的内容。

5. 创业过程中纠纷解决的相关法律问题 学生要了解《民事诉讼法》《行政诉讼法》《仲裁法》中规定的具体诉讼程序，要具有积极搜集证据的法律意识，面对交易金额较大、商品较多的经济往来要多采用书面合同文本形式。

二、创业的心理准备

对创业者来说，会经常遇到诸如资金、人才、市场等方面的各种困境。所以创业者在尚未踏入这个领域前要有良好的心态，并做好充分的心理准备。

1. 要有积极、乐观、自信的心态。创业也许很顺利，也许是一条艰难和充满风险的道路。但不管怎样，对于一个创业者来说，首先要自信，要相信自己选择是正确的，相信自己能成功。自信是人生和事业成功的基础，如果你对自己的选择都没有信心，不如干脆放弃。当然自信不是盲目自信，而是建立在理性分析基础上的自信。创业具体的准备工作则是越详细越好，尽量考虑各种风险和可能情况，对自己的资源和优劣情况做全面分析，在此基础上考虑各种应对的办法，甚至还要考虑失败后的退路。但一旦决心和计划已定，就要勇敢地跨出第一步。身体素质也是关键因素，创业者需要有一个健康的体魄，古往今来，成功者往往是那些精力旺盛的人。首先，身体越健康，精力就越旺盛，就越能应付未来的繁重工作。其次，很多不良情绪往往与身体状况有很大的关系，身体状况越好，情绪也越好，人就越会有积极、自信的心态。

2. 要有吃苦的心理准备。创业不同于普通上班的朝九晚五、时间固定，每个星期还有两天假日可休息、可娱乐，可对自己进行心理休养。自己创业，意味着没有休息日，意味着没有固定的休息时间，加班变成一种常态。意味着没有很多时间从事家庭工作，不能抽很多时间陪伴家人。也有可能你必须什么活都做，重的、轻的、精通的、不熟悉的，你都要能拿得起。创业的时候，没有老板的约束，你必须克服你身上的惰性，学会自己约束自己。当然，一旦你的工作走上正轨，你有可能反而更轻松、更自由。

3. 要有独立分析和决策的心理准备。若选择了自主创业，就需要具有独立的分析能力。你必须自己给自己制订工作计划，学会时间和事务管理。你必须自己决定经营和发展方向，自己决定怎样调配资源。今天要考虑进什么产品，明天要考虑怎样提高销售额。假如你聘请了员工，你还要对员工进行管理，学会员工管理和任务分配。而且开始时也许你不放心，事无巨细，都要自己参与，有时即使事情复杂，让你难以决断，但你最终还得拿定一个主意。

4. 要有承受压力和挫折的心理准备。因为是自己的事业，你会面临很多压力；经营处于低潮怎么办？客户纠纷怎么处理？员工工作不称职怎么办？现金流中断怎么办？遇到突发事件怎么办？这一切都会让你产生压力感和挫折感，让你痛苦，让你辗转难眠。严重的压力感和挫折感还有可能影响你的判断能力和决策能力，使你工作效率低下，甚至影响你的身体健康。同时创业还面临一定的风险，你也有可能失败，甚至辛辛苦苦筹集的资金都打了水漂，让你第一次创业就遭受沉重的打击。

三、创业的能力准备

创业能力是一种极强的把参与社会实践和创业实践活动紧密结合起来的活动能力；它是一种以智力为基础，以创新为特征，以创造为手段，积极面对激烈社会竞争的个性心理倾向和心理特征。自主创业能力不是一种孤立的心理能力，而是一种综合能力，它是围绕创业行为发生并具有一定心理特征的能力综合系统。

创业能力需要经过一个培养的过程。创业能力既不是一个人先天的潜能，也不具有遗传的特征，是创业者在创办事业过程中获得的一种具有进取性的、科学利用各种条件的、善于捕捉机会的、全面把握国家政策和事物发展主要矛盾的综合协调分析能力。创业能力具有个体性和社会性双重属性。

1. 坚定培养创业意识 大学生创业必须有着投身创业的理想和志向，否则，往往被创业中的困难、挫折所吓倒。有创业志向的大学生在校期间就应树立崇高的理想和志向，有意识地培养创业的意志品质。在树立崇高理想的基础上，和实际学习目标结合起来，在学习过程中不怕困难和挫折，严于律己，出色地完成学业。同时，应积极参加各种实践活动，在确立目的、制订计划、选择方法、执行决定和开始行动的整个实践活动中，锻炼意志品质。在此基础上，还应加强意志的自我锻炼，注意培养提高自我认识、自我检查、自我监督、自我评价、自我命令、自我激励的能力。此外，培养健全的体魄，积极参加体育活动，也是锻炼坚强意志品质的重要途径。

2. 做好专业技术知识储备 学问中蕴藏着无限商机，创业之前，我们首先要把自己的专业学好。至少，那是一种机会或者是一个思考的起点。道理很简单，你最懂的行业是最适合你的创业项目，选择适合自己的创业项目，自然而然更容易成功。所以，创业者要懂所选行业的专业知识技能，这是创业成功的前提和保证。一般来说，创业者的专业知识技能指的是从事某种行业所涉及的生产领域和销售领域的知识技能。专业知识对于不同行业是有所不同的。如技术生产类、服务类创业，要求和生产技术、品质相关的专业知识；零售型创业，需要市场推广方面的专业知识。创业时，把自己的创业项目定位在哪一个环节上，创业者首先应该想办法精通那个领域的知识。当一个创业者，对全国市场上同类产品的情况了如指掌，可以准确地说出优质货源生产商和销售量，就可以帮助其正确决策和科学营销。对于货源，在生产知识、原材料价格、加工技术方面有了解，在进货价格上就不会上当受骗。同时，对销售领域和市场充分了解，可以产生敏锐的市场判断力。当然对于一个优秀的创业者，还应当做好财务管理、组织营销、领导能力等方面知识的准备，这样才能更好地成为一个新兴企业的领军人物。

3. 加强创新能力建设 一个人的创新能力由两部分组成。一部分是智力，包括知识和能力。知识学得越多、学得越活，这个人的创新能力可能就越强。另一个方面，就是这个人在面对复杂的局面时，是否能够迅速地抓住要害，找出办法来，这是一种能力，这种能力还包括在复杂的工作中，善于发现机遇并抓住机遇的能力。当今时代的发展对创新能力提出了更高的要求，在迎接挑战的过程中把握机遇，要培养自己的创新能力，可以从以下几方面入手：一是不畏常规，敢于超越，增强创新意识。创新是真正意义上的超越，是一种敢为人先的胆识。在超越中求发展，创新能力的提高应该从增强创新意识开始。二是创新能力不是一蹴而就的，创新需要基础，没有了基础研究，超越便没有可能，因此要为创新做好准备，必不可少的一个环节是脚踏实地地学好知识，在此基础上融会贯通，构建健全合理的知识体系。三是要热爱生活，关注生活，这是创新的前提和基础，创新不可能凭空而来，它不是神话，它是实实在在存在于现实中的东西。我们要热爱生活，关注生活，而且要好好享受生活，这样我们创新的灵感源泉才会永不枯竭。更为重要的是我们不要把创新创业神秘化，我们要更加注重的是在创新过程中的“需求牵引”，以义乌小商品市场为例，一颗纽扣也可能成就一个大市场，这切实说明了创新的动力是市场的需求。

4. 加强团队协作管理 团队协作能力，是指建立在团队的基础之上，发挥团队精神、互补互助以达到团队最大工作效率的能力。对于团队的成员来说，不仅要有个人能力，更需要有在不同的位置上各尽所能、与其他成员协调合作的能力。创业往往不是一个人单枪匹马所能实现或完成的，需要组建起一个精诚团结、各方面能起互补作用的团队，才能保证创业的成功。因此，在团队管理方面，我们的创业者要把握几个要点。首先要建立信任机制，一个有凝聚力的、高效的团队成员必须学会自如地、迅速地、心平气和地承认自己的错误、弱点、失败以及求助。他们还要乐于认可别人的长处，即使这些长处超过了自己。其次要确保良性的冲突，在团队合作中我们要克服对冲突的畏惧。学会识别虚假的和谐，引导和鼓励适当的、建设性的冲突。这是一个杂乱的、费时的过程，但这是不能避免的。否则，一个团队建立真正的承诺就是不可能完成的任务。再次，要坚定不移地行动，要成为一个具有凝聚力的团队，领导必须学会在没有完善的信息、没有统一的意见时做出决策。而正因为完善的信息和绝对的一致非常罕见，决策能力就成为一个团队最为关键的行为之一。最后，要明白无怨无悔才有彼此负责，卓越的团队不需要领导提醒团队成员竭尽全力工作，因为他们很清楚需要做什么，他们会彼此提醒注意那些无助于成功的行为和活动，领导者需要做的是明确团队前进的方向和追求的目标。

知识拓展

（一）最新大学生自主创业优惠政策

1. 社保补贴政策 毕业 2 年内高校毕业生初次从事个体经营和创办小微企业的，可给予不超过 3 年的社会保险补贴。

2. 创业补贴政策 毕业 2 年内高校毕业生自主创业，初次领取营业执照并稳定经营 6 个月以上的，可给予每人 5000 元的一次性创业补助。

3. 创业培训政策 毕业年度内高校毕业生，持《就业失业登记证》，可报名参加为期十天免费的 SYB（start your business）大学生创业培训。考核通过颁发《创业培训合格证书》，并享受国家其他优惠政策。

4. 租金补贴政策 对高校毕业生（含毕业年度高校毕业生）初次创办的微小型企业（入驻创业园区和创业孵化基地的除外），创办 3 年内租用经营场地和店铺，可按规定给予每年不超过 5000 元的补贴，补贴期限最长不超过 3 年。

5. 房租物业水电补贴 对入驻创业园区和创业孵化基地的创业项目，可给予最长不超过 3 年的房租物业补贴和一定数额的水电费补贴。

6. 小额担保贷款贴息政策 高校毕业生从事微利项目（国家限制的行业除外）和在电子商务网络平台开办“网店”，符合条件的，可享受额度不超过 10 万元、期限不超过 2 年的小额担保贷款和贴息政策。

7. 税收优惠政策 对高校毕业生创办的小型微型企业，给予减半征收企业所得税、月销售额不超过 3 万元的暂免征收增值税和营业税等税收优惠政策。

8. 工商优惠政策 拓宽高校毕业生创办企业出资方式，简化工商注册登记手续。毕业 2 年以内的高校毕业生从事个体经营（国家限制的行业除外），自其在工商部门首次注册登记之日起 3 年内免收管理类、登记类和证照类等有关行政事业性收费。

（二）部分省市地区大学生创业优惠政策

北京

贷款金额：最高 50 万元，且由区财政进行贴息。

优惠政策：由区财政进行贴息。

除拥有北京《再就业优惠证》的人员外，持有北京户口的未就业大学毕业生想要从事个体经营或自主、合伙开发创办小型企业自筹资金不足的，也可申请小额担保贷款。

青岛

贷款金额：最高不超过 5 万元。两人及以上团队创业的可放宽到 20 万元。

贷款方式：小额担保贷款。

优惠政策：对从事微利项目的，由同级财政据实全额贴息。

上海

贷款金额：5 万～30 万元。

优惠政策：专门设立了大学生创业“天使基金”。

重庆

申请对象：半年以上未就业，有固定户口的大学毕业生。

贷款金额：3000 元～4000 元。

贷款方式：抵押贷款，担保贷款，主创业小额贷款。

太原

申请对象：有登记失业的高校毕业生。

贷款金额：不超过 5 万元。

贷款方式：小额担保贷款。

优惠政策：各县（市、区）财政部门可委托指定担保机构，为其提供担保，小额担保贷款基金运行中出现缺口，由各县（市、区）负责补足。

安徽

申请对象：高校毕业生。

贷款金额：最高 5 万元。

优惠政策：财政按中国人民银行公布的同期贷款基准利率的基础上上浮 3 个百分点以内给予全额贴息。

成都

2007 年 7 月，成都市工商局为支持全市试验区建设，促进民营企业发展，颁发了《关于进一步促进民营企业发展的实施意见》，首次推出了公司设立“零首付”登记政策。2009 年 11 月 23 日，成都市工商局注册分局在成都市金融办公室的协助下，与多家银行达成共识，建设银行、交通银行、中信银行等 21 家商业银行及其支行，同意为“零首付”公司开户。

2009 年 12 月，据成都市劳动和社会保障局局长胡昌年介绍，《成都市关于进一步做好促进城乡充分就业工作的实施细则》规定，当年新招用 3 名以上劳动者，签订 1 年以上期限劳动合同并缴纳社会保险费的自主创业者，可享受社会保险补贴。对于成都市在领取失业保险金期间的就业困难人员，在辖区内自主创业成功的，给予一次性 5000 元创业补贴。

贵州

根据《中共贵州省委办公厅贵州省人民政府办公厅关于促进高等学校毕业生就业的意见》(黔党办发〔2013〕8 号) 有关规定，高校毕业生自主创业可享受以下政策：

准入政策。高校毕业生申办企业不受出资额限制，注册资金实行分期到位的原则。适当放宽高校毕业生创业经营场所的限制，允许将家庭住所、租借房、临时商业用房作为创业经营场所。对自主创业、灵活就业的高校毕业生，政府所属人才中介服务机构 2 年内免费办理人事代理，提供落户服务。

金融扶持政策。高校毕业生自主创业自筹资金不足的，可在创业地按规定申请不超过 10 万元的小额贴息担保贷款；合伙经营和组织起来就业的，可享受每人不超过 10 万元、总额不超过 200 万元的小额贴息担保贷款。

税收减免政策。高校毕业生从事个体经营并按期缴纳营业税的，自 2013 年起，其营业额不足 2 万元的，免征营业税、城市维护建设税、教育费附加和地方教育费附加。持《贵州省就业失业登记证》（注明“自主创业税收政策”或附《高校毕业生自主创业证》）的高校毕业生，在毕业年度内从事个体经营（除建筑业、娱乐业以及销售不动产、转让土地使用权、广告业、房屋中介、桑拿、按摩、网吧、氧吧等）的，3 年内按每户每年 8000 元为限额依次扣减其当年实际应缴纳的营业税、城市维护建设税、教育费附加和个人所得税。

创业扶持奖励政策。高校毕业生自主创业且带动就业的，享受扶持政策。高校毕业生领办创业项目并带动就业，连续正常经营 1 年以上的，给予 5000 元的一次性创业补贴；创业经营场所符合规划、安全和环保要求的，每月按300元标准给予经营场所租金补贴，对实际月租金低于300元的，据实补贴，补贴期限最长不超过3年。高校毕业生创办微型企业可优先享受“3个15万元”扶持政策。

创业培训政策。对高校毕业生在毕业年度内参加创业或其他类型培训的，根据其获得培训合格证书和就业创业情况，按规定给予相应培训补贴。

国家开发银行贵州省分行成立“贵州省青年创业小额贷款项目”支持，其支持范围是：主要是贵州省40岁以下初次创业者的小额贷款、40岁以下企业家二次创业的中小企业贷款。个人小额贷款每人单笔额度一般在10万元以内，最多不超过100万元。中小企业贷款一般在500万元以内，最多不超过3000万元，贷款期限不超过三年，在同等条件下给予信用记录良好的创业青年以贷款利率优惠。

【练习与思考】

1. 你认为大学生创业的意义和目的是什么？
2. 简述有利于大学生创业的政策。
3. 大学生创业需要具备哪些能力？

第二章 创业者与创业精神

本章要点

1. 了解创业者的内涵和应具备的创业素质。
2. 评估自我创业潜力，理性做出创业选择。
3. 培养创业精神，提升创业意识，厘清创业动机。

第一节 创业者与创业素质

创业是一件分外艰难并且十分费神费力的事情，尤其是在市场竞争激烈并且对市场环境陌生的创业者来说更是难上加难，不论是个人还是企业，想要安稳立足都是十分困难的，但是，还是有很多人选择了这条并不是十分平坦的路。

总有的人喜欢纸上谈兵，完全靠自己的想象，把一切都假设得过分简单，认为只要努力了，坚持了，就能够实现自己的理想，但你有没有想过，如果那么轻易就可以成功，哪里来的那么多吃不饱、穿不暖的人！过于理想化是现在大多数人的通病，如果不能正确地估量自己，那么真的很难进步，遑论成功。

一、创业者的概念和类型

1. 创业者的概念 创业者是创业的主体，是一种主导劳动方式的领导人，是一种需要具有使命、荣誉、责任能力的人，是一种组织、运用服务、技术、器物作业的人，是一种具有思考、推理、判断的人，是一种能使人追随并在追随的过程中获得利益的人，是一种具有安全权利能力和行为能力的人。创业者既可以是一个单独的个体，也可以是一个团队；既是新创企业的意志主体，又是行为主体。

2. 创业者的类型 创业者按创业群体划分主要可分为个体创业者以及群体创业者，但个体创业者与群体创业者之间并无绝对区分，许多创业者在创业之初，均为个体创业者，但随着创业的发展需要，个体创业者就会逐渐变成群体创业者。以往对创业者的分类有很多，随着社会的发展，创业类型也随之而变得多样，结合当下我国的国情以及当下创业特点，可将创业按照以下两个方面分类：

（一）按照创业动机分类

1. 生存型 这类创业者最初几乎没什么创业的概念或者是伟大理想与梦想，只是出于对生存的渴望与责任，凭自己的勤劳、品格、劳动与节俭，在生存的道路上不断积累财富、经验、人脉，不断壮大走上一条持久创业发展的道路。生存型创业者，多集中于下岗工人，或是对现在工作不满意而未找到更加适合的在岗人群，也包括许多未找到合适工作的大学毕业生等。

2. 投机型 这种类型的创业者不一定有生存的顾虑，更多可能是对金钱与财富的渴望，甚至可能是贪婪，利用特权或是政策的漏洞，进行利益的谋取。这种企业不需要什么管理与体制，因为它生存的基础就是钻空子。这类创业者的创业道路不够长远，只是靠牟利钻空子而获得利益并非长远之计，如果需要转型或是提升，则还必须加强自身的管理与升华。

3. 梦想型 这类创业者执着于心中的梦想与目标，充满超强的激情、活力与精力，但他们可能没什么特别的权势与财富积累，只是凭借自己的眼光、思想、特长等坚持不懈地努力，从而吸引更多资源，吸取更多投资。激情与活力，是这类创业者的原动力与永不停止的源泉。

4. 投资型 这类创业者对财富的聚集与对未来的掌握永不满足，早已不存在生存与理想追求问题，更多的是某种理想和生活的升华，这也是创业的最高境界。这类创业者可能具有雄厚的资金或者是较强的能力，又有敏锐的洞察力，凭自己独有的洞察力，投资项目而取得事业的成功。

（二）按照创业形式的分类

1. 复制型 复制型创业者指的是创业者复制原有公司的经营模式，创新的成分较低。这类创业者，多半是利用已有的工作经验、公司运营模式等有利条件进行创业，此外，还有很多没有工作经验，但将其他公司的创业模式复制过来进行创业的创业者。复制型的创业者，由于创新较少，风险相对较低，所以也是许多生存型创业者的首要选择。

2. 模仿型 模仿型创业者主要是指那些没有创业经验、借鉴其他的成功创业模式进行创业。模仿型创业者与复制型创业者的不同之处在于，创业过程对于创业者而言还是具有很大的冒险成分的，复制型创业重点在于利用自身的已有创业经验进行创业，而模仿型的创业者重点在于借鉴其他的创业模式。模仿型的创业者，学习过程较长，犯错机会可能较多，代价也较高昂，但是这类创业者如果具有适合的创业人格特性，经过系统的创业管理培训，掌握正确的市场进入时机，有很大机会获得成功。

3. 冒险型 这类创业者因创业的机会成本低、技术进步等因素使得创业机会增多，但会因为缺乏信用、难以从外部筹措资金、缺乏技术管理和创业经验、固定成本低、竞争不是很激烈，吸引顾客的途径主要是上门销售和服务、了解顾客的真正需求、全力满足顾客需要。这种类型的创业如果想要获得成功，创业者必须提高能力、抓住创业时机，充分发挥创业精神，研究拟定创业策略。

二、创业者的素质与能力

创业是极具挑战性的社会活动，是对创业者自身智慧、能力、气魄、胆识的全方位考验。人是创业成功的第一要素，而创业者则发挥核心作用。创业活动是由创业者主导和组织的商业冒险活动。一个创业者要想获得成功，不仅要具备一般人的基本素质，同时还要了解作为创业者所应具备的创业素质和创业能力。要成功创业，不仅需要创业者富有开创新事业的激情和冒险精神、面对挫折和失败的勇气与坚韧，以及各种优良的品质素养，还需要具备解决和处理创业活动中各种挑战和问题的知识及能力。

（一）创业者的素质

1. 身体素质 所谓身体素质，是指身体健康、体力充沛、精力旺盛、思路敏捷。小企业的创业与经营是艰苦而复杂的，创业者工作繁忙、时间长、压力大，如果身体素质不强，必然力不从心、难以承受创业重任。成功创业者应具备健康的身体。一要加强营养，保持充沛的精力和健康的身体；二要注意睡眠，保证睡眠充足；三要坚持运动，确保身强体健。几乎所有的企业家都认为良好的身体素质是成功创业的第一大前提。纵观一些著名企业家的日常生活起居，都是非常有规律的。

2. 心理素质 所谓心理素质，是指创业者的心理条件。首先，强烈的自我意识是创业者创业具备的基本心理素质。创业本身是一件较难的事情，许多创业者在创业成功之前都会遇到很多困难，所以一定要具备良好的自我意识。而良好的自我意识指的是，创业者应当具备自信、自立、正直诚实、坚韧不拔、自强不息、敢于担当的创业精神，自信心能赋予人主动积极的人生态度和进取精神，坚韧不拔、自强不息的自我意识是创业者创业之初最大的精神支撑之一。此外，良好的自我意识，还指创业者在创业过程中要具备较强的受挫能力，要不怕失败，百折不挠。创业是对人的意志力的挑战，面对险境、身处逆境能否坚持信念、承受压力、坚持到底常常决定创业的成败；最后的成功往往就在再坚持一下的努力之中。其次，良好的心理素质还指创业者应当具备较强的集体合作意识、创新意识、冒险意识以及强烈的竞争意识。企业的竞争力在于创新，创新离不开团队的合作，而企业发展往往意味着要面对一些无法预料的情况，意味着创业者要有敢于抉择的冒险意识。

3. 知识素质 创业知识是创业的基本要素。创业者的知识素质对创业起着举足轻重的作用。创业者要想培养创造性思维，做出正确决策，就必须掌握较为广博的知识，且具有一专多能的知识结构。还必须有较强烈的求知欲和广泛涉猎知识的兴趣和习惯。创业实践证明，良好的知识结构对于成功创业具有决定性的作用，创业者不仅要具备必要的专业知识，更要用足、用活政策，依法行事，用法律维护自己的合法权益；了解科学的经营管理知识和方法，提高管理水平；掌握与本行业本企业相关的科学技术知识，依靠科技进步增强竞争力；具备市场经济方面的知识，如财务会计、市场营销、国际贸易、国际金融等。

（二）创业者的能力

所谓创业能力，是指一种能够顺利实现创业目标的带有创新特征的能力。它是创业基本素质的核心，直接影响和制约着创业实践活动的进行，是创业实践活动赖以启动和运转的关键因素，直接影响着创业实践的成败。创业者的能力包含了许多方面，根据各个领域、各种创业人群的不同，对创业者能力的概括也不同。总结创业者应具备的能力，可概括为以下几点：

1. 创新能力 创业的过程本身就是一个创新的过程，当下的创业必然离不开创新。创新能力是一种具有突出的创造性的特殊能力，是一种综合性程度很高的能力，创造性是其最突出特征。创新是创业的基础和手段，也是创业的生命力。创业者只有不断创新才能使所创的事业保持强劲的势头和持久的生命力。作为创业者，要善于发现亮点，学会创新，做别人没有发现的项目，才能赢在创业的起跑线上。

2. 经营管理能力 经营管理能力是一种较高层次的综合能力，是运筹性能力。它涉及人员的选择、使用、组合和优化，也涉及资金聚集、核算、分配、使用、流动。作为创业者，只有学会效益管理、知人善用以及最大化充分合理地整合资源，才能形成市场竞争优势。当今市场经济社会中，小企业要生存、要发展，创业者必须具有良好的经营管理能力。创业者只有具备较强的经营管理能力，才能运筹帷幄，通过管理，获得最佳的效益。调动雇员的积极性使之全力以赴为企业工作；使自己的产品或服务项目被社会认可，受用户欢迎，这些都需要通过创业者良好的经营管理来实现，需要依靠创业者所建立起来的绩效管理体系。

3. 分析决策能力　通过消费者需求分析、市场定位分析、自我实力分析等过程，根据自我的财力、关系网、业务范围，依据“最合适自己的市场机会是最好的市场机会”原则，做出正确决策，才能实现自己的创业目标。做决策对于创业者来说几乎是随时都必须要面对的，正确的决策会让你变被动为主动，从不利走向有利，从失败走向胜利，反之则会使事情变得无法收拾，甚至走向失败。

4. 信息接收和处理能力　搜集信息、加工信息、运用信息的能力是创造者不可或缺的能力。创业者不但应具备从一般媒体中搜集信息的能力，随着科技进步和网络技术的普及，还应当具备从网络中获取信息的能力。

5. 创业者的综合性能力　在创业活动中，综合性能力是一种最高层次的能力，具有很强的综合性特征。主要包括：人际交往能力、企业形象策划能力、交往公关能力、自我约束能力等。这些特殊能力一旦与经营管理能力相结合，就从整体上全方位地影响和作用于创业实践活动，使创业实践活动的方式和效率发生显著的改变。

【经典实例】

创业需要有信念

罗杰·罗尔斯出生于美国纽约声名狼藉的大沙头贫民窟，这里环境肮脏、充满暴力，是偷渡者和流浪汉的聚集地。因此，罗杰·罗尔斯从小就受到了不良影响，读小学时经常逃学、打架、偷窃。一天，当他从窗台上跳下，伸着小手走向讲台时，校长皮尔·保罗将他逮个正着。出乎意料的是校长没有批评他，反而说：“我一看你修长的小拇指就知道，将来你一定会是纽约州的州长。”当时的罗尔斯大吃一惊，因为在他不长的人生经历中只有奶奶让他振奋过一次，说他可以成为五吨重的小船的船长。他记下了校长的话并坚信这是真实的。从那天起，“纽约州州长”就像一面旗帜在他心里高高飘扬。罗尔斯的衣服不再沾满泥土，罗尔斯的语言不再肮脏难听，罗尔斯的行动不再拖沓和漫无目的。在此后的40多年间，他没有一天不按州长的标准要求自己。51岁那年，他终于成了纽约州的州长。

哲理赏析

信念是一面旗帜，这面旗帜任何人都可以免费获得。也许，在成长道路上，我们缺乏的不是机遇，也不是聪明才智，而是信心、信念。不要怀疑自己，要相信你一定行！记住——天生其才必有用！

第二节　创业精神

商事制度改革实施以来，我国新登记企业数量屡创新高。特别是一址多照、一照多址、商务秘书公司、电商集群注册等改革举措，促进了众创空间、创客工场等新产业、新业态、新模式的发展，推动我国进入创业创新的繁荣阶段。国家工商总局的统计显示，2015年全国新登记企业 443.9 万户，比 2014 年增长 21.6%，注册资本（金）29 万亿元，增长 52.2%，均创历年新登记数量和注册资本（金）总额新高。2015 年，我国新登记的企业中，96%属于小微企业。另外，过去创造就业岗位更多的是国有企业，现在创造就业岗位的新企业 90%以上都是个体私营企业。这一波创业潮体现出鲜明的创新性，大多集中在信息技术和文化金融等新兴产业。2015 年，我国新登记信息传输、软件和信息技术服务业企业 24 万户，比 2014 年增长 63.9%，文化、体育和娱乐业企业 10.4 万户，增长 58.5%。

一、创业精神的新定义

创业精神是指在创业者的主观世界中的开创性思想、观念、个性、意志、作风和品质等。创业精神通常被人们称为企业家精神，它是创业者在市场竞争中不断开拓进取、创造新价值的精神概述。

新古典经济学的奠基人马歇尔认为，企业家精神是一种个人特征，包括“果断、机智、谨慎和坚定”“自力更生、坚强、敏捷并富有进取心”以及“对优越性的强烈渴望”。

创业精神就是发现和把握商业机会，无论当时如何受资源的制约，都能努力通过创新，从无到有地创造和建立某些事物以满足社会需求、创造价值的活动过程。创业精神的本质在于创新，在于为消费者创造出新的满足、新的价值。创业精神是创业者在创业过程中的重要行为特征的高度凝练，主要表现为勇于创新、敢担风险、团结合作、坚持不懈等。

创业精神从创业群体划分可分为个体创业精神以及群体创业精神。个体的创业精神：指的是以个人力量，在个人愿景引导下，从事创新活动，进而创造一个新事业。群体的创业精神：指在已存在的一个组织内部，以群体力量追求共同愿景，从事组织创新活动，进而创造组织的新面貌。

二、创业精神的基本特征

1. 普遍性 创业精神作为一种精神生活，一种价值追求，源于人类认识在创新思想支配下的探索和超越，是人类改变世界、创造未来的精神动力，它不仅反映着人们的普遍愿望，是一定历史时期各个阶层和集团中普遍流行的一种要求、愿望和情感态度，也是一种普遍的社会实践，体现在生活的方方面面、各行各业以及各个不同层次的人的创业行动之中。

2. 先进性 创业精神是创新精神的体现，创新也就意味着要求创业者发现别人未发现的事物，利用已有的事物改编、创造，这也就意味着创业必然要走在历史的前沿，要有先进性才能看得更加长远。创业精神的最终体现就是开创前无古人的事业，创业精神本身必然具有超越历史的先进性，想前人之不敢想，做前人之不敢做。

3. 时代性 主要体现在创业精神对某一时代发展潮流的反映和把握。不同时代的人面对着不同的物质生活和精神生活条件，创业精神的物质基础和精神营养也就各不相同，创业精神的具体内涵也就不同。创业精神对创业实践有重要意义，它是创业理想产生的原动力，是创业成功的重要保证。

三、创业精神的功能

创业精神有利于创业者或创新者们开创事业。对于创业者而言，创业精神是创业的动力源泉，也是创业的精神支柱。创业道路不可能一帆风顺，创业者凭借创业精神在创业活动中努力成就和开创事业。对于创新者而言，凭借创业精神不断开创各项工作和事业，必将会促进他们的职业发展。

1. 是新世纪社会发展的需要 我国正处在一个伟大的变革时代，随着社会主义经济市场化和经济全球化的进一步推进，人们的生产生活方式、社会关系、价值观念乃至文明形态都在发生着深刻的变化，社会对人才的需求也已发生变化。创业作为经济发展的原动力，是繁荣经济的有效途径之一。通过创业可以扩大就业，加速技术创新和科研成果转化，进而创造更多的社会财富，推动社会经济发展，实现发展经济与扩大就业的良性互动。大学生的创业精神作为一种积极的思想观念和精神状态，对社会的发展具有十分重要的推动作用。

2. 是创新型人才培养的需要 创新是创业精神的核心内容之一，美国著名管理学家德克鲁认为："创业就是要标新立异，打破已有的秩序，按照新的要求重新组织。"因为"理论、价值以及所有人类的思维和双手创造出来的东西都会老化、僵死……"我们需要的是一个创业的社会，在这个社会中，创新和创业精神是正常、稳定和持续的。创新和创业精神也必须成为维持我们组织、经济和社会之生存所不可或缺的活动。创业精神的核心，归根到底是由创业活动的开拓性所决定的。由于创业是一种创造性的活动，它本身就是对现实的超越，就是一种创新。因此，创业就意味着创新，创新就意味着突破，创业精神的培养过程就是培育创新型的人才的过程。

3. 是大学生挖掘自身潜力，发挥出更大作用的保证 具有创业精神的大学生，一般具有较强的环境适应能力，在人与环境的互动过程中，能够以前瞻性的思维与眼光做出预测与判断，并及时调整自己的人生目标和行动方案，以保持与变化着的环境的协调统一，而不是消极被动地等待和忍耐。特别是在知识技术的不断更新、职业岗位的不断转换、人际关系不断变化的情况下，使得人们始终处在一个陌生的社会环境中，这就尤其需要具备良好的自我调适能力，而具备创业精神，才能做到与时俱进，充分地发挥出自身的潜能，事业更加成功。

四、培养创业精神

创业精神的培养不可能在一朝一夕之间完成，需要在日常的生活学习中有意识地培养，潜移默化地铸就。

1. 通过知识和技能学习来培育 不论哪种层次的创业精神，都要求创业者或创新者们能够掌握和运用一定的能力来解决问题。这些不是先天具备的，都是后天培养的。我们将能力分为知识、技能和特质。没有主动、持续的学习很难获得有效、实用的知识和技能。树立正确的学习观，运用合理的学习方法，养成主动学习持续学习的习惯，有助于大学生获取知识和技能，培育创业精神。一是通过学科教学渗透，将创业意识、创业能力的培养渗透于知识学习、技能训练之中，既避免了空洞说教，又找到了依托和载体。同时增强学生学习的针对性和实用感。如以文科类为载体渗透创业意识培养，以理科和工科为载体渗透创业技能、能力的训练。二是开设创业教育类课程，如创业知识和创业技能训练课、创业教育学、创造技能与方法等。

2. 通过创业实践和实训活动来培育 创业精神是一些高度行为特征的集合，作为行为特征需要在行为的多次、反复的强化中才能形成。任何实践活动以及与创业相关的实训活动都需要参与者付出实际行动来完成。良好创业精神品质的形成重在实践训练，积极的实践能带来及时的反馈和成就感，也能带来节节成功的喜悦；切切实实地投入到创业实践中去，定能磨炼出坚强的创业心理品质。一是学校要构建创业实践基地为学生提供创业实践的便利，如创业见习基地、创业实习基地和创业园等，实现产、学、研一体化。二是社会要为大学生提供更多的创业岗位供学生选择，如勤工俭学岗位、社区服务岗位等，使其经受创业实践熔炉的考验。三是大学生自己课余主动参与创业实践，熟悉各种职业特点和自己的能力特点，积累创业经验，增长创业才干，减少将来创业的盲目性。大学生应多参与各种社会实践、校园活动、创新训练、沟通训练、拓展训练、创业实训、创业大赛、创业讲堂、创业社团等实践活动，会有助于强化自身的行为特征，培育创业精神。

3. 通过继承前人精神来培育 精神是物质的最高产物，与物质相比，它有承续性、超越性、广泛性、不可磨灭性等特点，即某一精神产品可以代代相承袭，可以为不同的人和族群使用，可以广泛用于不同的领域，不被磨损而且可以发扬光大。创业精神自古有之，当代的创业精神已经构成一个精神体系，涉及创业意识、创业观念、创业责任、创业态度、创业激情、创业思维等方面。创业责任的精神内涵可以包括：诚信精神、人与自然和谐的精神、社会利益、集体利益、公众利益高于个人利益的精神等。列夫·托尔斯泰说过，“正确的道路应该是这样的：吸取你的前辈所做的一切，然后再往前走”。前人创业表现的精神都是我们宝贵的财富，我们应该好好学习，好好应用并发扬光大。

第三节 创业意识与创业动机

一、创业意识

（一）创业意识的概念

创业意识是指一个人根据社会和个体发展的需要所引发的创业动机、创业意向或创业愿望。创业意识是人们从事创业活动的出发点与内驱力，是创业思维和创业行为的前提，创业意识是创业的先导，它构成创业者的创业动力，由创业需要、动机、意志、志愿、抱负、信念、价值观、世界观等组成，是人进行创业活动的能动性源泉，激励着人以某种方式进行活动，向自己提出的目标前进，并力图达到和实现它。要真正成为一个创业者，首先要树立创业意识。创业意识不是凭空形成的，也不是靠主观意念产生的，它需要创业者在实践活动中不断磨炼、积累和升华，因此，每一个希望创业的人都必须首先强化创业意识。

（二）创业意识的分类

创业意识主要可分为：

1. 合作意识。

2. 迎战风险意识。
3. 信誉意识。
4. 资源整合意识。
5. 知识更新意识。

（三）树立正确的创业意识

许多大学生往往对创业存在许多认识误区，主要可分为以下几点：
1. 认为自主创业是少数学习优秀、能力较强、家庭经济实力雄厚的学生的事情。
2. 创业就是当“小老板”。
3. 没有本金、专业不对口，光有激情无法创业。
4. 认为大学生毕业创业是没有本事、没有出息、没有单位接收的表现。

大学生之所以会对创业认识存在误区，归根结底还是没有树立正确的创业意识。创业意识的发展过程主要包括：创业需要—创业动机—创业兴趣—创业理想—创业信念—创业世界观。

可以从以下三个方面来树立和提高创新意识。首先，应当祛除心理上的惰性，培养寻根究底的好奇心；其次，要打破思维定势，当被传统思维所困的时候，要尝试训练自己的逆向思维，从想要获得的结果入手，也要经常改变自己的工作方式和思维方式，不被自己的习惯所束缚；最后，要把继承作为创新的起点，这点强调的是不要拒绝继承，而要树立正确的创新，明确创新并非推翻一切，用辩证的眼光看待事情，会获得更加客观的结论。

二、创业动机的含义与分类

（一）创业动机的含义

动机是指由特定需要引起的欲满足各种需要的意念或者愿望。创业动机指引起和维持个体从事创业活动，并使活动朝向某些目标迈进的内部动力，是推动个体或群体从事创业实践活动的内部动因，是使主体处于积极心理状态的一种内驱力，具有较强的选择性、倾向性和主观能动性，是鼓励和引导个体为实现创业成功而行动的内在力量。创业动机是创业行为背后的推动力，促使具有创业能力和创业条件的个体进行创业，是区分创业者和潜在创业者的重要区别。说得通俗一点，创业动机就是有关创业的原因和目的，即为何创业的问题。

（二）创业动机的分类

广义的创业者动机，主要可分为两种类型：生存需求型和事业成就型。

1. 生存需求型主要包括不满薪酬收入、提供经济保障、希望不再失业三个维度。首先，这类创业者，多数为大学毕业生、失业者以及其他没有更好职业选择的人群。例如许多大学生由于经济的原因，家庭越来越难以负担昂贵的学费，国家助学贷款、奖学金制度也不能完全解决问题。在沉重的经济负担压力之下，为了顺利完成学业，这部分学生中的一部分人只好利用课余时间打工来维持正常的学习和生活。在打工的过程中有一部分具有创业素质的人会发现商机并且去把握它，开始走上了创业的道路。

2. 事业成就型包括获得成就认可、实现创业想法、扩大圈子影响、成为成功人士、控

制自己人生五个维度。这类创业者希望能最大限度地实现自身价值，获得成功的满足感，争取更高的利润，改善生活状况，有些创业者由于性格使然，他们不甘心屈居他人之下、受他人支配自己的生活，主张自我支配生活。他们希望争取较大的自由度和灵活的工作时间，于是选择自创企业为自己争取一个较自由、较灵活的时间和空间，可以无拘无束地享受生活，这也是一部分业主创办小企业的动机之一。

狭义的创业动机，又可分为：生存的需要、利益的驱动、压力的驱动、积累学识、实现理想五类。生存是人类的第一需要，多数人创业的主要动机单纯是为了养家糊口，他们没有过多本金，创业的概念也较为模糊；有一部分则是向往创业名家身上的财富光环，为了积累更多的财富以便享受荣华富贵，于是他们走进了创业的行列；有许多人迫于压力而创业，其中压力不仅指的是生活压力，也有就业压力。当下许多大学生创业的主要动机就是迫于经济压力以及就业压力，尤其是生活在一线城市的大学生，他们不甘心按部就班为别人打工，他们认为成功自主创业带来的高利润高效率能够缓解压力、摆脱尴尬，不妨自己创业做老板；还有一部分人，是为了增加自己的实践经验，丰富社会阅历，或者是为了自己以后的发展或实现自己的某个目标做好经济上的准备，他们也可以说是实现理想的一类人。

（三）大学生创业动机变化与发展

大学生是国家发展不可或缺的主力，传统定义将多数大学生创业者归于生存型创业者，多数大学生创业的动机主要为缓解家庭经济负担，利用课余时间进行创业，缓解就业压力。而随着高校创新创业教育的发展，高校大学生对创新创业的理解不再只局限于书本知识，他们通过学校提供的平台不断尝试，充分发挥自我特长、发展自我兴趣爱好，将创新点子与创业相结合，不再只是为了钱、为了就业而创业，当下的大学生，创业的动机更多倾向于实现自我价值，发挥自我特长。创客咖啡、创业工业园、互联网+等，随处都是大学生创业的身影。大学生创业动机的转变，不仅反映出来当下大学生创业意识的增强，更反映了当下高校创新创业教育发展所取得的成效。

实现中国梦、国家的富强、民族的振兴都离不开创新，创新是科学发展之本。创业不仅是国家发展的需要，更是人民意志增强的体现。想要成为一名成功的创业者，离不开对创业精神、创业动机的把握，理性进行创业自我评估，掌握时代最新潮流，善于发现创新点和创业点，结合自身实际环境，才能创业成功。

【经典实例】

俞敏洪，新东方教育科技集团董事长兼首席执行官。作为一个成功人士，俞敏洪的成功创业史，有志的创业人士或多或少也都复制过，可是却不是每个人都获得了成功。俞敏洪创业的成功经验并不完全适合每个人，这就好像说，虽然你参考了俞敏洪的创业经验，但是你不可能把俞敏洪所经历的每件事都去经历一遍，这说明成功是不能被粘贴复制的。

北京时间2006年9月8日，新东方教育科技集团在美国纽交所上市，首日收盘于20.88美元。新东方董事长、持有公司31.18%股权（4400万股）的俞敏洪的资产一跃超过10亿人民币，成为中国最富有的老师。这个结果让更多的人在享受着新东方带给他们人生改变的同时也在惊叹着。在这一时刻，新东方被更多的人所熟知，霎时变得声名大噪。人们不妨静下心来想一想，俞敏洪为什么能够成功。了解他背景的人都知道，俞敏洪是一穷二白的，家里无权无势，他只是一介书生，还是倒霉透顶的书生，他何以有今天令人称美的成就？

看过俞敏洪励志演讲的人都知道俞敏洪半辈子的人生经历，虽不算惊险刺激可也算跌宕起伏——几度的考研失败，几度的走投无路，几度的失意彷徨，俞敏洪没有被击垮，他坚持下来了，才有了今天的新东方，才有了被人津津乐道的新东方精神，新东方告诉了我们，尽管生活沧海桑田，依然要坚持自己的梦和理想！俞敏洪认为，人活着需要有一种感觉，新东方之所以被很多人接受，也是因为新东方有一种感觉存在，凡是来过新东方的人，都在新东方感觉到了一种活力、一种顽强和一种豁达。正是这种与众不同才让新东方焕发出夺目的光芒。

俞敏洪究竟是怎样成功的？这是每个新的创业者都想要知道的答案。俞敏洪说“相信努力和奋斗一定能改变你的命运”。从我们个人的角度来讲，应该做些什么事情呢？人的一生有几个点尤其重要：首先你要有志向，让自己的生命绚烂多彩特别重要；其次，要尽自己最大的努力来改变现状，要专注地去做自己认为有价值的事情；最后，要坦然接受生命中所谓的现实，并且把它化为动力。相信你的绚烂多彩会渲染你身边的每个角落，如果你的能量是正面的，你周围聚集的正能量就越来越多。

【知识拓展】

一、创业者自我评估。

下面将从 10 个方面对你进行测评

每个方面会有若干测试项目，每个项目分 A 、B 两栏；

如果 A 栏里的表述更符合你的情况，请在 A 栏相应项目左侧的空格里填写 2；

如果 B 栏里的表述更符合你的情况，请在 B 栏相应项目右侧的空格里填写 2 。

自我测评要诚实

本测评只针对你自己，测评结果可以不告诉别人；

本测评是为了展示真实的你，帮助你认识自己，因此要诚实。

Ⅰ创办企业的动机

A栏		B栏	
	我有一份工作	我没有工作	
	在决定创办自己的企业之前，我有一份好工作	在决定创办自己的企业之前，我没有一份好工作	
	我从自己干过的每一份工作中都学到了一些东西，我发现工作很有意思	我工作只为挣钱，工作没有什么乐趣，我对工作兴趣不大	
	我想让我的企业成为我终生的事业	我想创业，是因为没有其他选择	
	我想拥有一家企业，这样我能够为我的家庭提供更好的生活	我想创办企业是因为想取得成功。富人都有自己的企业	
	我坚信，我的成功与否更多地取决于自己的努力	我觉得一个人不论做什么，要想成功，都需要其他人的许多帮助	
	总计		

Ⅱ风险承受能力

A栏		B栏	
	我坚信，要在生活中前进必须冒风险	我不喜欢冒风险，即便有机会得到很大的回报也是这样	
	我认为风险中也蕴含机会	如果可以选择，我愿意以最稳妥的方式做事	
	我只有在权衡了利弊之后才会冒风险	如果我喜欢一个想法，我会不计利弊地去冒险	
	即使投资于自己企业的资金亏掉了，我也愿意接受这样的现实	投资于自己企业的资金可能会亏掉，我难以接受这样的现实	
	不论做任何事，就算我对这件事有足够的控制权，我也不会总是期待完全控制局面	我喜欢完全控制自己所做的事情	
	总计		

Ⅲ坚韧不拔和处理危机的能力

A栏		B栏	
	即使面对极大的困难，我也不会轻易放弃	如果存在很多困难，真的不值得为某些事去奋斗	
	我不会为挫折和失败沮丧太久	挫折和失败对我的影响很大	
	我相信自己有能力扭转局势	一个人自己能做的事情是有限的，命运和运气起很大的作用	
	如果有人对我说不，我会泰然处之，并会尽最大的努力改变他们的看法	如果有人对我说不，我会感觉很糟，并会放弃这件事	
	在危机情况下，我能保持冷静并找出最佳的应对办法	当危机升级时，我会感到慌乱和紧张	
	总计		

Ⅳ家庭支持

A栏		B栏	
	我会让家人参与对他们产生影响的企业决定	我不会让家人参与对他们有影响的企业决定	
	对企业的全心投入，使我不能花很多时间和家人在一起，他们会理解我	对企业的全心投入，使我不能多花时间和家人在一起，他们会感到不快	
	如果我的企业最初不是很成功，并且给家人带来经济上的困难，他们愿意忍受	如果我的企业最初不是很成功，并且给家人带来经济上的困难，他们会很生气	

续表

A栏		B栏	
	家人愿意帮助我克服企业遇到的困难	家人可能不愿意或没有能力帮助我克服企业遇到的困难	
	家人认为我创办企业是个好主意	家人对我创办企业感到担心	
	总计		

Ⅴ主动性

A栏		B栏	
	我不惧怕问题，因为问题是生活的组成部分，我会想办法解决每一个问题	我发现解决问题很难，我害怕这些问题，或者干脆不想它们	
	当我遇到困难时，我会尽全力去克服困难。困难是对我的挑战，我喜欢挑战	当我遇到困难时，我试图忘掉它们，或等待其自行消失	
	我不会等待事情的发生，而是努力促使事情发生	我喜欢随波逐流并等待好事降临	
	我总是尝试做一些与众不同的事	我只喜欢做我擅长做的事情	
	我认为所有的想法可能都会有用，因此，我会寻求尽可能多的想法，并看其是否可行	人会有很多想法，但是一个人不可能做所有的事情。我愿意坚持自己的想法	
	总计		

Ⅵ 协调家庭、社会和企业的能力

A栏		B栏	
	在企业能够承受的范围之内，我从企业拿出钱来供我和家人使用	我的家人需要多少钱，我就从企业拿出多少钱	
	如果我的朋友或家人有经济困难，我只会用预留给我个人的钱来帮助他们。我不会从我的企业拿钱	如果我的朋友或家人有经济困难，我将帮助他们，即使这样做可能会损害我的企业	
	我不能把大量的工作时间花在家人和社会关系上而忽略我的企业	我会优先考虑家人和社会关系，他们高于企业	
	家人和朋友必须像其他顾客一样，为使用我的产品、服务或企业的资产付钱	家人和朋友将从我的企业得到特殊的好处和服务	
	我不会因为顾客是我的朋友或家人就赊账	我会常常让我的朋友和家人赊账	
	总计		

Ⅶ 决策能力

	A栏	B栏	
	我能够轻松地做决定，我喜欢做出决定	我发现做决定很难	
	我能独立做出艰难的决定	在我做出艰难的决定之前，我会征求很多人的意见	
	一旦需要做出决定，我常能尽快地决定做什么	我尽可能长地推迟做决定的时间	
	在做决定之前，我会认真思考并考虑所有可能的选择	我凭感觉和直觉做出决定，我只知道眼下要做什么	
	我不怕犯错误，因为我可以从错误当中吸取教训	我经常担心会犯错误	
	总计		

Ⅷ 适应企业需要的能力

	A栏	B栏	
	我只提供顾客需要的产品或服务	我只提供自己喜欢的产品或服务	
	如果我的顾客想要更便宜的产品或服务，我将想办法满足他们的需求	如果我的顾客想要更便宜的产品或服务，他们只能找其他的企业	
	如果我的顾客想赊购，我会想办法用最低的风险为他们提供赊购服务	我不会向任何人赊销我的产品或服务	
	如果将企业迁到其他地方生意更好，我准备这样做	我不准备重新选择企业地点，无论我的企业在哪里，顾客和供货就必须到那里	
	我将研究市场趋势，并力图改变工作态度和方法，以跟上时代的发展	最好按照我已经知道的方法去工作，跟上时代的发展太难了	
	总计		

Ⅸ 对企业的承诺

	A栏	B栏	
	我善于在压力下工作，我喜欢挑战	我不善于在压力下工作，我喜欢平静和轻松	
	我喜欢每天工作很长时间，我不介意占用业余时间	我认为工作以外的时间很重要，人不能长时间工作	
	我愿意为自己的企业而减少与家人及朋友在一起的时间	我不愿意为自己的企业而减少与家人及朋友在一起的时间	
	如果必要，我可以把社交活动、休闲娱乐和业余爱好放在一边	我认为在社交活动、休闲娱乐和业余爱好上多花时间是很重要的	
	我愿意非常努力地工作	我愿意工作并做必须做的事情	
	总计		

X 谈判技巧

	A栏	B栏	
	我喜欢谈判，并且经常在不冒犯任何人的情况下达到目的	我不喜欢谈判，按照别人的建议去做更容易	
	我与别人沟通得很好	我与别人沟通有困难	
	我喜欢倾听别人的观点和选择	我对别人的观点和选择一般不感兴趣	
	谈判时，我会考虑什么对自己有利、什么对别人有利	如果参加谈判，我更愿意作为一个听众并旁观事态的发展	
	我认为，在谈判中达到目的最好的方法，是努力寻找一个使双方都受益的方案	因为企业是我的，所以我的意见最重要。谈判中总有一方会失败	
	总计		

测评结果统计表

素质/能力	A 栏总分	B 栏总分
1. 创办企业的动机		
2. 风险承受能力		
3. 坚韧不拔和处理危机的能力		
4. 家庭支持		
5. 主动性		
6. 协调家庭、社会和企业的能力		
7. 决策能力		
8. 适应企业需要的能力		
9. 对企业的承诺		
10. 谈判技巧		
总分数		

测评结果说明

1. 对每个测评项目而言：

A 栏得分越高，表明你在这个方面能力越强。如果你的分数在 6～10 分，说明你在这个方面能力较强。

B 栏得分越高，表明你在这个方面能力越弱。如果你的分数在 6～10 分，说明你在这个方面能力较弱，应努力提高自己。

2. 对总分而言：

A 栏总分≥50 分的，表明你具备做一个好企业主所需的素质；分数越高，表明你的素质越强。

B 栏总分≥50 分的，表明你需要对自己进行提高；分数越高，表明你目前的素质越弱。

二、做出理性的创业决策

在创业开始之前，大学生需要评估自己的优势和劣势，看看自己是否具备创业的素质和能力。大学生可在认真思考后回答以下问题，来初步判断自己是否应该做出开始创业的决策。

1. 你是否具有一个能够振奋人心的愿景？这个愿景必须是远大且清晰的，除了能使自己兴奋，也能激发他人追随你一起创业的意愿。

2. 你是否具有强烈的创业企图心？唯有强烈的企图心才能化为持久的行动与坚持的毅力，没有强烈企图心的人不太适合创业，这点创业者自己必须先三思。

3. 你是否勇于承诺愿意承担风险与愿意吃苦耐劳？能够勇敢地在公开场合向大众做出承诺的创业者，他的决心与行动力就不会令人质疑。

4. 你是否看到一个具有潜力的市场机会？必须是一个潜力够大，且在可见的未来能够被实现的市场机会，当然也需要能够大略估计实现市场潜力所需要的时间与资源条件。

5. 你是否提出一个明确可行且能够结合市场机会的创业构想？这个创业构想也必须要具有一定程度的创新以及能带来市场竞争优势。

6. 你是否发展出一个能够创造利润的创新经营模式？而且也需要能够描述经营模式中顾客方面、核心策略、资源能力、价值网络各要素的内涵与创造利润的可能方式。

7. 你是否拥有足以判断产业相关技术与产品发展的专业能力？

8. 你是否拥有足以经营管理一个新生企业发展的经验与能力？

9. 你是否拥有足以带领团队前进的领导与沟通能力？

10. 你是否拥有能够协助企业取得各项必要资源的网络关系能力？

建议大学生创业者在考虑是否离职创业前，可以用这十个问题作为检测创业时机是否已经成熟的参考。许多创业失败的案例，都是因为创业者事前仓促决定，而创业成功的概率如此之低，恐怕也与未能在创业前做好准备有关。虽然也有人主张，创业可以在失败中学习，不过如果失败是因为自己事前没有做好准备，这种失败还是会令人感到非常遗憾。

【练习与思考】

一、请从创业者、创业精神、创业动机等方面分析以下案例，进行分组讨论并写一篇不低于1500字的分析报告。

小王是中南大学铁道校区的大三学生，大二时他就忙着在学校做市场调查，他认为定位中高档的男士精品店会很受学生欢迎。这学期开学不久，他和另外三位有创业想法的同学一拍即合，每人投资4000元准备开店。校园附近的孙老板有三间紧挨着的店面，其中一个门面闲置着。孙老板同意以12000元转让这个门面两年的使用权。小王告诉记者，当时孙老板说她有这个门面三年的使用权，但不要让房东知道房子已经转租给他们，就说几个大学生是帮她打工的，以此避免房东找麻烦。“我们虽然知道孙老板不是房东，只是租用了房东的房子，但我们不知道一定要经过房东的同意才能租房。”9月10日，涉世未深的几名大学生和孙老板签下了门面转让协议书，并支付了7000元钱。当他们开始对门面进行装修时，房东闻讯赶来。房东表示，他和孙老板签订的合同上明确写了该房子只允许做理发店，并且不允许转租。房东阻止他们装修，并和孙老板发生了冲突。在店面前透过玻璃门看到，几个玻璃柜凌乱地摆放着，地上刨花满地。前不久，小王和另外三个同学还在一边贴墙纸，一边憧憬着美好前景。当时为了不影响上课，他们利用晚上装修，忙到深夜两三点是常事。现在门上已经挂了三把锁。9月份房东将第一把锁挂了上去，接着孙老板也挂了一把锁。小王等人的玻璃货架等物品都被锁在里面，无奈之下他们也挂了一把锁。现在要进入这个门面，要过三道关。几把锁锁死了他们的创业之路。孙老板从9月20日起就无影无踪，手机也不开机，不做任何解释。房东也不愿意和他们协商，反正房租已经收到了年底。这可苦了几个大学生，交给孙老板的7000元房租，加上门面装修的5000多元以及进货花去的钱，4人凑的16000元已经所剩无几。近日，孙老板终于出现，她提出，几个大学生将剩下的5000元交上，再想办法和房东协商。如果要退还7000元的房租，必须把已经装修的门面恢复原状并补偿她两个月的误工费。这些钱来之不易，其中两个家庭条件并不是很好的学生拿出的是自己的学费，他们希望通过创业缓解家庭的经济压力。黄同学告诉记者，他的4000元钱是软磨硬泡才从父亲那里“借”来的。

二、案例阅读

1. 王兴　一提到王兴，很多人脑海里面首先想到的一个词汇就是连环创业者，因为他是校内网、饭否网、美团网这三个大名鼎鼎的网站的联合创始人，除此之外，他还有另外一层身份——大学生创业者，在毕业之后，没有丰富的职业履历就开始创业的人。

他是一名人们口中的天才少年，高中没有参加高考就被保送到中国名牌学府清华大学，毕业后拿到全额奖学金去了美国特拉华大学，师从第一位获得MIT计算机科学博士学位的大陆学者高光荣，随后归国创业，在前一两次不算成功的创业项目之后，王兴创立了中国版facebook——校内网，并很快风靡大学校园圈。校内网于2006年10月被千橡集团以200万美元收购。2007年5月12日，王兴创办饭否网，这也是中国第一个类twitter项目，但就在发展势头一片良好之际被关闭，让王兴事业受到挫折。之后连环创业客王兴于2010年3月上线新项目美团网，并在“千团大战”之中脱颖而出，稳居行业前三，并先后获得红杉和阿里的两轮数千万美金的融资，这个连环创业客的事业正逐渐走上正轨。最近，美团单月流水已经突破10亿人民币。

2. 戴志康　康盛创想创始人戴志康是无数互联网人的偶像，他创建的“Discuz!”开源模板与“Wordpress”一并成为世界上最伟大的两个开源网站模板，被数以百万级的站长使用，深刻改变了中国互联网，而戴志康也是一位大学生创业者。

戴志康出生于知识分子家庭，父亲是大学教授，亲属中也有很多人是老师。据说，因为这种家庭背景，戴志康小时候开始就接触电脑。在计算机性能不断升级的过程中，他的编程技术也日益提高。戴志康从小学毕业后的1995年开始初步尝试编制软件。初中、高中时期，他几乎包揽了各类计算机大赛大奖。戴志康2000年考上哈尔滨工程大学，2001年便在校外创业，他在外面找到一间月租300元的房子，一天差不多15个小时都坐在电脑前面，最终他创造的“Discuz!”成为中国最成功的建站开源模板，“Discuz!”于2010年被腾讯以6000万美金的价格收购。

3. 陈欧　聚美优品的CEO陈欧也是一名标准的大学生创业者，他的大学生创业经历要追溯到他的上一个创业项目GG游戏平台。陈欧16岁时考上了新加坡南洋理工大学，作为一个资深游戏爱好者，在大四的时候陈欧决定在游戏领域创业，凭着有限的资源做出了后来影响力巨大的GG游戏平台。作为当时没有任何资源的大学生创业者，那时的创业经历是非常艰苦的，据陈欧回忆，那时候他为了节省成本，不得不每天都吃最便宜的鱼丸面，最后吃得都有些“脑残”了。

后来，陈欧出售GG平台，获得了千万级别的收益，也为自己后来的创业道路做了极好的铺垫。而他创造的GG游戏平台，仍然是现在东亚地区最受欢迎的游戏平台之一，在全球拥有超过2400万用户。

4. 蒋磊　铁血军事网创始人蒋磊——典型的大学生创业者，16岁被保送上清华大学，创办铁血军事网，20岁保送硕博连读，中途退学创业。如今，铁血军事网稳居中国十大独立军事类网站榜首，铁血军品行也成为中国最大的军品类电子商务网站，年营收破亿元，利润破千万元。

2001年，16岁的蒋磊初入清华园，电脑还没有在普通宿舍出现，他只能去机房钻研他的网页，他想把自己喜欢的军事小说整合到自己的网页上，他的“虚拟军事”的网页一经发布，就吸引了大量用户，第二天就达到了上百的浏览量。蒋磊很兴奋。他把“虚拟军事”更名为“铁血军事网”。

2004年4月，蒋磊和另一个创始人欧阳凑了十多万元，注册了铁血科技公司。期间蒋磊还被保送到清华硕博连读学习。2006年1月1日，蒋磊最终顶住了家庭以及学校的压力毅然决定辍学创业，以CEO的身份正式出现在铁血科技公司的办公室里。经过12年的努力，目前蒋磊的公司拥有员工200余人，他创办的网站已成为能够提供社区、电子商务、在线阅读、游戏等产品的综合平台。据透露，截至2012年12月，网站已有1000万注册会员，月度覆盖超3300万用户，正处于稳步且高速的增长中。

5. 黄恺　风靡全国、中国最成功的桌游三国杀，其创始人黄恺正是一位标准的大学生创业者。黄恺于2004年考入中国传媒大学动画学院游戏设计专业，他在大学时期就开始“不务正业”，模仿国外桌游设计出了具有中国特色、符合国人娱乐风格的桌游“三国杀”。2006年10月，黄恺开始在淘宝网上贩卖“三国杀”，没想到大受欢迎，而毕业后的黄恺并没有任何找工作的打算，而是借了5万元注册了一家公司，开始做起“三国杀”的生意。2009年6月底“三国杀”成为中国被移植至网游平台的一款桌上游戏，2010年“三国杀”正版桌游售出200多万套。

粗略估计，“三国杀”迄今给黄恺带来了几千万元的收益，并且随着“三国杀”品牌的发展，收益还将会继续增加。

6. 黄一孟　电驴（VeryCD）之父黄一孟是一名中途离开大学的创业者。2003年，verycd.com只是爱好计算机的大学新生黄一孟陆续注册的众多个人网站中的一个。当时，因为不满于网络上质量不高且需收费的电影资源，VeryCD很快聚集了一批和黄一孟有着类似热情的用户，他们在下载的同时也愿意上传自己的资源。这让黄一孟意识到，这个所谓的个人网站不再只对他一个人具有价值。2004年，黄一孟中途离开学校专心创业，成立了一个工作室。

黄一孟除了是VeryCD的创始人，也是心动游戏的创始人。2012年，心动游戏的收入达到了10亿元人民币。从入不敷出的VeryCD到年收入10亿元的网页游戏公司，黄一孟依靠自己的感觉和摸索去创业并获得了成功。

7. 王学集　王学集出生于浙江温州，毕业于浙江理工大学。大学时和2位同学一起创业，大三时正式发布phpwind论坛程序，2004年大学毕业的王学集成立公司，公司亦命名为phpwind，中文名“杭州德天信息技术有限公司”，专门提供大型社区建站的解决方案。目前，phpwind已成为国内领先的社区软件与方案供应商，PW6.3.2版本的推出更在社区软件领域树立起一个极高的技术壁垒，phpwind8.0系列版本则推动了社区门户化。

phpwind于2008年5月被阿里巴巴以5000万元人民币的价格收购，现在隶属于阿里云计算有限公司，为阿里云计划提供了强有力的支持。

8. 舒义　舒义19岁就开始创业，读大一时就是国内最早的web2.0创业者之一，创办过国内第一批博客网站Blogku、Bolgmedia，还创建了一个高校SNS和一家校园电子商务公司。

2006 年舒义第三次创业，创办了成都力美广告有限公司，后发展为中西部最大的专业网络广告公司之一。2009 年舒义成立北京力美广告有限公司（i-Media），两年内发展为国内领先的移动营销解决方案公司，并于 2011 年获得 IDG 资本投资。目前舒义开始尝试天使投资，投资创办过多家移动互联网公司。

9. 杨明平　超级课堂的联合创始人杨明平是典型的大学生创业者，并且是一位连续创业者。杨明平毕业于中欧国际工商学院。2005 年，大三的他接手了学校边上的一家川菜馆，后发展到拥有 400 多平方米、一年 200 多万营业额规模的火锅店，大学的创业经历为他赢得了第一桶金。而后杨明平决定朝着更大的方向发展，进入在线教育领域，创建超级课堂（Super Class）。

超级课堂成立于 2010 年 10 月，由杨明平创立的超级课堂将线下教育搬到线上，为中小学学生提供好莱坞大片式的网络互动学习课程。

第三章　创新创造与创业过程

本章要点

1. 了解创新创造和创业管理的基本理论。
2. 了解创业的基本分类和常见模式。
3. 掌握创业过程与方法，探索适合自己的创业模式。

第一节　创业类型与模式

一、创业分类

（一）创业类型

创业类型的选择与创业动机、创业者风险承受能力密切相关，也会影响创业策略的制订，因而是探讨创业管理不可忽视的议题。一份对106位创业者的问卷调查针对个人、组织、环境、过程4个方面进行研究，发现创业类型可以分为8种：

1. 离职创立新公司，新公司与原来任职公司属于不同行业性质，新公司也必须立即面对激烈的市场竞争。

2. 新公司由原行业精英人才组成，企图以最佳团队组合，集合众家之长，来发挥竞争优势。

3. 创业者运用原有的专业技术与顾客关系创立新公司，并且能够提供比原公司更好的服务。

4. 接手一家营运中的小公司，快速实现个人创业梦想。

5. 创业者拥有专业技术，能预先察觉未来市场变迁与顾客需求的新趋势，因而把握机会，创立新公司。

6. 为特殊市场顾客提供更好的产品与服务而离职创立新公司，具有服务特殊市场的专业能力与竞争优势。

7. 创业者为实现新企业理想，在一个刚萌芽的新市场中从事创新，企图获得领先创新的竞争优势，但相对的不确定性风险也比较高。

8. 离职创立新公司，产品或服务和原有公司相似，但是在流程与营销上有所创新，能为顾客提供更满意的产品与服务。

（二）克里斯琴创业类型

克里斯琴（Christian）认为创业依照其对市场和个人的影响程度，可以区分为4种类型：

1. 复制型创业　复制原有公司的经营模式，创新的成分很低。例如某人原本在餐厅里担任厨师，后来离职自行创立一家与原服务餐厅类似的新餐厅。新创公司中属于复制型创业的比率虽然很高，但由于这类型创业的创新贡献太低，缺乏创业精神的内涵，不是创业管理主要研究的对象。这种类型的创业基本上只能称为“如何开办新公司”，因此很少会被列入创业管理课程中学习的对象。

2. 模仿型创业　这种形式的创业，对于市场虽然也无法带来新价值的创造，创新的成分也很低，但与复制型创业的不同之处在于，创业过程对于创业者而言还是具有很大的冒险成分。例如某一纺织公司的经理辞掉工作，开设一家当下流行的网络咖啡店。这种形式的创业具有较高的不确定性，学习过程长，犯错机会多，代价也较高昂。这种创业者如果具有适合的创业人格特性，经过系统的创业管理培训，掌握正确的市场进入时机，还是有很大机会可以获得成功。

3. 安定型创业　这种形式的创业，虽然为市场创造了新的价值，但对创业者而言，本身并没有面临太大的改变，做的也是比较熟悉的工作。这种创业类型强调的是创业精神的实现，也就是创新的活动，而不是新组织的创造，企业内部创业即属于这一类型。例如研发单位的某小组在开发完成一项新产品后，继续在该企业部门开发另一项新品。

4. 冒险型创业　这种类型的创业，除了对创业者本身带来极大改变，个人前途的不确定性也很高；对新企业的产品创新活动而言，也将面临很高的失败风险。冒险型创业是一种难度很高的创业类型，有较高的失败率，但成功所得的报酬也很惊人。这种类型的创业如果想要获得成功，必须在创业者能力、创业时机、创业精神发挥、创业策略研究拟定、经营模式设计、创业过程管理等各方面都有很好的搭配。

二、创业模式

创业模式是指创业者为保障自身的创业理想与权益，对各种创业要素的合理搭配。创业的组织形式、创业的方式确定、创业的行业选择组成了创业模式。

在创业之初第一个重要选择就是寻找一个适合自己的创业模式，对一个创业者来说，一个真正好的模式，应该是适合自己的，即其有能力操作而且能有效整合现有的资源。一个适合的创业模式，未必需要投入一大笔资金，未必需要具有很大的规模，甚至未必需要办公场所或店面。有志于创业的人没有必要被一些所谓的理论束缚自己的手脚。勇于创新开拓就能有所突破，甚至形成质的飞跃。

选择合适的创业模式，是创业成功的关键。

准确判断自己的优势和劣势，选择最适合自己的创业模式，可以化解很多的不利因素。

模式一　白手起家

白手起家是从无到有、从零开始的创业模式；犹如先有了一个鸡蛋，用蛋孵出了小鸡，再鸡生蛋，蛋生鸡，从而一步步积累资产。白手起家是最困难的创业方式，因为缺少资金、人脉，只能艰苦奋斗一点一滴地积累和摸索。

秘诀：

1. 创业者必须有市场预见性。

2. 有良好的信誉和人品。

3. 有吃苦耐劳的精神。

模式二 收购现有企业

两种方式

1. 接手经营别人的公司转让，例如：饭店、发廊、服装店。

2. 收购公司重组转卖；低价买进，高价卖出。

优点：具备一定的基础，不用从头开始，节省时间。

缺点：有风险。

关键：眼光，对企业做全面的了解，仔细评估以下方面。

(1) 生意不好的原因是什么？

(2) 我能不能解决？

(3) 未来的趋势如何？

模式三 代理

代理是一种很常见的创业方式，中关村有很多品牌电脑代理，借助别人的品牌发展自己。

注意：

1. 选择品牌信誉好、发展潜力大的公司的产品。

2. 代理最大的危险是被厂家卸磨杀驴，所以只能依附，不能依赖；建立自己的品牌，维护自己的渠道。

模式四 加盟（特许经营）

加盟是懒人开店的好方法，加盟者不必自己探索开创新事业的路子，只需向加盟商支付一定的加盟费，就可以经营一个知名的品牌，并长期得到特许者的业务指导和服务。

调查资料显示，在相同的经营领域，个人创业成功率低于20%，而加盟成功率高达80%～90%。

优点：分享品牌、分享经营方法、分享资源支持，对于加盟者，风险小，容易管理；对于加盟商，短时间迅速扩大公司规模并获利。

加盟成功的关键因素：

1. 选择适合自己的特许品牌。

2. 选址是非常重要的一环，要小心挑选，宁缺毋滥。

3. 善用总公司的资源来配合业务的发展，比如广告、印刷品、培训等。

4. 签合同切勿草率。

模式五 在家创业

在家创业，也称SOHO，起源于美国20世纪80年代后期；这是个充满诱惑的字眼，令人无限遐想。

在家创业，就是独立工作，不隶属于任何组织，不向任何雇主做长期承诺。

优点：时间灵活，独立，不受外界干扰。在家里舒服，可以改善家庭生活，比如照顾孩子，工作生活兼顾。

缺点：比较劳累，需要克服孤独感。

秘诀：

1. 租一个邮箱或一个公司地址，为公司建立一个商业形象，因为家庭地址会让客户感觉不专业。

2. 申请独立电话，避免家人误接引起不便。

3. 谨慎地重新安排家中的空间，配合商务上的需求。

4. 与客户见面尽量安排在对方的办公室或租借一个会议室，保持你的专业形象。

5. 参加商会或一些专业协会，扩展人际关系网络。

6. 对自己要求严格，要有自制能力及自发性，像上班一样自律。

模式六　网络创业

网络创业是一种比较新的创业模式。21世纪是网络的世纪，互联网是最大的趋势，借助互联网现成的网络资源，不用从头开始，相对比较容易。

目前的形式：

1. 网上开店　如淘宝、拍拍等，提供了完善的平台服务。

2. 网上加盟　以某个电子商务网站门店的形式经营，利用母体网站的货源和销售渠道。

其实，现在不管做什么生意都可以而且有必要借助互联网。互联网是光速的，可以瞬间完成传统方式花费很多时间都难以完成的事情。

网上加盟需要创业者具备一定的技术基础，熟悉网络基本操作，比如发送邮件、qq交流、营销软件、建立网站等。信誉显得尤为重要。

【经典实例】

巴菲特创业成功的12个秘诀

巴菲特的成功是所有股票投资人的梦想，但巴菲特不仅是成功的投资人，同时也是成功的商人，他的投资和人生哲学都备受现代人尊敬。如何才成为下一个巴菲特呢？这或许是所有投资人都不断追寻的答案。以下有12个巴菲特的成功秘诀，让你就算无法成为巴菲特，在未来投资和人生的道路上也会受用无穷。

根据《福布斯》统计的2015年全球富豪排名，“股神”巴菲特（Warrant Buffet）再度排在第三名，个人财富高达608亿美元，仅落后第一名的微软创办人比尔·盖茨（Bill Gates）以及第二名的Zara服饰创办人Amancio Ortega。最近巴菲特的公司波克夏（Berkshire Hathaway）公布2015年第4季获利再创新高，净利增长了32%，达到54.8亿美元，优异的表现让市场惊叹。

1. 确信你会致富　若想要变得富有，你就必须相信有一天你会达成这个梦想。巴菲特曾经说过，他一直相信自己会变得富有，他从来没有怀疑过这一点。替自己设立高的期望值，并且努力去达成这项目标。

2. 年轻时开始存钱　巴菲特在15岁时就通过递送报纸每月赚进175美元，这让他有了第一笔1200美元的积蓄，并且将钱用来购买奥玛哈的农场。从这故事中可以看到，必须尽量在年轻时开始存钱，这样存钱才会变成你的习惯之一。

3. 将获利继续投资　巴菲特在高中时跟朋友合买了一台弹珠机，并将弹珠机放在理发店，因此赚取了不错的利润。但他们并没有把这笔获利花掉，而是把获利又投资购买了其他弹珠机，最后他们在不同的理发厅共拥有8台弹珠机。巴菲特后来和朋友们将这些弹珠机卖掉，并且将赚到的钱用来投资股票和开始他的小型事业。若想要财富不断增长，最好的办法便是不断将获利重新投入投资。当然，可以适时享受一下获利成果，但不要把它花光。

4. 尽早从大学毕业　巴菲特仅花了3年就从大学毕业，而不是4年，这帮助巴菲特省下了不少学费。要想提早从大学毕业，最好的方法就是每学期尽量多修学分。

5. 从挫折中爬起　巴菲特参加哈佛商学院面试后并未被录取，他因此辗转去了哥伦比亚大学，并在那里遇见了他的启蒙导师葛拉罕（Benjamin Graham）。巴菲特的投资能如此成功，许多都可归功于葛拉罕的教导。巴菲特并没有因为遭哈佛拒绝而灰心丧气，M&O Marketing 的营销副总裁 Thomas Scuccimarra 就表示，被拒绝是常有的事，不能因为这样就放弃梦想，你要继续向前进，若巴菲特当时因为被哈佛拒绝就放弃，那么他一定无法达到目前的成就。

6. 维持好的储蓄习惯　当葛拉罕和巴菲特结束合伙关系后，巴菲特回到奥玛哈时他的存款从 9800 美元增长到了 1.4 万美元，巴菲特好的储蓄和避开债务的习惯，让他的资产不断增长。检视自己的现金流量，你会发现当你有越多的债务，你能用来投资的总额就会越少。通过储蓄和避开负债，你才能够在出现好的投资机会时出手。

7. 面对面沟通　1951 年时，早期的巴菲特正在寻找可以投资的公司，他发现了 GEICO 保险公司，为了更深入了解这家公司，巴菲特直接坐火车前往公司总部，并且顺利与高层见面沟通。巴菲特最后决定购买 GEICO 的股票，现在 GEICO 则是波克夏旗下的保险公司。不要小看面对面沟通的价值，有时候打电话或发电子邮件不见得有用。

8. 保持毅力　巴菲特从大学毕业时，希望前往华尔街工作，当时他向启蒙导师葛拉罕递出履历，但一开始却被拒绝。然而，巴菲特并未放弃，他持续地向葛拉罕提出许多意见，最后葛拉罕终于雇用了巴菲特。若你真的想要一份工作，绝不要因为一开始被拒绝就放弃，要保持毅力直到获得这份工作为止。

9. 好的演讲能力　好的公开演说技巧能让你在专业上更进一步，不过许多人却相当害怕在人群面前说话，就连过去的巴菲特也不例外。巴菲特曾经说过，他以前在公开演说前都会呕吐，但他后来参加了公开演讲课程，提升了自己的演说技巧，最后成为了很好的演说者。

10. 和相信你的人在一起　巴菲特为了要创立巴菲特公司（Buffet Associates），当时的财务支持来自 7 个他的家族成员和朋友。若没有这些支持他的家人和朋友，巴菲特的公司将无法创立，所以和相信你的人在一起是非常重要的，他们不仅能给你财务上的协助，也可以在精神上帮助你。

11. 找到好的商业伙伴　查理·孟格（Charlie Munger）是现在波克夏的副总裁，巴菲特若没有查理·孟格的帮助，则可能无法如此成功。巴菲特曾经写道，“要从葛拉罕的观念限制中走出并不容易，这需要很强大的力量，而查理·孟格的想法正是那股力量，他扩展了我的视野”。找到一个你可以信任的商业伙伴，而且能够挑战你的想法变得更成功是很重要的。

12. 说服别人投资你　巴菲特说过，第一个投资他的人必须将赌注押在 25 岁的少年身上，这并不容易，但巴菲特仍成功说服别人给他一个机会。运用你的说服力来让他人投资你的公司或想法，这或许需要一些时间，但却是可以达成的。

第二节　创新创造核心理论

一、熊彼特的创新创业理论

哈佛大学经济学家熊彼特的创业理论具有最鲜明的特色，他赋予创业者以“创新者”的形象，认为创业者的职能就是实现生产要素新的组合。创业是实现创新的过程，而创新是创业的本质和手段。他把创新比喻成为“革命”，创业者是“通过利用一种新发明，或者更一般地利用一种未经实验的技术可能性，来生产新产品或者用新方法生产老产品，通过开辟原料供应的新来源或开辟产品的新销路，通过改组工业结构等手段来改良或彻底改革生产模式”。他强调创业和发明不是一个概念，创业最终需要创新成果在市场上实现。创业者的职能“主要不在于发明某种东西或创造供企业利用的条件，而是在于有办法促使人们去完成这些事情”。他进一步认为，经济体系发展的根源在于创业活动。

熊彼特的创新创业理论主要有以下基本观点：

1. 创新的定义和内容 熊彼特认为，创新是把一种生产要素和生产条件的“新组合”引入生产体系，并通过市场获取潜在利润的活动和过程。熊彼特提出的创新包括五方面的内容：引入一种新产品，引入一种新的生产方法，开辟新市场，获得新的原材料，实现一种新的组织。

2. 创新与企业家 熊彼特认为，创新是企业家的根本职能。创新者就是企业家。真正的企业家必须具备四个基本的能力条件：要有眼光，能看到别人不一定看得到的潜在的利润；具有能抓住机遇的敏锐性；要有胆量，敢于冒风险；要有组织能力，不仅能动员和组织企业的内部资源，还能够组织利用外部资源来实现创新。

3. 创新与经济发展 经济由于创新而得以发展。创新的实现使创新者获得高额的利润，在市场经济条件下，必然引起模仿和竞争。这就导致创新产品或劳务的市场价格下降，于是消费者和整个社会从中获益。当价格下降至无利可图时，一轮创新即告结束，新的创新又将开始。这样，创新、模仿和竞争推动着经济浪潮式发展。

4. 创新与毁灭 创新是一种创造性的毁灭。这里的毁灭是指一批企业在创新浪潮中被淘汰，其生产要素被重新组合。不断创新、不断毁灭，一些企业在创新中发展了，另一些企业被淘汰了。

5. 创新与经济发展的原动力 熊彼特认为，企业家的行动，是创新和经济发展这些“重要现象的动力”。

熊彼特认为，获取创新产生的超额的经济利润，是企业家进行创新的原动力之一。然而，他又认为，除利润动机外，创新和经济发展最主要的动力是“企业家精神”。

所谓“企业家精神”，根据熊彼特的定义，其主要含义包括：创造性和首创精神，强烈的成功追求欲望和“事业成功至上”的价值观，甘冒风险、以冒险和战胜艰难困苦为乐的精神，强烈的事业心。

熊彼特指出，资本主义经济是在企业家的企业家精神推动下才实现创新和发展的，因此，企业家精神是经济发展的最主要的动力，是创新的灵魂。

6. 实现创新的途径 熊彼特指出：创新的实现具有一定的途径，即创新具有其特定的实现过程。熊彼特关于创新实现途径的思想被归纳为熊彼特创新模型Ⅱ。在熊彼特创新模型Ⅱ中，熊彼特特别强调了企业家推动创新，因此我们把它称为企业家主导型模型。这个模型的特点是：

①在企业和现有市场外部，存在着与科学技术新发展相关但未进入应用的科学技术发明；②企业家意识到应该把这些发明引入生产体系，实施创新，这种冒险行动是一般资本家或经理不敢争取的；③一项根本性的创新成功实施，将改变现有市场和生产结构，创新者将获得短期的超额垄断利润，但随后会因大量模仿者进入而削弱。熊彼特模型Ⅱ特别强调大企业尤其是垄断型大企业在创新中的作用。他认为：与完全竞争相比较，垄断型大企业更有利于创新。

7. 实现创新的社会环境和社会条件 熊彼特认为，创新并不是在任何社会经济条件下都可能发生的。只有实现了从所谓“循环流转”社会经济形态向市场经济为主导的社会制度形态的转变时，创新才有可能实现。而这转变实现的关键性突破在于观念的更新，即率先实现观念创新。

此外，资本和高度发达的金融信用制度是企业家实现创新的必要条件，而信用使得个人能在不限于自有资产的更大范围内进行创新投资活动，因此，信用机制是创新的基础条件。

二、蒂蒙斯创业理论

从20世纪60年代后期开始，美国百森商学院杰弗里·蒂蒙斯教授就一直是美国创业学教育和研究的领袖人物之一。他在创业管理、新企业创建、创业融资和风险投资等方面的专题研究、创新性课程开发和教学等领域被公认为世界级的权威。

蒂蒙斯创业理论中，创业过程模型（图3-1）是目前公认的创业管理理论。蒂蒙斯在创业过程研究中，主要提出以下观点。

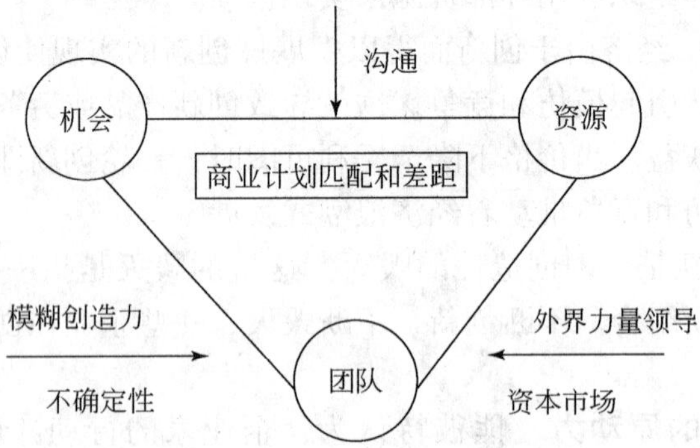

图3-1 蒂蒙斯创业过程模型

1. 创业过程是由机会驱动、团队领导和资源保证的 创业过程始于机会，而不是钱、战略、网络、团队或商业计划。在一开始，真正的机会要比团队的才干和能力或适宜的资源更重要。创业团队的作用就是利用创造力在模糊、不确定的环境中发现机会，并利用资本市场等外界力量组织资源，领导企业来实现机会的价值。在这个过程中，资源与机会是适应、差距再到适应的动态过程。商业计划的作用是提供沟通这三个要素的质量、相互之间匹配和平衡状态的语言、规则。

2. 创业过程依赖于机会、创业团队和资源这三个要素的匹配和平衡 处于模型底部的创始人或工作团队要善于配置和平衡，借此推进创业过程，他们必须做的核心过程是：对商机的理性分析和把握，对风险的认识和规避，对资源的最合理的利用和配置，对工作团队适应性的分析和认识。

3. 创业过程是连续的寻求平衡的行为组合 尽管这三个部分很难保持完全匹配，但只有持续地追求一种动态的平衡，企业才能保持持久的发展。当用平衡的观念来展望公司的未来时，创业者需要自问：到下一个成功将遇到什么陷阱？目前的团队足够大吗？或者如果公司在下两年以30%的速度增长会遇到危机吗？资源充足（或太丰足）吗？这些问题关系到企业的持续发展。没有保持平衡的现实例子随处可见，如大公司在一周内耗费太多的资源，错误地确定了机会等。

三、TRIZ 创新理论体系

TRIZ（发明问题解决理论）由前苏联学者阿利赫舒列尔（G. S. Ahshuller）及他的同事于 1946 年最先提出，最初是从二十万份专利中取出符合要求的四万份作为各种发明问题的最有效的解。他们从这些最有效的解中抽象出了 TRIZ 解决发明问题的基本方法，这些方法又可以普遍地适用于新出现的发明问题，协助人们获得这些发明问题的最有效的解。该理论主要有八大进化法则，这些法则可以用来解决难题，预测技术系统，产生并加强创造性问题的解决工具。这八大法则是：

1. 技术系统的 S 曲线进化法则。
2. 提高理想度法则。
3. 子系统的不均衡进化法则。
4. 动态性和可控性进化法则。
5. 增加集成度再进行简化的法则。
6. 子系统协调性进化法则。
7. 向微观级和增加场应用的法则。
8. 减少人工介入的进化法则。

阿利赫舒列尔和他的 TRIZ 研究机构 50 多年来研发了 TRlZ 系列的多种工具，如矛盾矩阵、76 标准解答、ARIZ、AfD、物质-场分析、ISQ、DE、8 种演化烈、科学效应等，常用的有基于宏观的矛盾矩阵法和基于微观的物质-场分析法。事实上 TRIZ 针对输入输出的关系（效应）、矛盾和技术进化都有比较完善的理论。

TRIZ 中的发明原理是由专门研究人员对不同领域的已有创新成果进行分析、总结，得到的具有普遍意义的经验，这些经验对指导各领域的创新都有重要参考价值。目前常用的发明原理有 40 条，分别为：分割、抽取、局部质量、增加不对称性、组合合并、多用性、嵌套、重量补偿、预先反作用、预先作用、事先防范、等势性、反向作用、曲面化、动态化、未达到或过度的作用、维数变化、振动、周期性作用、有效作用的连续性、减少有害作用时间、变有害为有益、反馈、借助中介物、自服务、复制、廉价替代品、机械系统替代、气压或液压结构、柔性壳体或薄膜、多孔材料、改变颜色、同质性、抛弃或再生、物理化学参数变化、相变、热膨胀、加速氧化、惰性环境和复合材料。

实践证明这些原理对于指导设计人员的发明创造具有重要的作用。当找到确定的发明原理以后，就可以根据这些发明原理来考虑具体的解决方案。应当注意尽可能将找到的原理都用到问题的解决中去，不要拒绝采用任何推荐的原理。假如所有可能的原理都不满足要求，则应该对矛盾重新定义并再次求解。

【经典实例】

万达创业路上的三个故事

王健林：我创业前 3 年当了 222 次被告。没有人能随随便便成功，现在的首富也有为求人在别人门口等好几天的时候，也有为了筹款吃不下睡不着的时候。王健林坦言，如果不是北京的医生治疗得当，就没有现在的万达，可能精神病院会多个患者。那么，王健林靠什么跨过了万达创业路上的三道坎呢？

除了战略眼光、远见以及谋略外，更重要的是创新。每个人都在谈创新，但是真的遇到困难的时候，你知道该如何创新吗？首富讲了三个故事，手把手教你创新。

为何辞官下海？

我在经商前，15岁就当兵了，从军17年，做到团职干部，遇上中国百万大裁军，就转业到地方政府，当了两年办公室主任。这两段人生都还算成功：我做到团级职务时，不到30岁，很年轻，是几十万部队中最年轻的团级干部之一；到地方做官员，职务进步很快，很快做到办公室主任，但我在1988年断然辞官经商。具体有两个原因：一是赶上经商热。1988年到1995年，很多人辞去原有职务“下海”了。如果没有当时的经商热潮，中国今天不会有这么一批优秀的企业家。二是想改善个人的生活。我就觉得，别人能当万元户，我凭能力应该不止是个万元户。

第一个故事：第一桶金是这么来的。

当时遇到的第一个创业难关，就是钱。第二个难关是拿不到项目。

那时大陆还是“计划经济”时代，比较落后，拿项目不仅要有钱，还得有“计划指标”，得出现在当时“国家计划委员会”指标名单上才行。我只好找到大连一个老战友“借”一点指标，同时付出一点费用。他同意给我几万平方米指标。但是拿了指标，还得去找当时的市领导批地。跑了左一遍，右一遍，没人理。市领导被我找烦了，出了一个题目：“你不是想开发吗？把市政府的北侧那块地给你”。市政府是一个老建筑，很气派。但它的北侧居住区，房子差，设施差，一百多户人家共用一个水龙头、一个厕所，被认为“有碍观瞻”，所以把这片地给我去干。可这个项目改造完，要1200块钱一平方米的成本，我前面有三家国有公司都不肯干。因为大连市当时最好的房子只能卖到一千零几十块一平米。

我坚持要干这个项目，公司里的很多同志反对。当时我们公司叫“西岗开发公司”，我就说：“开发公司，只有开才能发，你都不敢开怎么能发呢？”为了赚钱，得把这个房子卖到1500元一平方米，后来我们动脑筋，推出来几条创新：第一，当时大陆的房子没有明厅，一个小过道进去直接就是几间房。那好，我们做一个明厅。第二，当时房子没卫生间，县处级以上干部才允许配一间卫生间。我们没管那一套，每户都配了卫生间，还把木头窗换成了铝合金窗，再加一扇防盗门。房子推出来均价1580元每平方米。1000多套房子一个月一扫而光。就这样，万达就成为了大陆地区第一个闯入了“旧城改造”这一行业的公司。这一单使我们赚到了接近1000万元。

第二个故事：9天9夜没睡觉。

初期创业，我接下了一个项目，这个工程当时政府干了一半，觉得费劲不愿意干了转给了我。签完以后突然遇到全国“治理整顿”，贷款就更困难了。为了启动这个项目，我就要去找贷款，需要一笔2000万元的贷款，有土地做抵押，所有的手续都齐全，但找了几十家银行，没有一家愿意贷给我。

因为这个项目是政府转给我的，他们觉得对不起我，所以政府开了一个会议，就指定当时某一家国有银行贷2000万元给我做启动资金。这家银行答应了，说“可以”，我一听好事，那我就去找银行行长。前前后后找了50多次，每次都给我躲猫猫。我有时候一见到他，他从后门就走了，我在走廊白等；有的时候在走廊里堵着他，他说“好好你这样，你下周二来吧，下周二来吧”；等我下周二去，他出差去了！当时为了拿到这笔贷款，有的时候在那个走廊上（因为进不去办公室）一站就是一整天。我想银行八点半上班，我就八点去，站着。甚至站到六点下班也不出来。究竟行长是来了没来？还是不在？我也不知道，也没人愿意告诉我这个信息。当时站在走廊里面这种感觉，这种耻辱，我觉得太卑贱了。

除了这家银行，我又去找了另外一家银行，贷款的时候这个人态度倒是不错，但也是不给我贷款。我为了堵到他，曾经跟一个哥们两个人就开车到他家楼下。我想，你总得回家吧？那我就在你门口候着；你早上总得要出门去上班，总是能碰到你吧？我俩就去在那儿蹲了一个晚上，在车里候着。反正深秋不是太冷，稍微冷了就开动发动机暖和一会儿，为了省点油过会儿再把它关掉。一直等到早上七八点也没见到人进去，也没见着人出来。第二天晚上我说再去堵吧，我这个哥们觉得忍受不了，他说太丢脸！无论如何也不能去了。我自己又去待了一个晚上。就是候不着，找不着这个人。其实不是找不着，是他不愿意见你，因为你是民营企业，那个时候民营企业不像今天这个地位。第二觉得你风险大，他不敢放贷给你。放贷给国有企业亏损了没了，他不承担什么责任；如果放贷给民营企业可能就要承担责任，我也理解他们。

在这种无论跑了多少趟都找不到办法的情况下，就有人给我出了一个主意说“干脆你就发一个债券”，但是你得承诺回报，比如两年按照1.4倍，每年20%，1.4倍收回。没想到，推出来以后一抢而光，毕竟20%年回报率还是很好的。这个方法真正解决了这个项目的难题，才把我们从濒临破产的边缘给拯救回来。

第三个故事：3年打了222场官司。

在20世纪90年代的时候我们做住宅房地产做得还不错，但是有个问题刺激了我：我们公司有两个员工得了重病，一个得了癌症，一个得了肝病，每个员工花了100多万元治疗费。当时民营企业是不可以报销医药费的，你自己有钱你给他报销，没有钱你的员工可能就等死。我们是花钱给他治疗了，但是也给我提了一个醒：如果大量的员工都生了病，再往后发展一二十年大家岁数大了，这公司怎么办呢？我们一定要找到一个安全的、有长期现金流的商业模式。所以2000年我们决定转行去做商业地产，做不动产，做持有物业，不再搞单纯的住宅开发。做商业地产的时候，最早因为不懂，造一座楼，把底层商铺全部卖掉。在初期的三年当中，买了商铺的人经营不好，就来告我们，我前三年当了222回被告，虽然只输了两场官司，但还是让整个公司疲于应付。整天在打官司，哪还有精力经营？客户就是这样，他的出租回报率没拿到理想中的10%、20%就来告我。如果输了，可能很多人就扯着横幅上街去闹事。所以我觉得这样不行，得研究新模式。怎么办？在创新中研究了一个办法：提出一个模式叫城市综合体，即做一个商业中心，商业中心旁边可能做写字楼，再做城市的商业街，再做一些公寓。把这些公寓、写字楼卖掉，现金流就有了。这样，就不用卖大楼里的商业铺位了，自己来经营，一下子就找到生意模式了。商业经营旺了，旁边的楼也升值了，现金流问题也解决了，万达从此走向了一条康庄大道。

由上面的三个故事可以得到创业初期的三个要素：

第一是“敢闯敢试”。就是不管你做什么，一定要有梦想，有目标，敢去做。你去做起码有一半的机会，你不去做机会是零，胆子大不是说让你乱干，但是得有勇气去闯，去试验！

第二是创新求变。你要成功，要想不断成功，或者还想获得更大的成功，就一定要能够求变、求新，不能走别人走过的路，不能做跟别人一样的事情。凡是跟别人做一样的事情，获得的肯定是平均利润率；只有做跟别人完全不一样的事，才能获得超额利润。

第三是坚持到底。创业一开始可能新点子会比较多，但是这点子一开始可能不成熟。新的模式可能在试行当中会遇到困难，也可能会遇到挫折，没有实现你的预期目标。这时候怎么办呢？如果你经过分析认为自己的路子是对的，就需要坚持。我经常讲一句话：过去讲不到黄河不死心，不撞南墙不回头，我不一样，我到了黄河心也不死，我可能搭一座桥就过去了；撞了南墙也不回头，我找个梯子就爬过去了。

所有的创业，所有的科研，所有的运动，基本上都是二八定律，成功概率永远是20%以内，失败肯定是大多数。但是正因为有了10%、20%的成功，激励我们这些人希望成为那一部分。先行者绝大部分会成为先烈，少部分才会成为先进，但是因为有成为先进的可能，所以就要去奋斗！如果你有梦想，你就应该去努力，有目标就应该去奋斗，人生一定要给自己定一个远大的目标。

第三节 创业管理理论

创业管理模式主要是对创业管理活动的内涵以及创业管理过程中的关键要素之间的互动关系的诠释，依据模式结构要素的选择与结构特点划分，主要有以下几种理论。

一、加德纳模式

学者加德纳提出的创业管理模式，主要包括个人、组织、环境以及创业过程四个方面(图3-2)。他提出所谓的创业管理其实就是对以上四个方面的要素实现有效管理，通过它们之间自发的组合，实现综合效用最大化。

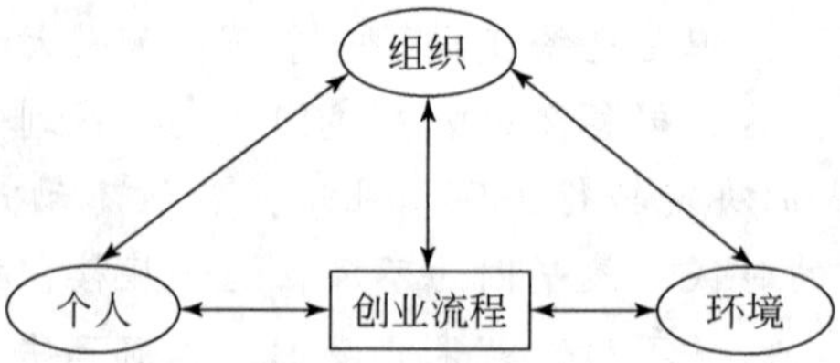

图3-2 加德纳模式

二、威廉模式

学者威廉根据影响创新企业成败的观点提出略有不同的创业管理模式（图3-3)，模式结构包括人、机会、环境、风险和回报。在这一模式中，相对于加德纳模式而言，对于人的定义范围更广，提出了除创业团队外，还包括提供关键服务和重要资源的外部人士。威廉模式特别强调了机会对于创业的重要性，即发掘机会、评估机会、掌握机会是创业管理中非常关键的环节。此外，还提出了有关面对风险和追求创业回报也会对创业行为产生影响的观点。

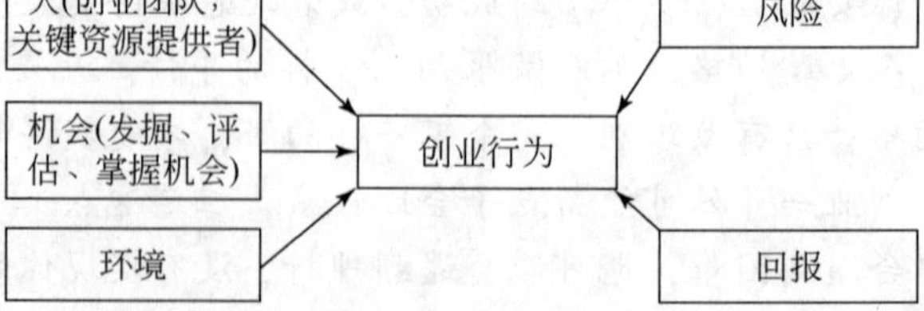

图3-3 威廉模式

三、提摩模式

学者提摩认为成功的创业活动，必须将机会、创业团队和资源三要素进行适当搭配，并且应随着企业发展而相应做出动态平衡（图 3-4）。创业过程有机会启动，在取得必要的资源与组成创业团队之后，创业计划得以顺利实施。在创业初期，机会的识别与选择最为关键，重点在于创业团队的组成，而新企业顺利启动之后，将会增加对资源的需求。也就是说，这一模式非常强调弹性和动态平衡，创业活动应随着时空变迁，机会、团队、资源三要素的比重发生变化，产生失衡的现象。良好的创业管理应及时进行调整，把握活动重心，促使创业活动向均衡化发展。但是，在创业过程中，由于机会的模糊、市场的不确定性、资本市场的风险以及外在环境的变迁，创业活动过程中的不确定因素很多，创业过程因而充满了风险。创业家则在其中起到关键作用，积极地发挥领导效应，通过创新与沟通的手段来发掘问题，掌握关键要素，调整机会、资源、创业团队三个层面，逐步实现企业的创业目标。成功的创业家要能够适应环境变化与企业发展阶段，调整自己的角色与经营模式，使新企业获得持续的发展。

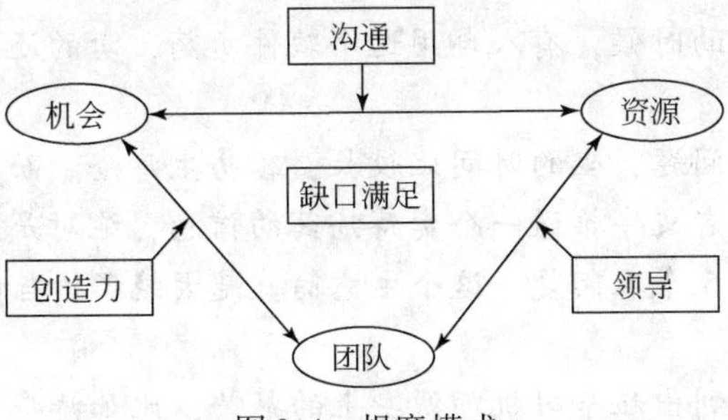

图 3-4　提摩模式

四、克里斯琴模式

学者克里斯琴认为，创业管理的整个焦点应为创业家与新创企业之间的互动，其管理模式中主要的两个构成元素就是创业家与新企业。由于该模式（图 3-5）主要强调这两种因素的互动关系，因此，将创立新企业以及随着时间而变化的创业流程管理，还有影响创业活动的外部环境网络三个议题，视为创业管理的核心。相对于提摩模式，该模式同样重视创业家的功能，使创业家成为创业活动的灵魂与推动者，强调创业家与新创企业互动的能力，并说明创业家的能力确实可以通过系统的创业管理教育加以培育。克里斯琴模式也可以通过提摩模式进行解释，但其着重强调创业流程管理和外部环境因素，主要依据是创业所需的机会、资源、团队都需要通过外部市场网络、资本网络、人际网络来获取，因此，他认为认识创业的市场环境，发展创业的网络关系，对于创业成功必然具有关键性的作用。

总之，创业管理模式为抽象地了解创业管理过程中的关键因素及相互之间互动关系的构成提供了理论依据。以上所提出的模式分别是作者从不同的角度对创业管理过程做出的客观评价，为我们对具体的创业管理实践活动的分析与评价，提供了可借鉴的观念性的模式结构，并帮助我们更好地了解整个创业管理过程。

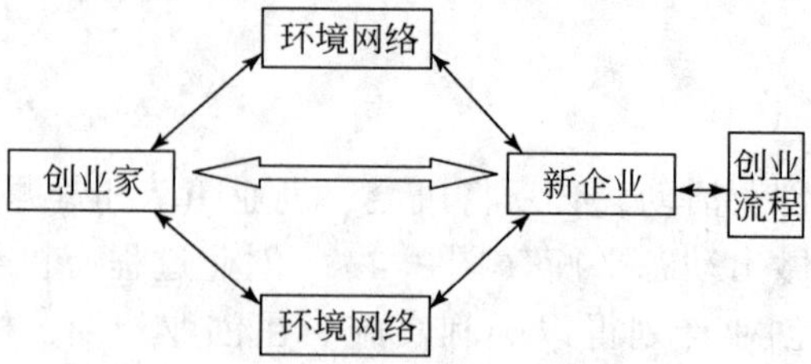

图 3-5 克里斯琴模式

【经典实例】

值得一读的四个创业成功案例

巧妙借力于其他品牌的位置，树立在客户心中的位置，你在客户心中的地位一定程度上取决于你与谁在一起。以下是值得一读的四个创业成功案例，希望对你有所启发。

一、善于深入挖掘客户需求

当下许多 APP 应用着实丰富了人们的生活娱乐，也带来了许多方便。很多人却只是将其当做一种工具，而有心的人不仅娱乐，还发现了其中的商机。前段时间嘀嘀和快的竞争得火热，但当打车软件火热的时候，有人却用这个软件卖药，卖的还是痔疮药。下面我们来看看是怎么回事。

出租车司机由于职业问题，坐的时间比较长，容易生痔疮。而在一个交通繁华地段，如果用打车软件，用语音或者文字推送一个卖痔疮药的信息，绝对是最精准的营销。

据说，一条消息会有 5 个人回复。这个主意简直是太绝了！当你看不明白的时候，别人已经在行动了！

启示：透过本质，看到出租车司机师傅身上的痛苦，比如痔疮、腰椎疾病等问题，深入挖掘客户的需求，从而轻松成交。

二、善于形成比较，提高利润

在一菜摊前摆了两堆菜。

客户问："这边多少钱一斤？"答："1 块。"

再问："那边呢？" 答："1 块 5。"

问："为什么那边的卖 1.5 元？" 答："那边的好一些。"

于是客户买了 1 块 5 的。

后来发现摊主快速把 1 块的菜变成两堆，很快 1 块 5 一斤的又都卖光了！

启示：当你只有一种价格时，客户的选择只有买与不买，当你有两种价格时，客户的选择变成了"买好的"还是"买差的"。而更多的客户在日常用品上选择了买好的，这无形间为你增加了利润。

三、用心服务，促进客户重复消费

一家卖高档男士商务装的服装店，推出的会员服务是：每个月免费为你干洗在本店购买的衣服。普通会员 1 次，银卡 2 次，金卡 3 次。

他们的会员会再把衣服拿回来干洗，每次来在等着取衣服时，都要看看这家店的新款服装，看久了，买的也就多了。

这家高档男士商务装店通过免费的干洗服务，锁定了足够多的客户在那里消费。你瞧，赠品就是这么厉害！

启示：用一个小小的增值服务，让客户心甘情愿地重复到店里来，从而轻松锁定客户。

四、善于利用借位来提升形象

乐扣来到中国市场后，做了一件让很多同行看不懂的事情，就是把自己的直营店开在了房租非常高、成本非常高的城市中心广场，乐扣店的左边一家店，就是著名的顶级品牌香奈儿。

很多人不明白乐扣到底为何这么做，后来，慢慢就明白了。客户心里认为：能够与香奈儿做邻居的产品，一定也是高端产品。乐扣用一个形象店的成本，直接提高了产品在客户心中的位置。

启示：巧妙借力于其他品牌的位置，树立自己在客户心中的位置。你在客户心中的地位，一定程度上取决于你与谁在一起。

对于打算创业的你，或许觉得上面的小故事并不算什么，但是有时学会借助一些技巧和别人的经验，可能就拓展了你的思维，对于创业是有所帮助的。

第四节　创业过程介绍

一、如何找到适合自己的创业模式

在创业之初第一个重要的选择就是寻找一个适合自己的创业模式。对一个创业者来说，一个真正好的模式，应该是适合自己的，即有能力操作而且能把现有的资源有效整合进去的。

在竞争激烈的互联网时代，一个主意刚刚被想到，可能就有成千上万的人同时想到了，但最终真正将之成功运作的可能就只有一家。在这里，除了各个模式本身在实际操作过程中会存在、有可能导致不同结果的差异外，真正起到决定作用的是各个不同公司实际的运作能力。例如建立一个面向家庭 PC 用户的虚拟娱乐社区，分别由联想和一个学生团队来做，效果肯定不同。同样，如果涉及对电子商务支付认证体系的操作，没有银行关系和背景，实际也是死路一条。

这里讲到的运作能力，仅仅是创业者可以开发和调动的资源，包括资本、渠道、客户等。我们常常说“创业者应该做好自己最擅长的事情”，不仅仅是指能力，更是指在你所处环境的资源条件。在设计自己的创业模式时，非常重要的一点是对自身以及环境的条件有一个客观衡量，认清自己能做什么，在什么环节投入会取得最大的收益，而不是盲目去模仿和追随别人成功的模式。

还有很多细节，比如对初创阶段的技术型公司来说，是不是需要直接面向用户市场就是一件需要好好斟酌的事。如果在现有基础上并不能很好地把技术和市场几方面工作同时做好，那就放弃那些看起来显得附加值更高的模式，在现阶段首先做好自己能做的事情。

二、创业的一般过程

创业，需要经历一个从无到有创建自己事业的过程，这期间必须能够发现和评估新的市场机会，在此基础上制订创业经营计划，确定并获取创业资源，最后正式创办并管理新企业，这是创业要经历的四个阶段，也就是创业的一般过程。

1. 发现和评估新的市场机会 这是整个创业活动的起点，对创业成功与否有着关键意义。老王最初的创业构想是开一家手机店，但最终却由卖手机转向维修手机，这就是对当地市场进行分析和研究，对市场机会进行识别和评估的结果，因为当地市场卖手机的店已经不少，而做手机维修的人却相对少很多，在此基础上辅以部分手机和配件的销售，无论投资额度、风险性都要小很多，同样也具有极大的市场。发现和评估新的市场机会，具体包括对市场机会的创新性、实际价值、风险与回报、个人能力和目标、市场竞争等方面的综合分析。

2. 制订创业经营计划 这一步是对已发现的市场机会的进一步谋划，是创业活动开始的基础。通过制订创业经营计划，创业者需要明确新企业或新开张的店铺主要从事哪些产品或服务，以此确定创业所需资源以及获得这些资源的途径和方法，制订生产经营的基本战略和策略，设计出基本的管理体制，做好财务规划和投资效益分析等。一份完善的创业计划，不仅仅对自己的创业活动有着极强的指导意义，也是说服投资者提供投资的重要文件。

3. 确定并获取创业资源 这是实施创业计划的第一步。创业者要对现有资源状况进行分析，区别创业的关键资源和一般资源，搞清楚资源缺口可能造成的影响和需要采取的弥补措施，想办法获取创业所需的资源，并在整个创业过程中加强对资源的控制和提高利用效率。小郭的优势在于能言善辩，为人真诚，之前做销售工作业绩也不错，但对于想要开家眼镜店的他来说，其资源缺口就在于对于验光配镜技术、货源以及行业的不了解，为此，小郭选择了加盟纪先生眼镜店品牌，通过加盟弥补资源上的不足，获取创业相关的资源。

4. 正式创办并管理新企业 到这一阶段创业就算是正式上路了，这一阶段包括选择适当的企业法律形式和正确的管理模式，明确创业成功的关键，及时发现运作中出现的问题和可能出现的问题，并完善相应的管理和控制系统，确保企业或店铺的正常运作和健康成长。

创业过程包括创业者从产生创业想法到创建新企业或开创新事业并获取回报，涉及识别机会、组建团队、寻求融资等活动。可大致划分为机会识别、整合资源、创办新企业、新企业生存和成长四个主要阶段。

三、创造技法

1. 创造技法的概念 创造技法就是人们根据创造原理解决发明创造问题的创意，是促使发明创造活动完成的具体方法和实施技巧。它是将创造原理融会贯通以及具体运用的结果。

2. 创造技法的特点

（1）可操作性：可操作性是人们对创造理论及规律融会贯通并加以具体运用的结果。也可以说，没有创造理论就无法指导进一步的创造实践。然而，理论并不是直接去指导实践的，它需要中间环节。其中一个环节是理论-原则方法（技法）-实践。理论只有变成可操作的方法才能更好地指导实践。

（2）技巧性：技巧是技能的熟练化，它是一种和学习训练有关的活动。技巧可以通过学习而得来，可以通过练习而熟练。熟练的技巧已将一切多余而不必要的操作省去，效率很高。技巧的这一特点决定了创造技法的掌握需要实践，需要多用和多练。

(3) 概略性：概略性是指创造技法的运用因人、因地、因事而异，不一定能完全成功、有效。这一特点是由创造活动的本质决定的。创造的规律不很严格，也可以说能很容易地解决一些有效性较高的专业方法解决不了的问题，但使用者又往往说不出其有效性的原因所在。

(4) 多样性创造技法：已被越来越多的人重视，也被越来越多的人总结和完善。不同的创造领域、不同的创造阶段、不同类型的创造问题和不同类型的使用者，都有相应的创造技法。由于创造技法的理论基础有三个方面，所以，人们依据哪一方面都可以提出一些自己认为有效的技法。如此，创造技法被人们越造越多。有文献称目前已有340多种，也有文献记载，目前世界上至少已有1000种。可见，多样性永远是创造技法的一大特点。

3. 创造技法的分类

(1) 发散思维创造技法：这种技法是建立在发散思维的基础上，包括移植法、侧向法等。

(2) 集中思维创造技法：即运用集中思维创造出来的发明创造的方法，包括强制联想法、相关树法等技法。

(3) 归纳思维创造技法：通过归纳总结出来的创造技法，包括缺点列举法、希望列举法等各种列举法。

(4) 类比思维创造技法：运用类比思维发明的技法，包括联想类比法、等价变换法等技法。

(5) 分析思维创造技法：即运用分析思维进行发明创造的方法，包括形态分析法、功能抽象分析法、网络分析法、系统合成分析法等技法。

(6) 综合思维创造技法：即把多个因素连接起来进行发明创造，其中有性能组合法、现象组合法等技法。

(7) 多向思维创造技法：即运用多向思维进行的发明创造的技法，包括检查提问法、二元坐标创新法。

(8) 逆向思维与侧向思维技法：运用逆向思维与侧向思维进行发明创造的方法。

(9) 多种思维创造技法：这是将多种思维方法进行综合运用的创造技法。

4. 创造技法的意义 创造技法的意义在于，它从吸收心理学研究成果，利用艺术创造方法于科技发明创造领域，以及重视非逻辑思维方法的作用等方面，给科学方法论的研究提供了丰富的可资借鉴的内容。

【知识拓展】

SWOT分析法

SWOT分析法是用来确定企业自身的竞争优势、竞争劣势、机会和威胁，从而将公司的战略与公司内部资源、外部环境有机地结合起来的一种科学的分析方法。

一、基本解释

所谓SWOT分析，即基于内外部竞争环境和竞争条件下的态势分析，就是将与研究对象密切相关的各种主要内部优势、劣势和外部的机会和威胁等，通过调查列举出来，并依照矩阵形式排列，然后用系统分析的思想，把各种因素相互匹配起来加以分析，从中得出一系列相应的结论，而结论通常带有一定的决策性。

运用这种方法，可以对研究对象所处的情景进行全面、系统、准确的研究，从而根据研究结果制订相应的发展战略、计划以及对策等。

S（strengths）是优势，W（weaknesses）是劣势，O（opportunities）是机会，T（threats）是威胁。按照企业竞争战略的完整概念，战略应是一个企业“能够做的”（即组织的强项和弱项）和“可能做的”（即环境的机会和威胁）之间的有机组合。

二、特点

SWOT分析方法从某种意义上来说隶属于企业内部分析方法，即根据企业自身的既定内在条件进行分析。SWOT分析有其形成的基础。著名的竞争战略专家迈克尔·波特提出的竞争理论从产业结构入手对一个企业“可能做的”方面进行了透彻的分析和说明，而能力学派管理学家则运用价值链解构企业的价值创造过程，注重对公司的资源和能力的分析。

SWOT分析，就是在综合了前面两者的基础上，以资源学派学者为代表，将公司的内部分析（即20世纪80年代中期管理学界权威们所关注的研究取向，以能力学派为代表）与产业竞争环境的外部分析（即更早期战略研究所关注的中心主题，以安德鲁斯与迈克尔·波特为代表）结合起来，形成了自己结构化的平衡系统分析体系。与其他的分析方法相比较，SWOT分析从一开始就具有显著的结构化和系统性的特征。就结构化而言，首先在形式上，SWOT分析法表现为构造SWOT结构矩阵，并对矩阵的不同区域赋予了不同分析意义。其次从内容上，SWOT分析法的主要理论基础也强调从结构分析入手对企业的外部环境和内部资源进行分析。

三、分析模型

（一）优势与劣势分析（SW）

由于企业是一个整体，并且由于竞争优势来源的广泛性，在做优劣势分析时必须从整个价值链的每个环节上，将企业与竞争对手做详细的对比。如产品是否新颖，制造工艺是否复杂，销售渠道是否畅通以及价格是否具有竞争性等。如果一个企业在某一方面或几个方面的优势正是该行业企业应具备的关键成功要素，那么，该企业的综合竞争优势也许就强一些。需要指出的是，衡量一个企业及其产品是否具有竞争优势，只能站在现有潜在用户角度上，而不是站在企业的角度上（图3-6、图3-7）。

优势	机会
劣势	威胁

图3-6 SWOT分析模型

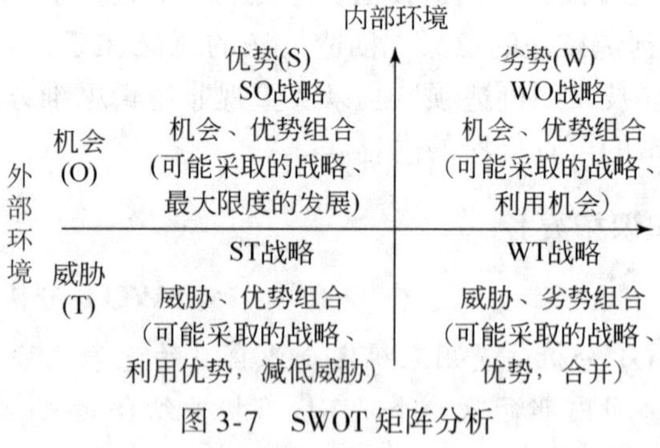

图3-7 SWOT矩阵分析

（二）机会与威胁分析（OT）

当前社会上流行的盗版威胁：盗版替代品限定了公司产品的最高价，替代品对公司可能有威胁，也可能带来机会。企业必须分析，替代品给公司的产品或服务带来的是“灭顶之灾”，还是提供了更高的利润或价值；购买者转而购买替代品的转移成本；公司可以采取什么措施来降低成本或增加附加值来降低消费者购买盗版替代品的风险。

从整体上看，SWOT 可以分为两部分：第一部分为 SW，主要用来分析内部条件；第二部分为 OT，主要用来分析外部条件。利用这种方法可以从中找出对自己有利的、值得发扬的因素以及对自己不利的、要避开的因素，发现存在的问题，找出解决办法，并明确以后的发展方向。根据这个分析，可以将问题按轻重缓急分类，明确哪些是急需解决的问题，哪些是可以稍微拖后一点儿的事情，哪些属于战略目标上的障碍，哪些属于战术上的问题，并将这些研究对象列举出来，依照矩阵形式排列，然后用系统分析的思想，把各种因素相互匹配起来加以分析，从中得出一系列相应的结论。结论通常带有一定的决策性，有利于领导者和管理者做出较正确的决策和规划。

四、应用

（一）SWOT 矩形分析

SWOT 分析法常常被用于制订集团发展战略和分析竞争对手情况，在战略分析中，它是最常用的方法之一。进行 SWOT 分析时，主要有以下几个方面的内容：

1. 分析环境因素

运用各种调查研究方法，分析出公司所处的各种环境因素，即外部环境因素和内部能力因素。外部环境因素包括机会因素和威胁因素，它们是外部环境对公司的发展直接有影响的有利和不利因素，属于客观因素；内部环境因素包括优势因素和弱点因素，它们是公司在其发展中自身存在的积极和消极因素，属主观因素。在调查分析这些因素时，不仅要考虑到历史与现状，而且要考虑未来发展问题。

优势，是组织机构的内部因素，具体包括：有利的竞争态势、充足的财政来源、良好的企业形象、技术力量、规模经济、产品质量、市场份额、成本优势、广告攻势等。

劣势，也是组织机构的内部因素，具体包括：设备老化、管理混乱、缺少关键技术、研究开发落后、资金短缺、经营不善、产品积压、竞争力差等。

机会，是组织机构的外部因素，具体包括：新产品、新市场、新需求、外国市场壁垒解除、竞争对手失误等。

威胁，也是组织机构的外部因素，具体包括：新的竞争对手、替代产品增多、市场紧缩、行业政策变化、经济衰退、客户偏好改变、突发事件等。

SWOT 方法的优点在于考虑问题全面，是一种系统思维，而且可以把对问题的“诊断”和“开处方”紧密结合在一起，条理清楚，便于检验。

2. 构造 SWOT 矩阵

将调查得出的各种因素根据轻重缓急或影响程度等排序方式，构造 SWOT 矩阵。在此过程中，将那些对公司发展有直接的、重要的、大量的、迫切的、久远的影响因素优先排列出来，而将那些间接的、次要的、少许的、不急的、短暂的影响因素排列在后面。

3. 制订行动计划

在完成环境因素分析和 SWOT 矩阵的构造后，便可以制订出相应的行动计划。制订计划的基本思路是：发挥优势因素，克服弱点因素，利用机会因素，化解威胁因素；考虑过去，立足当前，着眼未来。运用系统分析的综合分析方法，将目标排序与考虑的各种环境因素相互匹配起来加以组合，得出一系列公司未来发展的可选择对策。

4. 规则

成功应用 SWOT 分析法的简单规则：

（1）进行 SWOT 分析的时候必须对公司的优势与劣势有客观的认识。

（2）进行SWOT分析的时候必须区分公司的现状与前景。

（3）进行SWOT分析的时候必须考虑全面。.

（4）进行SWOT分析的时候必须与竞争对手进行比较，比如优于还是劣于你的竞争对手。

（5）保持SWOT分析法的简洁化，避免复杂化与过度分析。

（6）SWOT分析法因人而异。

五、贡献

SWOT方法的贡献就在于用系统的思想将这些似乎独立的因素相互匹配起来进行综合分析，使得企业战略计划的制订更加科学全面。

【练习与思考】

认真做完以下测试，了解自己的潜意识，有助于正确地认识自己。

如果将人类的整个意识比喻成一座冰山，那么浮出水面的部分就属于显意识，约占意识的1/8，换句话说，7/8隐藏在冰山底下的意识就是属于潜意识。

潜意识测试：认真地做这个测试，看看你潜意识里适合什么类型的角色。

这个测试是菲尔博士在美国著名女主持人欧普拉的节目里做的，答案要依你现在的情况来选择。

1. 你何时感觉最好？

a. 早晨　b. 下午及傍晚　c. 夜里

2. 你走路时是______。

a. 大步地快走　b. 小步地快走　c. 不快，仰着头　d. 不快，低着头

e. 很慢

3. 和人说话时，你______。

a. 手臂交叠地站着　b. 双手紧握着　c. 一只手或两只手放在臀部

d. 碰着或推着与你说话的人　e. 玩着你的耳朵、摸着你的下巴或用手整理头发

4. 坐着休息时，你的______。

a. 两膝盖并拢　b. 两腿交叉　c. 两腿伸直　d. 一腿蜷曲在身下

5. 碰到你感到发笑的事时，你的反应是______。

a. 欣赏地大笑　b. 笑着，但不大声　c. 轻声咯咯地笑　d. 羞怯地微笑

6. 当你去一个派对或社交场合时，你______。

a. 很大声地入场以引起注意　b. 安静地入场，找你认识的人

c. 非常安静地入场，尽量保持不被注意

7. 当你非常专心工作时，有人打断你，你会______。

a. 欢迎他　b. 感到非常恼怒　c. 在以上两极端之间

8. 下列颜色中，你最喜欢哪项？

a. 红或橘色　b. 黑色　c. 黄或浅蓝色　d. 绿色　e. 深蓝或紫色　f. 白色

g. 棕或灰色

9. 临入睡的前几分钟，你在床上的姿势是______。

a. 仰躺，伸直　b. 俯躺，伸直　c. 侧躺，微蜷　d. 头睡在一只手臂上　e. 被盖过头

10. 你经常梦到你在______。

a. 落下　b. 打架或挣扎　c. 找东西或人　d. 飞或漂浮　e. 平常不做梦

f. 梦都是愉快的

计分方法：把你所选各项的对应分数加起来。

1. a. 2　b. 4　c. 6

2. a. 6　b. 4　c. 7　d. 2　e. 1

3. a. 4　b. 2　c. 5　d. 7　e. 6

4. a. 4　b. 6　c. 2　d. 1

5. a. 6　b. 4　c. 3　d. 5

6. a. 6　b. 4　c. 2

7. a. 6　b. 2　c. 4

8. a. 6　b. 7　c. 5　d. 4　e. 3　f. 2　g. 1

9. a. 7　b. 6　c. 4　d. 2　e. 1

10. a. 4　b. 2　c. 3　d. 5　e. 6　f. 1

测试结果：

【低于21分：内向的悲观者】人们认为你是一个害羞的、神经质的、优柔寡断的人，是需要人照顾、永远要别人为你做决定、不想与任何事或任何人有关联的人。他们认为你是一个杞人忧天者，一个永远看到不存在问题的多虑者。有些人认为你令人乏味，只有那些深知你的人才知道你不是这样的人。

【21～30分：缺乏信心的挑剔者】你的朋友认为你勤勉刻苦、很挑剔。他们认为你是一个谨慎的、十分小心的人，一个缓慢而稳定、辛勤工作的人。你做任何冲动的事或无准备的事，都会令他们大吃一惊。他们认为你会从各个角度仔细地检查一切之后仍经常决定不做。他们认为你的这种反应的根源，一部分是因为你小心的天性。

【31～40分：以牙还牙的自我保护者】别人认为你是一个明智、谨慎、注重实效的人，也认为你是一个伶俐、有天赋、有才干且谦虚的人。你不会很快、很容易和人成为朋友，但是，是一个对朋友非常忠诚的人，同时要求朋友对你也有忠诚的回报。那些真正有机会了解你的人会知道要动摇你对朋友的信任是很难的，同样，这种信任一旦被破坏，会使你很难过。

【41～50分：平衡的中庸之道】别人认为你是一个新鲜的、有活力的、有魅力的、好玩的、讲究实际的而永远有趣的人；你经常是群众注意力的焦点，但是你是一个足够平衡的人，不至于因此而昏了头。他们也认为你亲切、和蔼、体贴、能谅解人，一个永远会使人高兴起来并会帮助别人的人。

【51～60分：吸引人的冒险家】别人认为你是一个令人兴奋的、高度活泼的、相当易冲动的人；你是一个天生的领袖、一个会很快做决定的人，虽然你的决定不总是对的。他们认为你是大胆和冒险的，会愿意尝试做任何事，是一个愿意尝试机会而欣赏冒险的人。因为你散发的刺激，他们喜欢跟你在一起。

【60分以上：傲慢的孤独者】别人认为对你必须"小心处理"。在别人的眼中，你是自负的、以自我为中心的，是个极端有支配欲、统治欲的人。别人可能钦佩你，希望能多像你一点，但不会永远相信你，会对与你更深入的来往有所踌躇及犹豫。

第四章 创业团队组建与管理

本章要点

1. 了解创业者应具备的基本素质和能力。
2. 了解创业活动的理性因素、创业团队对创业成功的重要性。
3. 掌握组建创业团队的思维方式。
4. 掌握组建创业团队对创业活动的影响、管理创业团队的技巧和策略。

第一节 创业团队及类型

一、创业团队的含义

创业团队，就是由少数具有技能互补的创业者组成的团队，创业者为了实现共同的创业目标和一个能使他们彼此担负责任的程序，共同为达成高品质的结果而努力。

创业团队需要具备五个重要的团队组成要素，称为5P。

1. 目标（purpose） 创业团队应该有一个既定的共同目标，为团队成员导航，知道要向何处去。没有目标，这个团队就没有存在的价值。

2. 人（people） 人是构成创业团队最核心的力量，在一个创业团队中，人力资源是所有创业资源中最活跃、最重要的资源。应充分调动创业者的各种资源和能力，将人力资源进一步转化为人力资本。

3. 创业团队的定位（place） 创业团队的定位包含两层意思：

（1）创业团队的定位。创业团队在企业中处于什么位置，由谁选择和决定团队的成员，创业团队最终应对谁负责，创业团队采取什么方式激励下属。

（2）个体（创业者）的定位。作为成员在创业团队中扮演什么角色，是制订计划还是具体实施或评估；是大家共同出资，委派某个人参与管理，还是大家共同出资，共同参与管理，或是共同出资，聘请第三方（职业经理人）管理。在创业实体的组织形式上，是合伙企业还是公司制企业。

4. 权限（power） 创业团队当中领导人的权力大小与其团队的发展阶段和创业实体所在行业相关。一般来说，创业团队越成熟，领导者所拥有的权力相应越小，在创业团队发展的初期阶段，领导权相对比较集中。高科技实体多数实行民主的管理方式。

5. 计划（plan） 计划有两层含义：①目标最终的实现，需要一系列具体的行动方案，可以把计划理解成达到目标的具体工作程序。②按计划进行可以保证创业团队的顺利运行。只有在计划的操作下，创业团队才会一步一步地接近目标。

二、创业团队的类型

根据创业团队的组成者，创业团队可分为以下几种类型（表4-1）：

1. 星状创业团队（star team） 这种团队中有一个核心人物（core leader），充当领队角色。一般是在团队形成之前，核心人物已经就团队组成进行过仔细思考，根据自己的想法选择相应人员加入团队。这些加入创业团队的成员也许是核心人物以前熟悉的人，也有可能是不熟悉的人，他们在企业中更多是支持者（supporter）角色。

这种创业团队的特点包括：①组织结构紧密，向心力强，主导人物行为对其他个体影响巨大。②决策程序相对简单，组织效率较高。③容易形成权力过分集中的局面，从而使决策失误的风险加大。④核心主导人物有特殊权威，其他团队成员和主导人物发生冲突时，处于被动地位。冲突较严重时，其他团队成员一般都会选择离开团队。

典型例子如太阳微系统公司（SunMicrosysterms）。当初就是由维诺德·科尔斯勒确立了多用途开放工作站的概念，接着他找了乔（Joy）和本其托斯民（Bechtolsheim）两位软件和硬件方面的专家，一位具有实际制造经验和人际技巧的麦克尼里（McNeary），组成了Sun创业团队。

2. 网状创业团队（net team） 网状创业团队成员在创业之前有密切的关系，如同学、亲友、同事、朋友等，在交往过程中，共同认可某一创业想法，并就创业达成了共识之后，开始共同创业。在创业团队组成时，没有明确的核心人物，大家根据各自特点进行组织角色定位。在企业初创时期，各位成员基本上扮演的是协作者或者伙伴角色。

这种创业团队的特点：①团队没有明显核心，整体结构较为松散。②决策一般采取大量的沟通和讨论来达成一致意见，决策效率相对较低。③团队成员在团队中地位相似，容易形成多头领导局面。④一般采取平等协商、积极解决态度消除冲突，团队成员不轻易离开；一旦团队成员冲突升级，某些成员撤出，容易导致整个团队涣散。典型的例子是微软的比尔·盖茨和童年玩伴保罗·艾伦，惠普的戴维·帕卡德和他在斯坦福大学的同学比尔·休利特等。多家知名企业的创建也是创建团队成员先结识，再基于一些互动激发出创业点子，然后合伙创业。

3. 虚拟星状创业团队（virtual star team） 由网状创业团队演化而来，是前两种的中间形态。在团队中，有一个核心成员，但核心成员地位的确立是团队成员协商的结果，核心人物从某种意义上说是整个团队的代言人，而不是主导型人物，其在团队中的行为必须充分考虑其他团队成员的意见，不如星状创业团队中的核心主导人物那样有权威。

表4-1 三种类型的创业团队的比较

类型	概念	优点	缺点
星状创业团队	有一个核心的主导人物，充当领军的角色	决策程序简单，效率较高；组织结构紧密；稳定性较好	容易形成权力过分集中的局面；当成员与主导人物发生冲突时，往往会选择离开
网状创业团队	由志趣相投的伙伴组成，共同认可某一创业想法，共同进行创业	成员的地位比较平等，有利于沟通和交流；成员之间关系密切，容易达成共识；成员不会轻易离开	结构较为松散；决策效率相对较低；容易导致团队涣散；容易形成多头领导的局面

续表

类型	概念	优点	缺点
虚拟星状创业团队	有一个核心成员，但是该核心成员地位的确立是团队成员共同商量的结果	核心成员具有一定威信；既不过度集权，又不过于分散	核心人物的行为必须充分考虑其他成员的意见，不像星状创业团队中的核心人物那么具有权威

三、创业团队的作用

对于初创企业来说，选择以创业团队形式为主导建立企业比以单个人为主导建立企业更容易获得成功。某项针对104家高科技企业的研究报告发现，在年销售额达到500万美元以上的高速发展企业中，以团队形式成立的占83.3%；而在另外73家停止经营的企业中，以团队形式成立的仅占53.8%。另外一项关于对美国IT产业发源地波士顿128号公路地区百强企业的研究也发现，100家创立时间较短、销售额却达到平均数几倍的企业，以团队形式成立的占70%。之所以出现上述结果，是由于创业过程往往是一个需要汇集众人力量的组织形成过程，企业科技含量越高，创业过程就越复杂，越需要借助更多人的能力。创业团队成员的不同经历会对初创企业尤其是技术型企业产生显著影响，进而关系到初创企业的长期生存状况。

具体来看，无论是初创企业的发展潜力，还是其突破创始人的自有资本局限、从市场吸引资本的能力，都与企业管理团队的素质密不可分。营造团队的创业者与单打独斗的创业者相比，公司的发展速度、发展规模、价值创造能力、利润分配能力、风险抵御能力都不可同日而语。创业团队的凝聚力、合作精神、立足长远目标的敬业精神都将有效促进新创企业的成长，使企业在复杂环境中得以生存。同时，团队成员之间的协作互补以及与创业者之间的补充平衡，也会对新创企业起到提升管理水平、降低运作风险的作用。

四、创业团队对于创业的重要性

1. 组建创业团队的重要性 团队型创业的成功率高于个人型创业。中国改革开放后30多年来民营企业的迅猛发展为创业活动提供了广阔的空间。在第一阶段生存型创业（主要是个人创业）之后，团队型创业将会越来越多。随着创业的深化和发展，已有很大一部分创业活动从开始构建就需要组建团队去完成。

大量证据表明，一个好的管理团队对企业的成功起着举足轻重的作用。新企业的发展潜力与企业管理团队的素质之间有着十分紧密的联系。新创立的公司既可能是一个仅仅为创始人提供一种替代就业方式、为几个家人和几个外人提供就业机会的公司，也可能是一个具有较高发展潜力的公司，前者和后者之间的主要不同点之一在于是否存在一支高质量的管理团队。一个喜欢单打独斗的创业者固然可以谋生，一个创业团队的营造者却能够创建出一个组织或公司——能够创造重要价值并有多种收获选择的公司。

没有团队的企业也许并不注定会失败，但要建立一个没有团队而具有高潜力的企业却极其困难。当然，确实有一些创业者讨厌合伙人，还有一些创业带头人只有在拥有绝对控制权的情况下才会觉得合伙制令人满意。也就是说，他们需要的是雇员而不是合伙人，这种态度不仅针对企业的内部人员，也针对企业的外部投资者。

从整体上看，无论是制造业中的家族企业，还是现在的高科技行业，团队创业的企业比个人创业的企业要多。特别是当前的高科技行业，它所要求的能力远超过个人所拥有的。因此为了成功地创办一个企业，团队创业就显得非常必要。大量的实证研究表明，团队创业的企业在存活率和成长性等方面都明显高于个人创办的企业。

此外，不单单是创业团队的存在与否关系重大，其素质的高低也非常重要。拥有高素质创业团队的新创企业，不仅团队成员可以相互取长补短，拥有更多的资源、更广阔的视野和更强的能力，而且有更强的吸引私人资本和风险投资的能力，因而具有更大的增长潜力。正因为如此，风险投资者们越来越注重并积极参与管理团队的塑造和提高。

2. 创业团队重要性的体现　许多研究和实践都证明了团队工作方式能够有效提高企业绩效，能促进团结和合作、提高员工的士气、增加满意感、提高决策的效率等。团队的优势主要体现在以下三个方面：

（1）团队约束力：创业团队成员间可以相互督促，朝着共同的方向努力奋斗。一个人经常容易放松对自己的要求，时常忘记自己应该去做的事，有了目标不能督促自己去采取行动，有了计划不能让自己从头到尾彻底去执行。团队约束力可以非常有效地帮助个人克服以上情况。每个团队都有自己的一套执行标准，这个标准不是开一次会或是某一个人就能编出来的，而是整个团队在不断工作的过程中总结、提炼出来的。它必须来源于实际经验，这样对大家才具有共同的说服力。

（2）优势互补，创新创意：有不同背景和经历的个体组成的团队中，每个人都有自己的优势和劣势，因此团队看问题的角度更广，所做的决策也更有创意。同时，正因为优势互补，大家都可以专心做自己擅长的事，所以效率将大幅度提升。优势互补包括以下三个方面：

①性格互补。外向型与内向型互补；强势与弱势互补；行动力强与思考力强互补等。

②特长互补。一个优秀的创业团队需要各种人才，需要懂市场销售、财务管理、生产计划、人力资源等各个专业的人才。团队可以集合有各种专业优势的人才，大家相互配合，各尽其才，使团队具有综合竞争力。

③资源互补。这里的资源包括人、财、物三个方面。每个人的资源是有限的，当大家的资源凑在一起重新整合支配的时候，所发挥的效力将提升数倍。

【经典实例】

QQ之父马化腾和他的创始团队

（一）马化腾的创业背景

1971年10月出生于广东潮阳。

1984年随父母从海南迁至深圳。

1989—1993年，就读于深圳大学计算机专业。

1993年从深圳大学毕业，进入润迅通信发展有限公司，从专注于寻呼软件开发的软件工程师一直做到开发部主管。

1998年，创办腾讯计算机系统有限公司。

2009年，当选中国经济十年商业领袖。

2010年，福布斯富豪排行榜第249位，大陆富豪第6位。

2010年5月14日，“2010新财富500富人榜”，以3342亿元资产排名第5位。

（二）马化腾的创业团队构建

当年有四位伙伴共同创业，由马化腾出主要的启动资金。有人想加钱占更大的股份，马化腾说不行，“根据我对你能力的判断，你不适合拿更多的股份”。因为未来的潜力要和应有的股份匹配，不匹配就要出问题。什么问题？拿大股的不干事，干事的股份又少，矛盾就会发生。投资理财讲师张雪奎对此很赞成。中国有句老话：生意好做伙计难搁。团队的利益问题、权力问题考虑在先就是打好地基。不过，虽然主要资金由马化腾出，他却自愿把所占的股份降到47.5%以下。“要他们的总和比我多一点点，不要形成一种垄断、独裁的局面”。而同时，他自己又一定要出主要的资金，占大股。“如果马化腾和李彦宏没有一个主心骨，股份大家平分，到时候肯定出问题，同样完蛋”。马化腾有个朋友，跟两个人合伙开了家公司，不过三个人都很强势，意见不合，下面的人不知道听谁的，最后收场很难看。创立腾讯之初，他就和四个伙伴约定清楚：各展所长，技术、业务、行政和信息部门各管一摊。因为都是多年同学，彼此特长都知根知底。如此设计，使创始团队能在维持张力的同时保持和谐。没有人能够独断，保证了意见不合、讨论、甚至互相泼冷水的空间，但彼此多年同学，不好意思一不统一就撕破脸，被逼着去说服别人，就需要提炼、把问题想得更清楚。彼此定位不同，就从不同的角度来判断，保证认识全面。最后马化腾作为第一大股东，认为该做决定的时候还要有一锤定音的能量。

张雪奎认为马化腾深深领悟了不谋全局者不足以谋一域、不谋大势者不足以谋一时的精髓。2006年2月，有麦肯锡和高盛背景的空降兵刘炽平从马化腾手中接过总裁的位置。“总裁就是作为CEO的继承人，我们是这样培养的。”34岁的马化腾说这句话的时候，不仅表明已开始为自己培养接班人，也意味着，当年随马化腾携手创业的几位伙伴将听这位外来空降兵的号令。刘炽平早在2003年扶助腾讯上市的时候就跟马化腾相熟，对腾讯情况“十分了解”。2005年初马化腾把刘炽平引入腾讯做首席战略投资官，观察了一整年，知其“懂的东西很细、问问题的技巧到位、得到多方认可”。

之后，才给其总裁一职，并且还只负责市场和销售，可谓步步筹谋。比如同样是任命总裁，陈天桥就是一声令下，唐骏一步到位。之前两个人只有数面之交。在中国互联网里，常常拿陈天桥来反衬马化腾。一个“疾如风，侵略如火”，一个“徐如林，不动如山”。到2005年，还基本是几个创始人各管一块，但腾讯的业务变得多样化也更专业化，不可能靠一个人掌管。马化腾对伙伴们讲，一定要培养出下一层接班人。“我们的责任是更多地支持接班人去做，更多在跨部门之间协调，更多的决策、具体的事情都是交给他们去做”。现在，公司有两个CTO，一个是创始人张志东，另一个是从微软空降的熊明华。9人的核心高管团队里有4人为外部空降。“没办法，”马化腾说，“因为有些专业知识，无论怎么补课，就是到不了那个级别。指望你的提高去迎合公司发展的风险太大，所以一定要请人来替换你的功能。”要搞资本运作、要跟国际大公司合作就是要靠空降兵们积累很多年的专业知识能力。张雪奎认为，这充分显示了马化腾的胸怀和智慧。现在，市场和销售交给刘炽平，各条具体业务线交给各高层，马化腾最大的功夫下在跟踪前沿上。每天晚上马化腾都泡在网上，各大门户的科技频道，donews、techweh、chinalab这些国内的IT社区都去看看；国外的新兴的服务、有意思的产品，要下载下来用一下；新上市的网络游戏，也要进去玩一玩。作为CEO，在腾讯内部，马化腾也被叫做“首席体验官”。一个新产品出来，他会先以一个普通网民的身份去感受，哪里不方便，哪个按键用起来别扭，哪里颜色刺眼，要对很多细节提出建议。用户界面和人机交互的设计也是他的兴趣所在。

第二节　创业团队的组建

一、创业团队的构成原则

创业团队的构成应遵循以下三点原则：

1. 互补原则　创业者之所以寻求团队合作，其目的就在于弥补创业目标与自身能力间的差距。只有当团队成员相互间在知识、技能、经验等方面实现互补时，才有可能通过相互协作发挥出“1+1>2”的协同效应。

2. 精简高效原则　为了减少创业期的运作成本、最大比例地分享成果，创业团队人员构成应在保证企业高效运作的前提下尽量精简。

3. 动态开放原则　创业过程是一个充满了不确定性的过程，团队中可能因为能力、观念等多种原因不断有人离开，同时也有人要求加入。因此，在组建创业团队时，应注意保持团队的动态性和开放性，使真正完美匹配的人员能被吸纳到创业团队中来。

二、创业团队组建的程序

创业团队的组建是一个相当复杂的过程，不同类型的创业项目所需的团队不一样，创建步骤也不完全相同。概括来讲，大致的组建程序如下：

1. 明确创业目标　总目标确定之后，为了推动团队最终实现创业目标，可将总目标加以分解，设定若干可行的、阶段性的目标。

2. 制订创业计划　一份完整的创业计划，必然包含创业核心团队的计划和人力资源计划。通过创业计划可以进一步明确创业团队的具体需求，比如人员的构成、素质和能力要求、数量要求等。创业团队的组建需要契合创业计划的要求，以匹配创业项目的运作。

3. 招募合适的人员　招募合适的人员是创业团队组建中最关键的一步。关于创业团队成员的招募，主要应考虑两个方面：一是考虑互补性，一般而言，创业团队至少需要管理、技术和营销三个方面的人才，只有这三个方面的人才形成良好的沟通协作关系，创业团队才可能实现稳定高效；二是考虑适度规模，适度的团队规模是保证团队高效运转的重要条件，团队成员太少无法实现团队的功能和优势，而过多又可能产生交流的障碍，团队很可能会分裂成许多较小的团体，进而大大削弱团队的凝聚力。一般认为，创业团队的规模控制在2～12人之间最佳。

4. 职权划分　创业团队的职权划分就是根据执行创业计划的需要，具体确定每个团队成员所要担负的职责以及所享有的相应权限。

5. 构建创业团队制度体系　创业团队制度体系体现了创业团队对成员的控制和激励能力，主要包括团队的各种约束制度和各种激励制度。

6. 团队的调整融合 随着团队的运作，团队组建时在人员匹配、制度设计、职权划分等方面的不合理之处会逐渐暴露出来，这时就需要对团队进行调整融合，这是一个动态持续的过程。

三、创业团队组建的关键要素

影响创业团队筹建工作的因素很多，可以区分为基本因素和其他因素。其中基本因素包括创始人、商业机会、外部资源供给、机会成本、失败的底线；其他因素则包括与个人目标的契合程度、个人偏好等。

1. 创始人 需要什么类型的团队取决于商业机会的性质和创业带头人的能力、作用。对创业战略进行准确的评价是创业带头人建立团队的一个关键步骤。创业者需要首先考虑建立团队是值得的还是必需的以及自己是否打算把企业发展成一个更具潜力的企业；然后再具体评价拥有的人才、专业技术、接纳功能、实战业绩、关系网络和其他资源，就是说已经获得的“资源组合”。一切就绪时，创业者就要进一步考虑企业必须具备什么条件才能获得成功以及在什么时候需要什么样的人才与自己形成优势互补。最好的创业者是乐观的现实主义者。他们真心希望提高自己的工作绩效，努力去弄清哪些是他们所知道的，哪些是他们不知道的，并对此实事求是。创业者所需要考虑的问题包括以下几个方面：

（1）需要哪些与行业、市场及技术有关的技术知识和经验？

（2）是否拥有所必需的关系网络（以及已有的网络能否为企业带来竞争优势）？是否需要在这方面寻找合适的合伙人？

（3）是否能够吸引各方面的一流合伙人组成一支“明星队”？是否能够有效协调这些人和其他团队成员之间的关系？

（4）是否知道将来要做出的牺牲和贡献有多大？为此做好准备了吗？

2. 商业机会 需要什么样的团队取决于创业者与商业机会之间的匹配程度，以及打算以多快的速度和多大的举措来推进企业。尽管大多数的新企业都打算依靠自身的资源来求得发展，而且只有在公司负担得起的情况下才会招募其他团队成员，然而如果企业打算寻找风险资本或者认真的私人投资者支持的话，事先越早地将团队组建起来，其价值就越高。这方面要考虑的问题包括以下几点：

（1）做这项业务的附加值和经济利益如何？与谁共同获利？

（2）能够影响我们拟建企业成功与否的关键变量是什么？需要什么因素或什么人来对这些变量产生积极影响？

（3）是否拥有或得到把握商业机会所必需的关键外部关系，如投资人、律师、银行家、顾客、供应商、管理机构等？需要这方面的帮助吗？

（4）应该具有哪个方面的优势和竞争战略？什么样的人是推行这一战略或优势的必要人选？

3. 外部资源 通过获取外部资源来弥补企业的一些空白点，如董事会、会计师、律师、咨询顾问等。通常来说，税务和法律方面的专家在最初阶段最好以兼职的方式聘请，如果某些外部资源只需要一次或只在某个阶段有需求，或者这些需求对企业经营的关键任务、目标和活动来说并不重要的话，那么比较妥当的做法是聘请咨询顾问。创业者需要考虑的问题有：

（1）那些专业性强、具有一次性特点或可请兼职人士提供的专业知识对于企业来说是不太重要的，还是至关重要的？

（2）如果从外部获得专业技能，是否会泄露商业机密？

4. 机会成本 一个人一生的黄金岁月只有30年，其间要经历学习、发展与收获等不同阶段，而为了这项创业机会，你将放弃什么？可以从中获得什么？得失的评价如何？在决定进行创业之前，所有参与创业的成员都需要仔细思考创业所要付出的机会成本。必须通过对机会成本的客观判断，得知创业机会是否真的对个人生涯发展具有吸引力。

5. 失败的底线 古人说："留得青山在，不怕没柴烧"。创业必然要面对可能失败的风险，因此创业者不必也不宜将个人声誉与全部资源都压在一次创业活动中。理性的创业者（团队）必须设定承受失败的底线，以保留下次东山再起的能力与机会。因而需要了解创业团队对失败底线的看法。

四、创业团队成员的选择和组织设计

不管何种类型的创业团队，都必须在创业前慎重选择成员。在团队初始组成时，其选择成员必须注意的问题有：

1. 团队成员加入的目的 根据马斯洛的需求层次理论，我们知道人的需求大体上可以分为5个层次：生理需要、安全需要、社交的需要、尊重的需要、自我实现的需要。团队成员基于哪个层次的需要而加入团队，对其在组织中的行为方式起着决定性作用。比如，对一个目前还缺乏基本生活保障的人来说，他更注重组织的获利能力，更迫切地想赚钱养家糊口，这就可能导致企业逐利的短期行为。而基于自我实现需要的成员，更注重企业的未来发展，想把事业做大，充分发挥自己的能力，企业对他来说是实现抱负的最好舞台，因此他更注重组织战略目标的确定和执行。

2. 团队成员的知识结构 在一个创业团队中，成员的知识结构越合理，创业越可能成功：纯粹的技术人员组成的公司容易形成技术为王、产品导向的情况，从而使产品的研发与市场脱节；全部是市场和销售人员组成的创业团队缺乏对技术的领悟力和敏感性，也容易迷失方向。因此，在创业团队的成员选择上，必须注意人员的知识结构，技术、管理、市场、销售缺一不可，并充分发挥个人的优势。

3. 团队成员的性格、个性、兴趣 创业团队成员的性格、个性、兴趣特征都影响团队的稳定性。在创业初期，大家同甘苦、共患难，怀着满腔热情工作。在这种情况下，团队成员在性格上的差异、个性上的差异、兴趣爱好上的差异和处理问题的不同态度就容易被掩盖，从而表现出不同的行为方式。而一旦企业发展到某个阶段的时候，由于个性冲突导致的矛盾就会激化，使创业团队出现裂痕，严重时还会导致团队分裂。

4. 团队成员的价值观念 在一个创业团队中，成员的价值观念和道德品质决定了今后企业文化的形成。甚至可以说，企业文化的最初源头就是企业创始人自身价值观念和道德品质的体现。有的人诚信为本，有的人利益至上；有的人"天下兴亡，匹夫有责"，具有极强的社会责任感，有的人"事不关己，高高挂起"，只求独善其身。一个人的价值观念很难改变，因此，在创业团队形成之前，必须通过深入的交流和充分的了解，使价值观念相近、个人素质较高的人一起组成团队，这样创业成功的可能性更大。

在团队成员确定以后，企业的组织结构就可以基本确定了。组织结构的设计归根结底是组织中个体层次需要与组织目标相协调的问题，是个体价值发挥与群体绩效达成的问题。为了避免创业团队在今后的组织行为中因为利益分配、企业决策等方面产生分歧，在创业团队形成之初，必须通过公司章程或者协议的方式，确定公司发展目标、业务领域、出资及退股原则、利润分配方法、分歧解决原则等。尤为重要的是，创业团队要有好的分配制度，不仅充分照顾到现有团队成员的利益，还要考虑吸收新的成员或者员工时的股份再分配。

【经典实例】

"携程四君子"和他们的创业神话

1999 年，沈南鹏、梁建章、季琦、范敏四人团队（后来被誉为"携程四君子"）创立了携程旅行网（以下简称"携程网"）。携程网一路领先，至今从来没有被超越过，被誉为传统行业与互联网结合的典范。借此闻名业界的"携程四君子"是成功创业的典范，携程一飞冲天的发展轨迹更成为一个范本，被许多创业者追随和模仿。

（一）寻找合伙人

季琦自从在美国甲骨文公司总部认识了互联网后，一个想法就停留在脑海里，并且日益明确和清晰。1998 年，国内各大门户网站横空出世，互联网的浪潮即将扑来，季琦想投身于互联网事业的冲动也越来越强烈了。

后来，一次合作机会中，季琦认识了甲骨文中国区咨询总监梁建章。他们的共同点比较多：都在上海和美国学习生活过一段时间，并且还从事着差不多的工作。他们很快就成了好朋友。梁建章对季琦说："最近美国的互联网很火，不如我们也做个网站吧。"季琦说："什么？你也想做网站？这个想法在我的脑海里已经很久了，只是我一直找不到合适的创业伙伴罢了。对于网站技术，你应该很内行吧！"携程的一个合伙人就这样被找到了。

当时，新浪、网易、搜狐等门户网站正热，没有复制的必要，从哪里切入呢？网上书店、建材超市都是可行方向。梁建章忽然说起有一回跟女友旅行迷路，半天找不到出路，"办个旅游网站吧"。

他们找到沈南鹏说出想法时，后者的耳膜正被"互联网"这三个字频繁撞击。沈南鹏毫不犹豫答应加入。新公司很快搭建，名叫游狐。他们很快发现，版图上还缺重要的一块：一个熟悉旅游业的人。

于是，国企经理、曾在瑞士洛桑酒店管理学校进修过的范敏被他们约来了。第一次游说，范敏不为所动。席散，梁建章、沈南鹏觉得没戏："再多找几个合适人选吧。"季琦说："自己的校友都请不动，其他人更难搞定。"这之后，季琦常去上海西藏中路 200 号大陆饭店找总经理范敏谈梦想、谈未来。每次去，秘书都会让季琦在办公室外面等，就算领导不忙也得等。开始要等 10 分钟，后来逐渐熟悉了，就变成 5 分钟。最终，范经理答应一起参与创业。

1999 年 10 月 28 日。网站名称由"游狐"改为"携程"，正式上线。给了携程第一笔风投的 IDG 章苏阳后来解释那次"投人"眼光："这四个人有点像一组啮合，各个齿轮都咬得非常好。团队成员的背景和素质，使他们足够执掌将要操作的公司。

（二）传奇的"携程系"

到 2001 年，携程网已经发展得相当成熟，每月已经拥有了近 10 万间的订房量，这意味着携程那时已经拥有了每月高达数百万元的佣金收入。同时，它还意味着另外一笔财富：从巨大的订房量产生的后台数据中，携程的四人团队可以清晰地看到中国酒店业的发展态势。他们发现，星级酒店的客房入住率都最多只能维持在70%～80%，有两家没有任何星级评定的小酒店锦江之星和新亚之星——被公认为是最早在中国引入连锁经营模式的经济型酒店，却长年把这一数据维持在90%以上。

于是，当年，携程成立了一家名为“唐人”的经济型酒店管理公司。后来，携程把唐人独立出来，并进一步与首旅旗下的建国客栈强强联手，如家就此诞生。或许是感觉到中国经济型酒店的市场过于庞大，如家之后，季琦、郑南雁、吴海等人开始纷纷从携程或者如家离职，分别创办了汉庭、七天、桔子酒店等一系列耳熟能详的经济型连锁酒店品牌。从此，中国的酒店业也就有了传奇的“携程系”一说。

从目前已经公开的信息看，在如家，携程以18.25%的股份成为单一最大股东；在汉庭，携程也占有8%的股份，与此同时，前任携程总裁和如家CEO、现任汉庭CEO的季琦也持有大量携程和汉庭的股份，到目前为止，季琦还一直担任携程的董事。

（三）财富帝国“四君子”

中国组织行为专家陈权博士认为：高绩效的组织一共有两种。一是全能型组织，这种组织中，所有成员都是理想型人才。二是互补型组织，这种组织中，每一位成员的能力，其他的成员都不能替代。首先，“携程四君子”全部是名牌大学硕士毕业，三个上海交通大学毕业生，一个美国耶鲁大学毕业生。其次，据一位携程系人员透露，四个人风格各不相同。梁建章管理细腻而又善于拥抱新事物，理想是做个研究型企业家；沈南鹏熟悉投行业务，平日里也像一架高速运转的精密仪器，走到哪里就把一阵强风带到哪里；范敏勤勤恳恳，总能把自己一亩三分地的事情做好做实，确实是守业型的典范；而季琦是个充满激情、胸怀坦荡的人，他重情义又不会因为情义优柔寡断。另外，四人深具合作意识，配合紧密，可谓攻无不摧、战无不胜的铁骑劲旅。2002年初，季琦退出，代表携程创办如家，之后梁建章出国读博，沈南鹏创办红杉资本，人们从一些微小处听出他们可能发生过“不和”。然而，他们尽管个性志趣迥异，但是从心底里都能彼此欣赏、尊重，各自扬长避短。

第三节　创业团队的管理

创业团队中的管理活动一般分为两类：一类是作为创业团队核心的主要创业者所进行的管理活动，包含领导活动；另一类是创业团队普通成员所进行的管理活动。广义的管理活动包含领导活动，狭义的管理活动不包含领导活动。这一部分讨论的创业团队管理问题，是就狭义的管理活动而言的。在创业团队的管理过程中，分工、合作、激励和冲突是四个相当重要的管理问题，需要分别进行分析和研究。

一、创业团队管理之分工

创业团队成员作为一个工作集体，其工作的具体内容由于业务内容极其不稳定而处于不断变化之中，因此用角色而不是工作职责更能清楚地表明创业团队成员之间的分工。

在高绩效团队中，成员的角色往往是互补的。高绩效团队的成员都应该清楚自己在团队中的角色，而且应该明白相互之间的角色有时又可以相互替代。因此，在高绩效团队中，有时一个人可以充当几个角色，有时几个人又可担当同一个角色。

一个高绩效的团队中，一般需要领导者、造型师、监测评论员、生产者、执行者、资源调查者和督促者七种角色。

1. 领导者 这种人应该是纪律严明、轻重分明和各方面能力比较均衡的人。他们的职责是挑选人才，凝聚和协调员工努力工作。

2. 造型师 他们的工作是领导项目，能有力地推动任务的进展。他们的力量来源于个人动机和对任务的激情，其性格一般较外向。

3. 监测评论员 他们主要开展检查工作并论证工作中的缺陷之处，擅长分析。

4. 生产者 他们是思想和建议的源头、团队中最富于创造性和最聪明的成员，但可能不注重细节问题。他们需要激励和引导，其才能才会发挥到极致。

5. 执行者 这些人负责把思想转化为行动，他们是实践组织者和管理者。

6. 资源调查者 他们是让团队和周围世界保持联系的联络人，他们的性格趋于外向，比较有个人魅力。

7. 督促者 他们的任务主要是对任务进行严格跟踪，并监督各项任务的完成情况。

就创业团队而言，始终存在一个成员承担领导者的角色，这一角色可能是形式性的，也可能是实质性的。对一个高绩效的创业团队而言，创业团队的主要负责人可能承担领导者、监测评论员、执行者、资源调查者和督促者等多种角色，重要的骨干成员可能承担执行者和资源调查者等角色，其他一些成员可能扮演造型师、监测评论员和资源调查者的角色。

二、创业团队管理之合作

创业团队成员根据自己的特长和拥有的资源状况进行工作分工之后，为了提高整个创业团队的工作效率，还需要进行合作。创业团队成员之间的合作可以分为常规性合作和非常规性合作。

常规性合作是指创业团队成员在承担各自工作职责、扮演好各自角色的前提下进行的工作协调和工作整合。做好自己的工作，就是对其他创业团队成员工作的一种最为重要的支持和配合。对于工作内容有交叉和衔接的创业团队成员来讲，做好各自的工作，更是对其他创业团队成员工作最好的支持和配合。

非常规性合作是指创业团队成员在做好自己的本职工作、扮演好自己角色的前提下，跨越自己的工作范围，直接帮助其他创业团队成员做好他们的工作，从而救助、支持、加强整个创业团队和创业企业的工作。

常规性合作是最基本的合作方式，非常规性合作是一种补充性的、救急性的合作方式。创业团队成员之间的合作应以常规性合作为基础，以非常规性合作为补充。

三、创业团队管理之激励

创业团队的激励制度关系到创业团队成员的工作动力，关系到创业团队成员的工作积极性。如果缺乏有效的激励，新创企业难以保持长久的生命力。而有效激励是新创企业保持团队士气的关键。创业团队要实现高效运作，必须要有有效的激励机制，使团队成员看到随着创业目标的实现，其自身利益将会得到怎样的改变，从而达到充分调动成员的积极性、最大限度地发挥团队成员作用的目的。

创业团队可以根据每位成员的工作能力和实际贡献提供激励，主要包括2种形式：一种是物质激励，比如报酬、工作环境；另外一种是非物质激励，比如创业成就感和地位，感受到尊重、承认和友爱等。

1. 团队文化的激励 团队文化是固化剂，创业团队凝聚力的培养离不开团队文化的建设。团队文化激励对创业团队建设的积极作用主要表现在：团队文化通过营造一种积极向上、相互尊重、相互信任的文化氛围来协调新创企业内外的人际关系，通过调动创业团队成员的积极性、主动性和创造性来增强团队的凝聚力和竞争力。

2. 经济利益的激励 新创企业的产权一般比较明晰，机制灵活，所以对创业团队成员可以通过股权增加作为经济利益激励的一项重要内容来实施，从而把传统的以报酬为代表的短期经济激励和以股权为代表的长期经济激励结合起来，体现人力资源的价值。此外，还要建立奖励机制。将团队成员的一部分报酬，尤其是浮动薪酬，与创业团队成果有机地结合起来。同时，在进行年度固定薪酬调整时，也要考虑成员的工作绩效表现。

3. 心理满足的激励 在知识经济时代，创业者具有良好的进取精神，创业团队通常又是高知群体。他们进行创业活动不仅仅为追求经济利益，也为获得成就感以及权力和地位上的满足。

从创业团队的生命周期来看，团队发展到追逐权力的阶段，团队冲突增加，矛盾加剧，团队效率降低，部分核心成员选择离开团队，许多团队在“争权夺利”这个阶段就停止了发展。对于新创企业来说，此时的生存和发展可能会面临着重大危机。如何突破这个“瓶颈”，实现团队自我超越是创业团队建设应考虑的关键问题。因此，随着新创企业的发展，创业团队领导者要注重权力和地位的激励机制，将创业成员的工作成效和职业生涯发展、地位提升有效地结合起来，建立并维护好创业团队的运作原则，使团队成员之间相互尊重和信任，能够倾听彼此的意见。基于不同的工作情景和分工，创业团队成员应该可以共享领导角色，在各自的领域中发挥领导作用。

四、创业团队管理之冲突

创业团队成员之间的冲突，大致可以分成五种类型。

1. 性格冲突 性格冲突是指创业团队成员之间由于性格的差异而引起的冲突。性格上的冲突会导致创业团队成员之间对工作目标、工作步骤和工作措施认识上的差异，从而导致工作冲突。

2. 工作冲突 工作冲突是指与工作任务的内容有关的冲突，是创业团队成员之间在认识上的不一致所造成的。工作冲突在本质上属于一种认识上的差异，但这种认识上的差异会蔓延到权力冲突和利益冲突。

3. 权力冲突 创业团队内部为获取权力而进行的政治斗争将会降低团队的有效性，进而降低企业的绩效。因为为获取权力而进行的政治斗争会使得企业内部的信息流动受到限制和资源在企业内部配置上的低效率，更加严重的是消耗新创企业内部最宝贵的企业家资源。

4. 利益冲突 利益冲突是指创业团队成员自己在创业企业中的权益关系和权益比例关系上所形成的冲突，属于最为严重的冲突。

5. 沟通冲突 创业团队内部的沟通是影响团队有效性的一个重要因素。当人们之间具有合作关系、共同目标时，会导致开放的讨论和互相帮助；人们的竞争关系或独立关系则会引起闭锁的思维，阻碍沟通。所以，团队成员的关系会影响团队内成员的互动。沟通冲突并不简单地是一个交流不充分的问题，它往往与权力冲突和利益冲突相连。

心理学家托马斯认为，冲突的结果都有两种性质：坚持性和合作性。坚持性表明了满足自身利益的愿望，说明了冲突一方在追求自己的目标时所表现的坚持程度。合作性表明了满足他人利益的愿望，说明了冲突一方所表现出来的合作倾向的程度。基于坚持性和合作性的不同程度的组合，托马斯提出了5种处理冲突的方式。

一是强制方式。冲突中的一方采取坚持而不合作的方式，这是一种非赢即输的解决冲突的方式。采取这种方式的一方，会力图达到自己的目标而无视他人的利益。这种方式往往是处于强势地位的一方采用的方式。

二是回避方式。在多方冲突中，其中的一方采取不坚持也不合作的行为，表明了对冲突的回避。采用这种方式来处理冲突的一方，对自己的利益和他人的利益都缺乏兴趣，试图置身于冲突之外。

三是抑制方式。冲突中的一方具有合作倾向而缺乏为自己的胜利斗争下去的坚持性。抑制方式是一种利他的行为，一种推动他人合作的策略，一种对冲突中的其他方的愿望屈从的行为。

四是协作方式。这是一种既合作又坚持的处理冲突的行为。采用这种方式来处理冲突，要求冲突中的各方彼此关照相互之间的利益和愿望，是一种开诚布公处理冲突的方式，是使冲突中的各方利益都得到最大限度关切的方式。

五是妥协方式。这种方式要求在坚持和合作之间做出一种中间选择。这种方式可能含有协商谈判和让步的成分。与协作方式相比，妥协方式不能使冲突中的各方都达到最大限度的满意，是一种使冲突中的各方只能达到中等程度的、部分满意的一种手段。

对于创业团队成员来讲，采用何种方式来解决冲突问题，一是取决于冲突的类型，二是取决于自己在创业团队中的地位，三是取决于处于优势地位的创业成员的价值取向。总体说来，采用协作方式解决冲突问题是一种实现共赢的方式，是一种可以把全体创业成员的积极性都充分调动起来的方式。

【经典实例】

两次重组，“地摊王”的创业团队走上正轨

创业之路充满荆棘和坎坷，高泽宇在3年创业路上也经历了大起大落。

2006年10月23日，正在西安开发市场的高泽宇得到部分团队成员背叛的消息，立即回到乌鲁木齐。回到库房，眼前的景象让他目瞪口呆：库房里大量的运动鞋被4名团员私分，现场人去楼空，一片狼藉，留下了40余万元的债务由高泽宇承担。他意识到，用感情维系来管理团队已经不管用了。

面对如天文数字般的债务，高泽宇甚至有过轻生的念头。但一番痛苦抉择后，他决定重新振作起来，重组团队。经历过失败的他深谙财聚人散、财散人聚的道理，他要让每个人都树立主人翁意识。但由于缺乏管理经验，2008年5月，第二次团队危机也悄然爆发。5个和

高泽宇从摆地摊一同走来的创业伙伴此时对创业失去兴趣，开始拉帮结派。面对日益紧张的团队关系，事业继续拓展无望，高泽宇下决心解散团队。那天会上，除了不想创业的 5 个人，其余人获悉后都失声痛哭。他们堵住大门、高喊继续创业的样子让高泽宇热泪盈眶。回想创业以来的点点滴滴，他决定和剩下的十余个成员继续为共同的创业梦奋斗。

从摆地摊开始，高泽宇的身边始终围绕着一批有创业激情的大学生创业者，这让许多人感到好奇。从 2006 年就一直跟随高泽宇创业的赵志强说，“完全是高泽宇的个人魅力使然”。他难忘第一次旁听高泽宇与团队成员开会时的场景：从晚上 10 点至第二天凌晨 5 点，高泽宇激昂地与团队成员畅谈未来发展、梳理目前存在的难题。这种忘我的创业激情震撼了他，他预感高泽宇日后定会成功，下定决心要跟他共同创业。

2008 年 5 月至今，上下拧成一股绳的大学生团队进入了快速发展期，公司设有市场部、销售部、宣传部等，部门间权责明晰、责任明确，团队中以能力为先，谁能力强就负责主要事务。团队以高泽宇为主要负责人，主要管理者 8 名，团队成员 20 余名，另有大学生员工百余名，成员平均年龄不到 24 岁。如今，他们的运动品牌专卖店已经开了 17 家，预计到 2009 年 10 月，专卖店将扩张至 50 家；同时，业务面也越拓越宽，2009 年还开发了装修业务。

高泽宇常被同龄人称为“叔叔辈”，他外表成熟、稳重又健谈。他和时下的年轻人似乎没有多少共同点，他不爱上网、不会打游戏、不懂手机的各项功能；他每天只睡 4 小时，剩余时间几乎全扑在发展事业上……高泽宇的公司以“万人体育用品有限公司”命名，饱含了他远大的理想抱负：吸纳更多的大学生共同创业。

如今，他的体育用品店和“地摊经济”成为许多大学生闲暇时的打工首选，部分学生还被选拔为团队成员。同时，他还在积极筹办大学生创业联合会，希望为有创业理想的大学生建立一个交流平台，并为他们提供实习实践基地，实现真正的万人创业。

【知识拓展】

一、创业团队管理八项注意

1. 实现创业梦想的基本原则

（1）首先要找准行业。深思熟虑涉足哪个行业最为合适、做哪些买卖能获成功、预测你的事业将以什么样的速度增长等。请考虑以下原则：利润与销售紧密相连的行业，如当销售额增长 20% 时，净利润可以增长 50% 的行业；对其他行业依赖性小、有较强的独立性的行业；有连续不断的市场需求的行业；少有破产、倒闭事件发生的行业。

（2）你的梦想要有不同于竞争对手的特点。重要的是在创业之初，要在一定市场中占据主导地位。

（3）一定要保证产品和服务的质量，这是成功的关键。要有最完善的服务，最丰富的存货，最优秀的信誉。要成为你的竞争对手难以抗拒的强者。无论是商品还是一项服务，都是最好的；市场营销也别具一格，大有成效。

（4）必须辛苦地工作。一般要遵“5+10”规则。也就是说，它将要花费五年的时间和比你想象多十倍的费用才能到达成功的彼岸。所有的事都要花费比你想象至少多一倍的时间和金钱，但往往只能取得你期望中的一半的效果。

（5）做生意之前，好好数一数自己到底有多少现金和存款。因为你可能会失去它们，再也赚不回来。

(6) 刚创业者必须亲自做市场调查，不能参照别的公司或政府的资料，他们的目标不适合你自己的目标。

(7) 创办公司前，先到这一相关领域去工作一段时间，会缩短你在这一行业独自摸索的时间。

2. 制订一个切实可行的管理发展计划　正式的书面计划，可为新创公司树立一个无价的、积极的发展目标。它包括四个部分：

(1) 目标陈述。包括公司的发展目标，以及达到目标的方式。如想获得资金，还需要多少资金、怎样利用这笔资金、怎样偿还和如何偿付投资者的红利等。

(2) 公司经营范围的描述，说明公司是做什么的、有哪些特色新产品或服务。如果是创业初始，还应详列创业费用和五年计划。包括公司对财务、保险、安全措施、仓库控制等记录的保障体系。

(3) 市场宣传计划部分，应说明公司的潜在客户是哪些人以及赢得这些客户的方法。包括所有直接或间接的竞争对手及公司的竞争优势。所有的促销、价格、包装、批发等都应在计划中详述。再就是根据市场宣传计划，研究市场发展趋势，思考如何让公司走在市场的前沿。

(4) 资金计划应说明公司的已有资金以及公司实际需要的资金。刚创办的公司应有一个形式上的现金流动报表，并参照此表和年收入情况，制订一个三年收入计划。可借助对市场及竞争对手的调查，或有关书籍为参考资料。企业计划，可以把你从一天天的苦心经营的磨难中解放出来，使你的精力得以集中到未来的发展上。创业者非常需要抽出一些时间来制订公司的发展计划。

3. 学会把日常工作交由他人来做　这样你可以有更多时间来发展自己的事业，要授权，而不仅仅是对整个程序全盘管理。如果一个企业家把太多的时间花在任何人都能胜任的日常工作上，而从来不考虑老板应做的战略计划及高层次的管理工作，那么其代价有时是致命的。如果你允许人们做决定的话，他们会做得很好。他们也会犯我们都会犯的错误，但他们可以学习而且下一次会做得更好。权力下放是一个公司成长的唯一途径。

4. 有经商技巧的头脑　必须经过这样一些过程，才能深入地了解你的产品：经常听取用户意见，培养你的搭档和下属一种能感知企业内部资金流入流出状况的直觉能力，与你的搭档和下属一起精诚合作，并把自己以往获得的经验与他们分享，商业头脑的获得会使你的注意力迅速地集中在焦点上。

(1) 要找准自己的用武之地，不能脱离实际、好高骛远。

(2) 把主攻方向确定在一个特定而非漫无边际的范围是非常重要的，公司起步时更要如此。

(3) 循序渐进比起贸然闯入一个知之甚少的陌生领域来说，是促成公司快速增长的更为可取的方式。欲速而不达，贸然闯入往往会带来鸡飞蛋打、功亏一篑的悲惨后果。

5. 要舍得花大价钱，尽可能招聘最好的人才　这将会给公司带来比你付出的高薪多得多的利润和好处，因为，如果你的员工是一流的，你的公司便也成了一流的。老板必须清楚公司需要什么样的员工，并且让公司的每个员工知道自己的职责范围，同时要培养他们的团队精神，使之与其他员工默契配合。为做到这一点，费点时间和精力也是值得的，这样不仅有利于老板明白自己需要什么样的人才，还有利于公司吸引人才。一般来说，部门经理要在自己公司内部选拔，而优秀的销售员和市场营销人员则要到竞争对手公司里去聘请。

6. 创业之前，应当不辞辛苦地去了解其他公司的薪金制度

（1）要建立定额销售制度。完成销售额的员工将获得公司毛利一定比例的收入。完不成销售额者收入会少些，超额完成收入相对要多一些，形成能者多、平者少、庸者下的竞争机制。企业刚起步时，你对薪金制度了解得越多，公司今后的发展越容易。

（2）企业从创办的第一天起，就应该有书面的规章制度。不严谨、漏洞百出的混乱状态会给公司经营带来麻烦。没有任何规章制度的公司，只会落到举步维艰的境地。规章制度最大的好处是：使每个人都处在相同的行为准则下朝着共同的目标前进。如果做老板的你不制订这个准则、指明这个方向，那么员工就会自行其是。

（3）规章制度中，不能限制老板处理事物的决定权。对违反规章制度的处理方法也要清楚地写入，比如，对于那些在工作中一贯失误者，根据记录这样的人最终会被解雇。但准则的重点应放在员工在工作的表现上。

7. 任何事情都不要独自一人去做，合伙人会带来无价的帮助　要在你的能干员工中找到“伙伴”，来合伙做生意，但事先应该有一个书面的协议，写明双方应承担的权利和义务。通常双方应能为公司的发展带来不同的经营才干、经验或其他相关的优势。友情不能维持合伙关系，事实上生意上的合伙关系很容易破坏多年的友情。合伙要想成功、愉快，必须在合伙之前先写好协议。如果是两个意见经常相背者合伙，更应该有书面协议书。典型的协议书应该说明生意的具体目的、每个合伙人的有形的资产、财产、设备、专利等和无形的服务、特有技术、关系网等投入，以及每个人在收入上应得的百分比。这样的协议允许合伙人占有的公司股份各不相同，但一定要说明各个合伙人在公司管理中的地位和职务、是否允许合伙人从事公司以外的其他业务等。有一点最重要，那就是合伙双方以什么样的方式结束合伙关系。

8. 一开始就建立专业的管理班子，要从“小作坊”变成一个正规的公司。“小作坊”式的管理方式会给你带来巨大的工作压力，公司发展也会因此而极为缓慢有限。公司规模小时，一个人独自管理还行得通，但当你开始做上百万元的大合同时，客户会关注你的公司是否具有专业的管理水平，这时就要靠一个正规而专业的管理班子来运转。

首先应该分析公司每天都在做什么、如何做以及公司的主要收益是哪些，这些调查不能急于求成，而要细心有加。这一过程既是帮助企业权力下放，又是指导有针对性地招聘那些人品和才能都适合公司发展的人才。严谨的调查有助于这些工作的进行。要为一个职位找到最合适的管理人才，必须经历一个漫长的过程，必须要了解他们每个人的特点，以便因才施位。不能随便找一个人便完事大吉，必须不停地挖掘，要把有真才实学的人选进公司。许多公司在朝专业化管理的过程中消亡了，原因就在于没有建立起一个高效的、专业的管理班子。要搭建这样的班子，需遵循以下几点：

（1）聘请有经验的人员，选择素质较高的人。

（2）力图使其拥有的经验和才能适应公司的环境。

（3）尽量到你过去共过事的朋友中去寻找。

（4）管理层的人数要尽可能地少。

（5）盯住目标——利润才是最终目的。

这一搭建过程十分艰辛。开始，你不可避免地要同一群你不认识、不了解也难以信任的人相处，这些人会经常更换，直到组成最为满意的群体。也可以采取“顾问”体系来形成管理班子的办法：先从一些企业退休人士或业务关系中有这方面经验者中聘请，他们能够弥

补年轻员工经验不足的缺陷。对每个年轻的管理人员都配有一个顾问指导其工作。这样一来，公司的管理班子很自然地就随着业务的增长而成熟起来。

二、几对著名的创业搭档

很多成功企业的创业者都是团队。一些研究者认为，这些成功的创业搭档不仅在资金、技术等硬件方面为创业成功发挥了各自独特的作用，在能力、性格等软件方面同样发挥了各自独特的作用。也许正是因为有了这样珠联璧合的互补，他们的创业才能成功。以下介绍几对著名的创业搭档，也许能从他们的故事中得到启发。

1. 微软：比尔·盖茨和保罗·艾伦　两人从中学开始就是好朋友。他们喜欢电脑，中学时就当过黑客。盖茨一去哈佛上大学，艾伦就跟随他一起前往波士顿地区，开始谋划创业。1975年，在艾伦的鼓励下，盖茨退学，一起创建了微软。有研究者认为，盖茨长于思考和创新，艾伦长于人际沟通和经营管理，二者的搭档相得益彰。

2. 苹果：史蒂夫·乔布斯和史蒂夫·沃兹尼亚克　两人在1970年打暑期工时相识。沃兹尼亚克当时正忙于开发一种电脑，乔布斯很快看到了这种电脑的商业潜力。两人一见如故，非常投机，最终成为商业合伙人，于1976年创建了苹果公司。沃兹尼亚克喜欢开发可以改造世界的东西，乔布斯则想得更多，当设计好的东西时，有时他就说“我们能销售这个东西”。沃兹尼亚克承认，他从未想过卖他创造的电脑。看来，苹果的奇迹是由沃兹尼亚克的技术和乔布斯的商业远见相结合创造的。

3. 英特尔：戈登·摩尔和鲍伯·诺伊斯　诺伊斯是微芯片的联合发明人，也是英特尔的导师和灵魂，为英特尔带来了远见和灵感。摩尔热衷于技术。两个天才的合作创造了一家虽然闲散但处于创新前沿的公司。诺伊斯热情奔放，能全身心投入——饮酒、唱歌、耍弄花招，而且从不认输，敢于迎接任何挑战。而摩尔的性情相当沉着、平静，他总是和几个最亲近的朋友围坐于桌旁，轻声细语地闲聊。摩尔有两大爱好——在岸边执杆垂钓、在湖上划船游憩。摩尔甘于默默无闻，但他是英特尔的“心脏”。

4. 雅虎：杨致远和大卫·费罗　两人是在斯坦福大学读博士时认识的。最初两人都研究电脑芯片。他们两人都逃课去上网，把喜欢的网站保留起来，并按照主题加以编排组织(最后成为现在的雅虎)。对网络的共同热情使他们走在一起。随后两人意识到应该去创业。1995年，他们从红杉资本获得融资，并找到了另一个合伙人——蒂姆·库格，创办了公司。一开始，库格担任总经理，负责管理事务，费罗和杨致远专注于研究。后来，费罗一个人负责技术开发，而杨致远负责对外公关。

练习与思考

一、自我测试

测试一　创业测试：你现在够不够格当老板？

创业充满了诱惑，但并非每个人都适合走这条路。美国创业协会设计了一份试题，假如你正想着自己独自创业，不妨做做下面的题。

计分：选A得4分，选B得3分，选C得2分，选D得1分。

1. 在急需决策时，你是否在想“再让我考虑一下吧”？

A. 经常　　B. 有时　　C. 很少　　D. 从不

2. 你是否为自己的优柔寡断找借口，说“得慎重，怎能轻易下结论呢”？

A. 经常　　B. 有时　　C. 很少　　D. 从不

3. 你是否为避免冒犯某个有实力的客户而有意回避一些关键性的问题，甚至有意迎合客户呢？

A. 经常 B. 有时 C. 很少 D. 从不

4. 你是否无论遇到什么紧急任务都先处理日常琐碎事务呢？

A. 经常 B. 有时 C. 很少 D. 从不

5. 你是否非得在巨大压力下才肯承担重任？

A. 经常 B. 有时 C. 很少 D. 从不

6. 你是否无力抵御妨碍你完成重要任务的干扰和危机？

A. 经常 B. 有时 C. 很少 D. 从不

7. 你在决策重要的行动和计划时，常忽视其后果吗？

A. 经常 B. 有时 C. 很少 D. 从不

8. 当你需要做出很可能不得人心的决策时，是否找借口逃避而不敢面对？

A. 经常 B. 有时 C. 很少 D. 从不

9. 你是否总是在晚上才发现有要紧的事没办？

A. 经常 B. 有时 C. 很少 D. 从不

10. 你是否因不愿承担艰巨任务而寻找各种借口？

A. 经常 B. 有时 C. 很少 D. 从不

11. 你是否常来不及躲避或预防困难情形的发生？

A. 经常 B. 有时 C. 很少 D. 从不

12. 你总是拐弯抹角地宣布可能得罪他人的决定吗？

A. 经常 B. 有时 C. 很少 D. 从不

13. 你喜欢让别人替你做你自己不愿做而又不得不做的事吗？

A. 经常 B. 有时 C. 很少 D. 从不

分析：

1. 得分 50 分以上，说明你的个人素质与创业者相去甚远。

2. 40 ~ 49 分，说明你不算勤勉，应彻底改变拖沓、低效率的缺点，否则创业只是一句空话。

3. 30 ~ 39 分，说明你在大多情况下充满自信，但有时犹豫不决，不过没关系，这也是稳重和深思熟虑的表现。

4. 15 ~ 29 分，说明你是一个高效率的决策者和管理者，有望成为成功的创业者，你还等什么？

测试二 团队信任能力自测

在团队中，团队信任能力是指自己与团队成员间坦诚相待、相互信任、相互协调的能力。请通过下列问题对自己的该项能力进行差距测试。

计分：选 A 得 3 分，选 B 得 2 分，选 C 得 1 分。

1. 在团队中，你如何看待诚信问题？

A. 诚信是信任的基础 B. 诚信影响信任关系 C. 诚信是个人品德

2. 管理者如何赢得团队成员的信任？

A. 做事先做人，言行一致 B. 按制度办事，一视同仁 C. 保持行为的一贯性

3. 是什么让你信任团队中的其他成员？
   A. 团队成员的品德 B. 团队成员的能力 C. 团队成员的经验
4. 当团队某一成员的行为被其他成员怀疑时，你如何看待？
   A. 通过沟通了解真相
   B. 应继续信任他们
   C. 根据品行来决定是否信任
5. 管理者应如何看待信任团队成员的作用？
   A. 激发团队成员的斗志 B. 让团队成员顺利完成任务 C. 遇到疑问及时沟通
6. 你认为团队成员间如何才能保持充分信任？
   A. 建立信息共享机制 B. 定期沟通，消除疑问 C. 遇到疑问及时沟通
7. 管理者应通过何种途径使团队成员之间相互信任？
   A. 用统一目标增强凝聚力
   B. 团队成员间加强沟通
   C. 提高成员能力和道德水平
8. 管理者如何才能避免团队瓦解？
   A. 让团队成员充分信任 B. 定期协调成员利益关系 C. 跟进团队成员需求
9. 管理者对自己看到的情况和现象应该怎么认识？
   A. 自己看到的未必是真实的 B. 自己看到一部分 C. 眼见为实

分析：

1. 得分 24 分以上，说明你的团队信任能力很强，请继续保持和提升。
2. 15 ~ 24 分，说明你的团队信任能力一般，请努力提高。
3. 15 分以下，说明你的团队信任能力很差，急需提升。

测试三 团队沟通能力自测

在团队中，团队沟通能力是指团队成员与其他团队成员间进行积极沟通以协助相互间的行动的能力。请通过下列问题对自己的该项能力进行差距测试。

计分：选 A 得 3 分，选 B 得 2 分，选 C 得 1 分。

1. 你一般如何得知他人的真实想法？
   A. 与其直接沟通 B. 根据他的行为做出判断 C. 我总是能猜到
2. 你如何看待沟通在团队中的作用？
   A. 沟通能达成目标 B. 沟通能协调行动 C. 沟通能达成共识
3. 你如何向团队成员下达行动指令？
   A. 双方沟通，确定目标
   B. 根据成员能力进行分配
   C. 直接规定其按期完成
4. 你如何避免团队沟通过程中的信息失真？
   A. 对信息进行反馈和确认 B. 通过书面形式进行沟通 C. 清晰地表达自己
5. 作为管理者，你一般与团队成员进行怎样的沟通？
   A. 以非正式沟通为主
   B. 非正式与正式沟通各占一半

C. 以正式沟通为主

6. 你如何避免语言表达时产生歧义？

A. 对表达内容进行确认

B. 换种表达方法

C. 对内容产生歧义的词语进行解释

7. 作为上司，你如何对下属进行批评？

A. 用含蓄的方式进行确认

B. 先表扬后批评

C. 直接告知其错误，要求改正

8. 你如何看待你与他人沟通对第三人产生的影响？

A. 有可能使第三人产生误解　B. 有比较微弱的影响　C. 和第三人没有关系

9. 你如何理解团队协作过程中的沟通？

A. 沟通促进协作　B. 沟通是协作的方式之一　C. 默契可以代替沟通

10. 作为管理者，你如何提高团队的沟通效率？

A. 建立沟通机制　B. 及时沟通　C. 定期沟通

分析：

1. 得分 24 分以上，说明你的团队沟通能力很强，请继续保持和提升。

2. 15 ~ 24 分，说明你的团队沟通能力一般，请努力提高。

3. 15 分以下，说明你的团队沟通能力很差，急需提升。

测试四　八项创业能力测试

测试方面：

A. 创新能力；B. 分析决策能力；C. 预见能力；D. 应变能力；E. 组织协调能力；F. 社交能力；G. 激励能力；H. 学习能力。

测试内容：

请根据自己的实际情况做出判断，在各观点后的“（）”内划“√”或“×”。

1. 经常听到别人评价你的想法出乎意料。（　）

2. 对于别人的想法总是抱有怀疑的态度，习惯先用自己的思路思考问题。（　）

3. 一个有新意的产品广告，或是一个创新的推广活动总能吸引你的视线。（　）

4. 经常认为一个问题的答案不止一个，通常想用两个以上的答案来权衡哪个答案更好。（　）

5. 认为“循规蹈矩”这个词不在你人生的词典里。（　）

6. 去旅游之前，通常习惯把旅游计划制订得十分详细，连什么时间住哪个旅馆都计划在内。（　）

7. 你对自己的优点和缺点很了解，知道怎样扬长避短。（　）

8. 遇到紧急情况时，虽然刚开始会有点慌张，但在很短时间内能冷静下来思考问题。（　）

9. 自己喜欢的衣服即使别人说不好看，你也会继续穿。（　）

10. 当你遇到事情一筹莫展时，有一个办法具有一定的风险，但你仍然会采用该办法。（　）

11. 你经常能在大局中看出别人难以看到的细节。（ ）

12. 由于情况紧急，晚上要去郊区见一个客户，你能在当天立即预订附近的旅馆，并预计到可能会没有车回来，或者过于疲劳不能开车回来。（ ）

13. 对信用卡用了多少钱心中有数，很少有支付不起而要借钱的现象发生。（ ）

14. 对你的知己 5 年后将处于什么位置有一定的判断。（ ）

15. 你能从国家政策的改变，判断未来的经济形势。（ ）

16. 在公众场合发言时，有人站出来反驳你，你通过短暂的思考便能用得体的语言进行回应。（ ）

17. 不同意“人生在世，最好顺应环境，因为人很难改变命运”这种看法。（ ）

18. 在紧急情况下，想到的是寻求别人的帮助。（ ）

19. 在旅馆里，你会整齐有序地把衣服和随身用品按使用习惯摆放出来，而不是杂乱地塞在旅行包里。（ ）

20. 认为自己一个人独立生活的能力很强。（ ）

21. 很少有不知道该让谁做一件事的情况。（ ）

22. 同伴间的争吵很容易被你化解。（ ）

23. 你会把一项工作分配到具体的人，并安排具体的时间。（ ）

24. 每到一个地方，只要有时间就会约附近的朋友出来喝茶聊天。（ ）

25. 虽然有些人很不讨人喜欢，但你仍然能做到以礼相待，与其保持正常的礼节性交往。（ ）

26. 利用聚会的机会，你会有和其他人结识的意愿，并交很多新朋友。（ ）

27. 你交朋友不会受年龄限制，往往有比你大很多或小很多的人成为你的朋友。（ ）

28. 发现别人的观点不是很正确的时候，你会巧妙、温和地引导他们向自己认为正确的观点靠拢。（ ）

29. 对于一件事的结果，无论好坏，你通常会先鼓励或安抚责任人，而不是先评判责任人这件事做得是对还是错。（ ）

30. 关注员工的兴趣爱好，善于利用非金钱的激励手段。（ ）

31. 下属犯错后你不会当众批评他，尽量找机会私下和他说明白。（ ）

32. 能将想要达到的业绩结果和激励方式紧密结合。（ ）

33. 由于事情十分紧迫，对于不明事理的员工，只能采取严厉的措施逼迫其执行。（ ）

34. 阅读是你的兴趣爱好。（ ）

35. 你每个月至少读一本书。（ ）

36. 你喜欢和其他公司的人聊天，看看其他公司是怎样运作的。（ ）

37. 对感兴趣的新闻，你会分析其背后的原因。（ ）

计分方法：

打“√”得 1 分，打“×”不得分。

得分≥30 分，创业综合素质较高。

23 分≤得分<30 分，创业综合素质良好。

得分<23 分，请思考你在哪些方面较为欠缺。

二、如何选择合适的伙伴

创业者选择一位好的合作伙伴（或者是多个合作伙伴）是一项重要的任务。为了做出正确的选择，你需要三个方面的基本信息：①清晰的自我评价（在列表中技术、能力、知识等相关方面，你能够带来什么）；②清楚描述出你从需要的潜在合作伙伴中想要获得的是什么；③准确地评估他人的能力，以便知道他们是否具备你所需要的东西。这项练习能够帮助你获得这三方面的信息。

1. 自我评价

对你自己在以下每一个维度做出等级评价，尽可能地诚实和准确！对于每一个维度，请选择数字1～5（1-很低，2-低，3-中等，4-一般高，5-很高）

a. 与你新创企业相关的经验____

b. 与你新创企业相关的技术知识____

c. 人际技能（与人相处、劝说他人等方面有用的技能）____

d. 成就的动机____

e. 对新创企业的承诺____

f. 适合做一位创业者的个人属性____

g. 不适合成为一位创业者的个人属性____

2. 你对合作创业者需要的是什么

考虑到第一部分中的等级评价，列出你从合作创业者中想获得的是什么。例如：如果你在技术知识方面欠缺，你对合作伙伴需要的就是这种知识；如果你在人际技术方面欠缺，你就需要在这方面有较好的合作伙伴，等等。

a. ________________________________

b. ________________________________

c. ________________________________

d. ________________________________

e. ________________________________

f. ________________________________

3. 你准确评价他人的能力如何

为了回答这一问题，请指出下列每一项陈述正确的或是错误的程度：①根本不正确；②不正确；③既不正确也不错误；④正确；⑤十分正确。

a. 我能够很容易地发现其他人什么时候在说谎。

b. 我能够推测其他人的真实感受，如果他们试图对我隐瞒的话。

c. 我能够识别出他人的弱点。

d. 我是其他人的一位好裁判。

e. 我通常能够通过观察其他人的行为，准确地识别出其他的特点。

f. 我能够辨别出人们为什么会以多数情况下的方式来做事。

把你的答案相加。如果你的得分为20分或者更高，你就可以把自己确认为擅长评价他人。为了证实这一结论是否准确，可以请对你很熟悉的人对同样的这些项目做出评价。换言之，变换这些项目，就成为了“____能够很容易地发现别人在说谎”（横线上填写你的名字）。如果他们的评价与你的相一致，那么，就要祝贺你啦！因为你不但擅长评价他人，也擅长评价自己。

第五章　创业机会与创业项目

本章要点

1. 了解创业机会的概念、来源和类型。
2. 了解创意与机会之间的联系和区别。
3. 掌握识别创业机会的影响因素与方法。
4. 掌握创业机会的评价标准与方法。
5. 掌握创业行业选择策略和技巧，学会寻找并评估创业项目。

第一节　创业机会识别

一、创意与机会

（一）创意

创意是具有一定创造性的想法和概念，其是否具有商业价值存在不确定性。创意是普遍存在的智能，艺术家可以用创意来表现艺术，科学家可以用创意来表现创造力，而创业者可以用创意来创建产业。

（二）机会

机会是营造出对新产品、新服务或新业务需求的一组有利环境。机会有以下几个本质特征：有吸引力、持久性、及时性、普遍性，依附于为买者或终端用户创造或增加价值的产品、服务或业务。创意是一种思想、概念或想法，它可能满足也可能不满足机会的标准。

（三）创意与机会之间的联系和区别

创业因机会而存在，而机会是具有时间性的有利情况。纽约大学柯兹纳教授认为机会就是未明确的市场需求或未充分使用的资源或能力。机会具有很强的时效性，甚至瞬间即逝，一旦被别人把握住也就不存在了。而机会又总是存在的，一种需求得到满足，另一种需求又会产生；一类机会消失了，另一类机会又会产生。大多数机会都不是显而易见的，需要去发现和挖掘。如果显而易见，总会有人开发，有利因素很快就不存在了。

对机会的识别源自创意的产生，而创意是具有创业指向同时具有创新性的想法。在创意没有产生之前，机会的存在与否意义并不大。有价值潜力的创意一般会具有以下基本特征：

1. 独特、新颖，难于模仿　创业的本质是创新，创意的新颖性可以是新的技术和新的解决方案，可以是差异化的解决办法，也可以是更好的措施。另外，新颖性还意味着一定程度的领先性。不少创业者在选择创业机会时，会关注国家政策优先支持的领域，这其实就是在寻找领先性的项目。不具有新颖性的想法不仅将来不会吸引投资者和消费者，对创业者本人都不会有激励作用。新颖性还可以加大模仿的难度。

2. 客观、真实，可以操作　有价值的创意绝对不会是空想，而要有现实意义，具有实用价值，简单的判断标准是能够开发出可以把握机会的产品或服务，而且市场上存在对产品或服务的真实需求，或可以找到让潜在消费者接受产品或服务的方法。

3. 有潜力的创意还必须具备对用户的价值与对创业者的价值　创意的价值特征是根本，好的创意要能给消费者带来真正的价值。创意的价值要靠市场检验。好的创意需要进行市场测试。同时，好的创意必须给创业者带来价值，这是创业动机产生的前提。

看到机会、产生创意并发展成清晰的商业概念意味着创业者识别到机会，至于发展出的商业概念是否值得投入资源开发，是否能成为有价值的创业机会，还需要认真的论证。

创意并不必然等于市场机会，创意可以漫无边际，异想天开，不一定注重创意实现的可能性，创意远比市场机会丰富。市场机会常指市场上尚未满足的需求，它可以是现有产品(或服务）找到了新的或潜在的消费群体，也可以是创造开发新的产品（或服务）来满足人们变化的需求。可见，市场机会源于创意，但市场机会必须实实在在，能够真正为企业带来价值。

1. 有创意不等于有机会　很多公司可能需要3000个创意才会形成100个项目，100个项目中只有2个产品能够正式上市，而只有20%的产品可以实现盈利。因此，一个有吸引力并且由清晰可行的创意所形成的机会才是企业获得成功的基石。学者帕姆·亨德森认为机会比创意重要，思维比创新重要。通过对机会的六大源泉——技术、品牌表达、商业模式、组织、市场和环境以及发现和创造机会的四个工具（趋势、洞察、维度和生态系统）进行详细的介绍，旨在帮助企业认识到应该先抓住机会，再运用机会思维指导开发和选择创意、洞察和识别创新机会，才能寻找到企业创新的源泉，走出单一依靠创意实现创新的成长误区，实现可持续的增长。

2. 成功创业要有创意更要抓住机会　新奇的商业创意并不等于实际的商业机会。要准确识别机会，创业者必须认真观察市场趋势，努力发现问题并找到解决方法。许多企业创业失败，并不是因为创业者没有努力，而是因为没有真正的机会去开始。因此，在因商业创意而激动兴奋之前，创业者必须了解该创意是否能够填补市场的某种需要，以及是否满足了机会的标准。对于创业者来说，理解机会和创意之间的区别非常重要。

二、创业机会

创业机会是具有商业价值的创意，表现为特定的组合关系。一个好的商业想法未必是一个好的商业机会，还需要经过商机评估来最后确定是否值得经营。

案例：ZUS智能车充（图5-1）

相信很多人有过这样的体会，在偌大的停车场停车之后却找不到停车的位置，这时候特别需要手机能够和自己的汽车定位，不过鉴于室内定位技术尚不成熟，所以我们需要借助蓝牙等其他方式在室内定位自己的爱车。

由Junik Design设计的ZUS智能车充，Y造型，全黑哑光，提供2个USB输出口，插入到点烟器后，3个呼吸灯会亮起。它智能的地方在于带有定位功能，只需安装ZUS的app，连接上，就可以指引你找到车的停放位置。

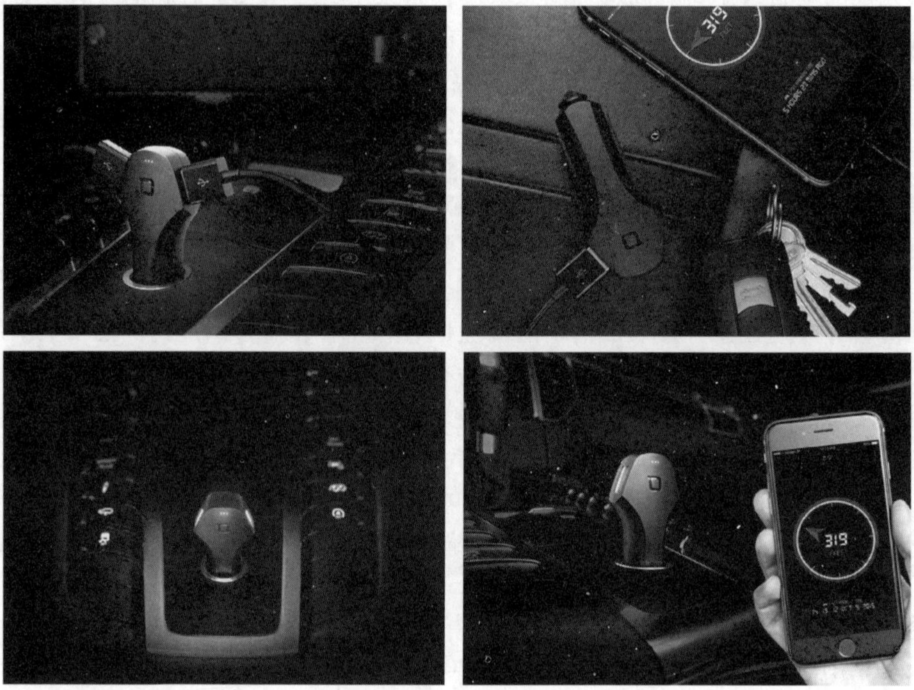

图 5-1 ZUS 智能车充

这样的商品充满创意，又适合大众使用，虽然略贵，但还是有一定的市场，秉承了科技创意将“引领未来智能生活”的理念。

三、创业机会的特征与类型

创业机会来自于一定的市场化需求和变化。创业学杰出教授蒂蒙斯说：“创业过程的核心是创业机会问题，创业过程是由创业机会驱动的。”目前中国的创业活动特征表现为创业机会多、创业动机强，但是创业者的创业能力不足。

（一）创业机会的特征

一是市场层面的特征，主要是指创业者所面临的市场环境的特征，包括市场的规模、潜力和竞争形势。

二是产品层面的特征，主要是指产品本身的技术优势，包括产品进入时的技术壁垒、成本优势和技术优势是否持久等。

（二）创业机会的类型

1. 从市场需求的角度，可分为未识别和已识别 一个好的商业想法需要通过市场调研和商机评估来确定是否值得经营，是否确实存在一个未被满足的市场。如果经过评估，结论是确实找到了未被满足的需求，这才是创业的机会。

也有一些创业机会不需要识别，因为已经存在，或者是别人已经开始创业、经营，这样的创业机会就确定为商机了，但是，这时的创业机会存在于你将如何创新而使这个机会利益最大化、优势更持久，是否是原有产品或服务的升级。

当然也有一些市场需求是被诱导出来的，这样的商机也许是潜在存在的需求。例如，听了一场讲座，就会有人来购买演讲嘉宾推荐的保健品；在人类未攻克登月技术之前，人们的登月需求也是未被识别的。

2. 从创业资源和能力的角度，可分为不确定和确定 创业机会的不确定性表现为：创业梦想是否可以被实现？计划实行中的团队、资金、战略问题是否可以得到解决？

创业机会的确定性表现在：拥有创业的技术或能力，或是拥有创业的能力和条件。

四、有价值的创业机会的基本特征

有价值的创业机会具有价值性、时效性等基本特征。

通常来说，有价值的创业机会首先一定要符合未来发展的趋势，正所谓顺势而上，逆势而亡。其次，公司的产品一定要好，因为产品是一个公司的灵魂。再次，产品在市场的占有率，听说的人多，做的人少，说明市场还很大。还有就是在创业路上最好有创业成功的人给你指导经验和方法，帮助你成功。

【企业家提示】

一旦你找到了一个有价值的创业项目，应该大胆付诸实践。而开始行动的第一步，是先做资料搜集和各种准备工作。经营的根本目的是赚钱，赚钱的核心是商业模式。

任何一位成功者都是从小做起，他们的成功依靠的是不同于常人的思路和创新的精神。选择一个你认为最合适的创业项目，循序渐进，不怕困难，踏踏实实地去做，成功就在你的面前。

五、对创业项目进行商机评估的方法

（一）确定创业项目时的注意事项

1. 先调研后决策 当创业者初选了创业项目之后，不要忘记还有一个重要的环节——市场调研。通过相近的市场调研，就可以对创业项目的市场潜力有一个相当的了解。然后再结合其他因素，对创业项目进行一次严格的商机评估。

2. 先评估再立项 商机评估是项目可行性调研的重要环节——并不是我们喜欢什么，就可以做成什么。任何一个创业项目的成功，都不是偶然的。创业者必须考量：我的产品或服务会被市场接受吗？顾客会信赖我的产品吗？市场上是不是已经存在着很多强劲的竞争对手？谁在为我的目标顾客提供着同样的产品和服务？

【企业家提示】

为了对自己十年后的企业负责，你一定要对创业项目有一个清晰的了解，首先要做市场调研和分析，对未来的创业项目做一个完整的商业评估。

（二）方向正确，才能创业成功

创业者逐步迈入创业的大门，会发现有些事和原来预料的并不一样。许多成败的创业，有一个共同的特点：往往不是一些专业的问题决定了事业的成败，而是你的创业方向是否正确。

有了市场调研和商业评估，你就可以做出判断，你的设想是可以获得持久的成功，还是应该尽早放弃。在创业的过程中，最糟糕的感觉应该就是犹豫不决、惊慌失措了。一次成功的市场调研，是你事业稳步发展的保障。

【企业家提示】

信息缺乏是导致创业失败的第二大原因。61%的创业失败可以归结为创业者的信息匮乏；创业者对市场产生的情况了解不多，过于乐观地估计了对自己产品和服务的市场需求。

（三）跟成功的创业者学习创业

企业经营管理咨询并非只有大企业才需要，对所有的创业者来说，向创业导师请教，是非常必要的。这位导师一定是有自主创业实践经验的企业家。就像我们学习开车，不可能跟一位只知道开车的理论技巧而自己没开过车的人学习，创业也一样，是一个实践的过程。在实践面前，理论对你的帮助十分有限。

【案例】

思科系统公司的创建，是一个传奇的案例。思科的传奇，是关于20世纪70年代美国斯坦福大学一对内向夫妇的故事。斯坦福大学商学院的桑德拉·莱纳和计算机科学系的伦纳德·博萨克想通过电子邮件互相发送情书，但他们各自的院系使用不同的计算机网络。所以他们充满热情而执著地发明了路由器——一种由电缆线圈与一些灵敏软件组成的神秘黑盒子。后来，他们建立了思科公司。路由器使思科一度成为增长最快的企业。在2004年，也就是企业创建20年后，思科价值达1620亿美元。

六、影响创业机会识别的因素

创业机会识别过程是一个不断调整反复权衡的过程。不同的创业者可能愿意关注不同的创业机会，即使是同一个创业机会，不同的人对其评价也往往不同。在影响机会识别和开发的各项因素中，主要可以分为两个方面，即机会的自然属性和创业者的个人特性。

1. 机会的自然属性 机会的特征是影响人们是否对之进行评价的基本因素。创业者选择这项机会是因为相信其能够产生足够的价值来弥补投入的成本，创业机会的自然属性很大程度上决定了创业者对其未来价值的预期，因而对创业者的机会评价产生重大影响。

2. 创业者的个人特征 对于机会识别来说，更重要的因素应当来自创业者的个人因素，这是因为从本质上说，机会识别是一种主观色彩相当浓厚的行为。事实上，即使某一机会已经表现出较好的预期价值，但是并非每个人都能从事这一机会的开发，并且坚持到最后的成功，因此创业者的个人特征对于机会识别来说更为重要。

与机会识别相关的创业者个人特征包括：①警觉性。创业者比一般的经理人更加渴望信息，更倾向于在信息搜索上花更多的时间，搜索方式也有所不同。②风险感知。机会评价与创业者的风险感知显著相关，而创业者的风险感知又取决于创业者的自信心、不依赖计划、渴求控制等因素。③自信。成功的创业者需要有执著的信念，并且能够坚持他们的事业直至最后成功。创业者的自信能够增强他们对机会的感知。④已有的知识。创业者更加关注与他们已经拥有的信息、知识相关的机会，并且创业者拥有的知识将在技术开发、机会识别、机会开发三个方面影响机会的发现。⑤社会网络。创业者的网络对机会识别相当重要，拥有大量社会网络的创业者与单独行动的创业者在机会识别上有显著的差异。

这些个人因素并非彼此独立存在，在某种程度上，它们彼此之间也存在一定的相关性。

3. 影响大学生创业机会的因素

(1) 经验不足：首先是专业经验不足，创业涉及的专业知识不仅是所在行业的专业技能，还涉及工商、金融、税务等专业经验，这都是短时间无法获取的。其次是人际经验不足，大学生创业要处理创业团队内部和外部的人际关系，这也是需要时间来积累的。

【案例】

经验来自不断地摸索与积累，绝对没有哪一个人生下来就什么都懂、什么都会。这一朴实的道理几乎人人都懂。可面对创业时，却有相当多的人在这方面犯迷糊。纪先生是一鞋业集团的老板，资产逾亿。他在谈到创业的体会时说："十年前，我开始涉足运动鞋。当时，我根本不知道会有今天的规模。只是觉得，人人都要穿鞋子，世界如此之大，市场应该不会小。"于是，自己贷款办鞋厂。从贴牌生产起步，边走边看，边做边改，日积月累，自己便从门外汉成为这一领域的专家。他不赞同"经验说"，认为那是创业者的脚镣手铐，是懦夫与失败者的理由。

(2) 缺乏对市场的了解：很多大学生创业仅凭心血来潮，没有对市场进行科学的调查研究，对资金、项目、人才评价不足，对客观经济规律还吃不透便匆忙投入创业之中，这样很难成功。

【案例】

毕业于上海体育学院的阚一工和同学们创办的武术训练房将正式投入使用，迎接儿童和青少年前来习武。

据介绍，这名创业者是体育学院硕士，毕业于该校武术学院，他和三名创业伙伴都曾在全国武术比赛中获得过前八名的好成绩。如何将自己的特长转变为创业"金点子"？2011年，阚一工想到可以利用自己的特长来创业，就与同伴们创立了上海尚体武苑公司，并得到了上海市大学生科技创业基金会的10万元资助。

根据他们的设想，该公司主要做三方面的业务：武术教育、武术夏令营、武术演艺。由于演艺是最快的取得收益的方式，所以在公司成立之初，阚一工就把重点放在了这块业务上。"但我发现，有想法是一回事，做是另一回事。那段时间我到处跑业务，想在公司年会、开业典礼上表演武术，但成功的比例很低，整天像没头苍蝇。"就这样，折腾了大半年后，企业的收入却很少。屋漏偏逢连夜雨，那时公司的一个投资方也撤资了。在这种情况下，阚一工选择了坚持，结果一位体院老师借给了他5万元，使企业勉强生存下去。

(3) 经营理念和手段与市场有一定差距：虽然多数学生都组成了自己的管理团队，其成员里不乏名校的学生，但大多数公司的管理还是相当薄弱的。在这些学生公司中，成员多是相要好的朋友，这有助于团结，却加大了管理的难度。另一方面，虽然团队的管理人员学历很高，却大多缺乏实际的工作经验，在短时间内无法进行有效的管理。管理能力差显然加大了风险投资介入的难度，因为风险投资者不仅要为公司注入资金，还要为其寻找管理人才并帮助改组公司，这是非常烦琐的事情，同时容易招来敌意，很令投资者头疼。

【案例】

北京易得方舟信息技术有限公司是由清华大学学生于2009年创建的，它是国内第一家由在校大学生创业、吸引风险投资创办的互联网公司。FanSo 作为 ICP（因特网内容提供商）公司开辟了“新闻在线”“环球影视”“啸林书院”“打开音乐”“游戏辞海”和“我的家”等频道，FanSo 还提出了一套全新的“CampusAge 中国高校电子校园解决方案”，加速中国高校校园电子化建设进程。FanSo 已经从一个不到10人的创业团队发展成为拥有100余名员工的初具规模的商业公司，2010年再次成功融资660万元，其页面浏览量已经突破250万，在四个月内就成长为教育网内最大的站点。

就其案例自身来看，它的成功有以下几个方面：FanSo 的创业理念就是源于校园、服务学生，其业务内容跟大学生的生活息息相关。FanSo 的创业模式和创业的切入点可以说是很有特色的：一是它抓住了互联网发展的契机，互联网是个新生事物，它是一种有效的载体和工具，理论和实践同时表明 ICP 是一种重要的基于互联网的经营模式，创业者作为在校大学生对互联网具有灵敏的感悟，他们既能认识到互联网的发展方向，又发挥了自己的长处，是利用新经济机遇的典型；二是它以学生和校园为主要服务对象，以大学为业务背景，这是创业者更主要的长项，他们作为在校大学生，本身对大学生的需求和心理有着深刻的感受和理解，又有年轻人特有的朝气、灵敏果敢和想象力，同时他们利用丰富的学校资源，FanSo 已经与多家高校开展了各种形式的合作；三是 FanSo 引进了风险投资，风险投资在我国还是一个比较新鲜的事物，但对于创业初期的公司尤其是 ICP 公司的重要作用是显而易见的。

（4）创业资金短缺：大学生创业基本上是白手起家，资金来源除向家人、亲戚、朋友借以外，部分是依靠银行的贷款。这样顾虑过多，压力过大，畏首畏尾，放不开手脚，或是目光短浅，出现一些决策性的失误。整个创业常处于一种“走钢丝”的状态，很难制订长远的发展计划。

【案例】

对还在读书、刚刚萌发并渴望创业的大学生来说，其实自己并不喜欢打工，只是因为资金不够，也没有足够的胆量去创业。正方培训中心总经理魏先生表示，那只是不敢创业的借口。他说：“我刚从大学校园毕业的时候，就萌发了开办电脑培训班的想法，当时就只有一台二手电脑，并且是在居民房内开始创业生涯。如果要说启动资金，全部加起来也不到3000元，钱也是借的。可自己豁出去了，不到成功不罢休。几年拼搏下来，不单电脑更新换代，不再用二手的，自己也在业界小有名气，固定资产已逾百万。”他常说的一句话是：“创业并不需要太多的钱。如果钱太多了，也就无所谓创业了。”

（5）大学生没有十足的创业信心：信心是制胜的法宝。大学生在创业初期，总是觉得自信心不足，相反，更多怀疑自己是否有驾驭项目与风险的能力。在这种消极心态作用下，创业机会也就和自己擦肩而过。

【案例】

大三的杨同学从大一起就在寻找各种创业机会，最后选择了从事直销行业。但是，因为“传销”的关系，我国的直销市场一直狼烟四起，战乱纷飞。可杨同学对所代理的品牌进行充分考证后，认为合情合法合理，在亲友团反对大于赞成的声音中，还是拿出“不入虎穴，焉得虎子”的勇气干起来。经过两年的风吹雨打，从一家网络直销店发展到两家实体店一家网店，年收入都在二十万元以上。

【经典实例】

美分垒起的大富翁

20 世纪 80 年代末，美国斯坦福大学有一名叫默巴克的普通学生，他利用闲暇时间承包了学生公寓的打扫工作。第一次打扫学生公寓的时候，默巴克在墙角、沙发缝、学生床铺下面扫出许多沾满灰尘的硬币，这些硬币有 1 美分、2 美分和 5 美分的。默巴克将这些硬币还给同学时，谁都没有表现丝毫的热情。

此后，默巴克给财政部和美国银行写信，反映小额硬币经常被人丢掉的事情。财政部很快就给默巴克回了信，信上说：“每年 310 亿美元的硬币在全国市场上流通，但其中的 105 亿美元正如你所反映的那样，被人随手扔在墙角和沙发缝中睡大觉。”看到这样的回信，如果换作一般人也许只会发出一声叹息，之后也就不了了之。但是默巴克的脑子里却偏偏冒出了这样一个想法：如果能使这些硬币流通起来，利润该有多么可观！

两年后，默巴克从斯坦福大学毕业了，他很快成立了自己的“硬币之星”公司，推出了自动换币机，与一些连锁超市建立合作关系，共同经营换币业务。这样一来，顾客只要将自己手中的硬币投入换币机，机器就会点数，打印收条，顾客就可以凭收条到超市服务台领取纸币现金。换币机将自动收取 9% 的手续费，这笔手续费默巴克与超市按比例分成。

只用了短短 5 年时间，默巴克的公司就在美国 8900 家主要连锁超市中设立了 10800 台换币机，并成为了纳斯达克的上市公司。默巴克也从一个穷光蛋变成了万人瞩目的企业家。

第二节　评估创业机会

一、在评估创业机会前先学会评估自己

总是有朋友抱怨工作不够好、老板怎样坑人，时时刻刻都想着要创业，要自己做生意，口口声声说自己已经做好创业的准备，白手起家，能够闯出一片天。然而，他真的做好创业的准备了吗？真的能够清楚地认知自己，中肯地衡量创业的艰辛吗？

（一）心理上的自我评估

想要创业的想法是非常好的，这是一种追求上进，试图实现自我价值，创造个人以及社会财富的最佳方式。然而，拥有这个想法，距离创业成功才踏出了零步。多少人在面对现实工作的不满时都会或多或少地产生创业的想法，又有多少人只是停留于产生想法，连具体到

某个项目都没有思考过。

【知识拓展】

一个人，要是想做好，做成功一件事情，首先得要清醒地认识自己。自己的优点缺点，自己的抗压能力，自己是否吃苦耐劳，这些都需要想清楚、思考好。

如果想最大限度地实现创业，这些心理上的自我审视可以帮助你节省很多后期的烦恼。

除了心理上的自我审视，还有现实条件的评估——可以马上投入的资金，后续的资金投入，可投入的时间，身体状况等。就像股票基金一样，都是有风险，需谨慎对待的。

（二）如何挖掘创业机会

如何挖掘并评估创业机会。如果不想给别人打工一辈子，那就选择创业。但该如何去发现并挖掘最适合自己、成功率相对较高的机会呢？其实创业的来源是很多的，主要来自四个方面：

1. 针对现有的产品与服务，重新设计改良。
2. 追随新趋势潮流，如电子商务与网际网络。
3. 机缘凑巧。
4. 通过有系统的研究，发现创业机会。

我们在挖掘创业机会时，必须从这些方面好好入手。

下面分享一些寻找创业机会的做法。

1. 分析特殊事件来发掘创业机会。

例如，美国一家高炉炼钢厂因为资金不足，不得不购置一座迷你型钢炉，而后竟然出现后者的获利率要高于前者的意外结果。再经分析，才发现美国钢品市场结构已产生变化，因此，这家钢厂就将往后的投资重点放在能快速满足市场需求的迷你炼钢技术上。

2. 经由新知识的产生，发掘创业机会。

例如，当人类基因图像获得完全解决，可以预期其必然在生物科技与医疗服务等领域带来极多的新机会。

3. 分析矛盾现象来发掘创业机会。

例如，金融机构提供的服务与产品大多只针对专业投资大户，但占有市场七成资金的一般投资大众却未受到应有的重视。这样的矛盾，显示提供一般大众投资服务的产品市场必将极具潜力。

我们寻找到了一个好的创业机会，就必须抱定目标勇往直前。创业不是个简单的游戏，必须全身心投入，其中影响成败的因素极为复杂，创业者更需要有相当大的勇气及独立自主的精神才能成功。有人说“人生有梦，筑梦踏实”，做个掌握自己生活的人，永远都不要轻言放弃。

（三）如何进行市场评估

1. 市场定位 一个好的创业机会，必然具有特定的市场定位，专注于满足顾客需求，同时能为顾客带来增值的效果。因此评估创业机会的时候，可由市场定位是否明确、顾客需求分析是否清晰、顾客接触通道是否通畅、产品是否持续衍生等，来判断创业机会可能创造的市场价值。创业带给顾客的价值越高，创业成功的机会也会越大。

2. 市场结构 针对创业机会的市场结构进行分析，包括进入障碍、供货商、顾客、经销商的谈判力量、替代性竞争产品的威胁以及市场内部竞争的激烈程度。由市场结构分析可以得知新企业未来在市场中的地位以及可能遭遇竞争对手反击的程度。

3. 市场规模 市场规模大小与成长速度，也是影响新企业成败的重要因素。一般而言，市场规模大者，进入障碍相对较低，市场竞争激烈程度也会略为下降。如果要进入的是一个十分成熟的市场，那么纵然市场规模很大，由于已经不再成长，利润空间必然很小，因此这家新企业恐怕就不值得再投入。反之，一个正在成长中的市场，通常也会是一个充满商机的市场，所谓水涨船高，只要进入时机正确，就会有获利的空间。

4. 市场渗透力 对于一个具有巨大市场潜力的创业机会，市场渗透力（市场机会实现的过程）评估将会是一项非常重要的影响因素。聪明的创业家知道选择在最佳时机进入市场，也就是市场需求正要大幅成长之际，你已经做好准备，等着接单。

5. 市场占有率 从创业机会预期可取得的市场占有率目标，可以显示这家新创公司未来的市场竞争力。一般而言，成为市场的领导者，最少需要拥有20%以上的市场占有率。但如果低于5%的市场占有率，这家新企业的市场竞争力不高，自然也会影响未来企业上市的价值。尤其在具有赢家通吃特点的高科技产业，新企业必须拥有成为市场前几名的能力，才具有投资价值。

6. 产品的成本结构 产品的成本结构，也可以反映新企业的前景是否光明。例如，从物料与人工成本所占比重之高低、变动成本与固定成本的比重，以及经济规模产量大小，可以判断企业创造附加价值的幅度以及未来可能的获利空间。

（四）如何进行效益评估

1. 合理的税后净利 一般而言，具有吸引力的创业机会，至少需要创造15%税后净利。如果创业预期的税后净利是在5%以下，那么这就不是一个好的投资机会。

2. 达到损益平衡所需的时间 合理的损益平衡时间应该能在两年以内达到，但如果三年还达不到，恐怕就不是一个值得投入的创业机会。不过有的创业机会确实需要经过比较长的耕耘时间，通过这些前期投入，制造技术壁磊，创造进入障碍，保证后期的持续获利。在这种情况下，可以将前期投入视为一种投资，才能容忍较长的损益平衡时间。

3. 投资回投率 考虑到创业可能面临的各项风险，合理的投资回报率应该在25%以上。一般而言，15%以下的投资回报率，是不值得考虑的创业机会。

4. 资本需求 资金需求量较低的创业机会，投资者一般会比较欢迎。事实上，许多个案显示，资本额过高其实并不利于创业成功，有时还会带来稀释投资回报率的负面效果。通常，知识越密集的创业机会，对资金的需求量越低，投资回报反而会越高。因此在创业开始的时候，不要募集太多资金，最好通过盈余积累的方式来创造资金。而比较低的资本额，将有利于提高每股盈余，并且还可以进一步提高未来上市的价格。

5. 毛利率 毛利率高的创业机会，相对风险较低，也比较容易取得损益平衡。反之，毛利率低的创业机会，风险则较高，遇到决策失误或市场产生较大变化的时候，企业很容易就遭受损失。一般而言，理想的毛利率是40%，当毛利率低于20%的时候，这个创业机会就不值得再予以考虑。软件业的毛利率通常都很高，所以只要能找到足够的业务量，从事软件创业在财务上遭受严重损失的风险相对会比较低。

6. 策略性价值 能否创造新企业在市场上的策略性价值，也是一项重要的评价指标。

一般而言，策略性价值与产业网络规模、利益机制、竞争程度密切相关，而创业机会对于产业价值链所能创造的增值效果，也与它所采取的经营策略与经营模式密切相关。

7. 资本市场活力 当新企业处于一个具有高度活力的资本市场时，它的获利回收机会相对也比较高。不过资本市场的变化幅度极大，在市场高点时投入，资金成本较低，筹资相对容易。但在资本市场低点时，投资新企业开发的诱因则较低，好的创业机会也相对较少。不过，对投资者而言，市场低点的成本较低，有的时候反而投资回报会更高。一般而言，新创企业的活跃的资本市场比较容易创造增值效果，因此资本市场活力也是一项可以被用来评价创业机会的外部环境指标。

8. 退出机制与策略 所有投资的目的都在于回收，因此退出机制与策略就成为一项评估创业机会的重要指标。企业的价值一般也要由具有客观鉴价能力的交易市场来决定，而这种交易机制的完善程度也会影响新企业退出机制的弹性。由于退出的难度普遍要高于进入，所以一个具有吸引力的创业机会，应该要为所有投资者考虑退出机制，以及退出的策略规划。

（五）好的创业机会的特征

1. 在前景市场中，前5年的市场需求稳步且快速增长。

不难设想，如果某个创业机会的市场需求不能稳步快速增长，新创企业将不可能驻足于足够大的盈利空间之中，也就不可能迅速成长起来，在激烈的市场竞争中，新创企业无疑会纷纷落马，这对创业者是极为不利的。

2. 创业者能够获得利用特定创业机会所需的关键资源。

这里所称的资源，包括利用特定创业机会所需的技术资源、资本资源、财力资源、资讯资源、公共关系资源等。理性地看，某个创业机会再好，即便存在巨大的盈利空间，如果创业者缺少利用该机会所需的关键资源，他也无法利用这一机会。

3. 创业者不会被锁定在“刚性的创业路径”上，而是可以中途校正自己的创业路径。

市场千变万化，科技日新月异，政府政策不断调整，创业者需要根据这些变化不断调整自己的“创业路径”。所说的创业路径，即创业的战略思路、组织结构、运营策略、市场技巧、技术路线等。如果创业者利用特定创业机会的创业路径是不可调整的，无论是因为主观的原因，还是客观的原因，创业者都不可能真正抓住和利用相应的创业机会。

4. 创业者可以通过创造市场需求来创造新的利润空间，牟取额外的企业利润。

创新经济学告诉我们，市场是可创造的；企业要占领市场、获取利润，往往需要靠自己去创造新的市场需求。典型的例证，四川成都彩虹电器集团发展微型电热器具，北京四通集团创业伊始发展电脑打字机，都是通过创造市场需求来创造和扩大利润空间，占领市场，获得额外的企业利润的。尽管当时存在着对电热器具、电脑打字机的市场需求，但若这些企业不去创造市场对于微型电热器具、电脑打字机的特定需求，或者这些需求是不可创造的，或者这些企业创造市场需求的努力得不到潜在用户的响应，那么这些新创企业的创业努力就不可能获得市场的利润回报，这些企业也不可能获得较大、较快的发展。

5. 特定创业机会的风险是明朗的，至少有部分创业者能够承受该机会的风险。

在风险面前无所作为，是企业经营的大忌。然而，如果某一创业机会的风险不明朗，无法搞清风险的具体来源及其结构，创业者就无法把握风险、规避风险或抑制风险，就无法降低风险损失、提高风险收益。

因此，一个好的创业机会，其风险必须是明朗的，且有一定数量的创业者能够承受相应的风险，否则，该创业机会就无所谓“机会”了。

二、评价创业机会价值的内容与方法

（一）蒂蒙斯的创业机会评价框架

蒂蒙斯的创业机会评价框架，涉及行业和市场、经济因素、收获条件、竞争优势、管理团队、致命缺陷问题、个人标准、理想与现实的战略差异 8 个方面的 53 项指标。

通过一种量化的方式，创业者可以利用这个体系模型对行业和市场问题、竞争优势、经济结构和收获、管理团队、致命缺陷等做出判断，来评价一个创业企业的投资价值和机会。具体如表 5-1 所示。

表 5-1　蒂蒙斯机会评价框架

行业与市场	1. 市场容易识别，可以带来持续收入 2. 顾客可以接受产品或服务，愿意为此付费 3. 产品的附加价值高 4. 产品对市场的影响力高 5. 将要开发的产品生命长久 6. 项目所在的行业是新兴行业，竞争不完全 7. 市场规模大，销售潜力达到 1000 万～10 亿元 8. 市场成长率在 30%～50% 甚至更高 9. 现有厂商的生产能力几乎完全饱和 10. 在五年内能占据市场的领导地位，占有率达到 20% 以上 11. 拥有低成本的供货商，具有成本优势
经济价值	1. 达到盈亏平衡点所需要的时间在 1.5～2 年以下 2. 盈亏平衡点不会逐渐提高 3. 投资回报率在 25% 以上 4. 项目对资金的要求不是很大，能够获得融资 5. 销售额的年增长率高于 15% 6. 有良好的现金流量，能占到销售额的 20%～30% 以上 7. 能获得持久的毛利，毛利率要达到 40% 以上 8. 能获得持久的税后利润，税后利润率要超过 10% 9. 资产集中程度低 10. 运营资金不多，需求量是逐渐增加的 11. 研究开发工作对资金的要求不高
收获条件	1. 项目带来附加价值的具有较高的战略意义 2. 存在现有的或可预料的退出方式 3. 资本市场环境有利，可以实现资本的流动

续表

竞争优势	1. 固定成本和可变成本低 2. 对成本、价格和销售的控制较高 3. 已经获得或可以获得对专利所有权的保护 4. 竞争对手尚未觉醒，竞争较弱 5. 拥有专利或具有某种独占性 6. 拥有发展良好的网络关系，容易获得合同 7. 拥有杰出的关键人员和管理团队
管理团队	1. 创业者团队是一个优秀管理者的组合 2. 行业和技术经验达到了本行业内的最高水平 3. 管理团队的正直廉洁程度能达到最高水平 4. 管理团队知道自己缺乏哪方面的知识
致命缺陷	不存在任何致命缺陷
创业家的个人标准	1. 个人目标与创业活动相符合 2. 创业家可以做到在有限的风险下实现成功 3. 创业家能接受薪水减少等损失 4. 创业家渴望进行创业这种生活方式，而不只是为了赚大钱 5. 创业家可以承受适当的风险 6. 创业家在压力下状态依然良好
理想与现实的战略性差异	1. 理想与现实情况相吻合 2. 管理团队已经是最好的 3. 在客户服务管理方面有很好的服务理念 4. 所创办的事业顺应时代潮流 5. 所采取的技术具有突破性，不存在许多替代品或竞争对手 6. 具备灵活的适应能力，能快速地进行取舍 7. 始终在寻找新的机会 8. 定价与市场领先者几乎持平 9. 能够获得销售渠道，或已经拥有现成的网络 10. 能够允许失败

（二）评价创业机会价值的方法

1. 定性方法 定性分析侧重考虑：确定该市场机会所需具备的成功条件；分析本企业在该市场机会上所拥有的优势；公司所拥有的竞争优势；与本公司的发展方向和目标是否一致。

2. 定量方法 定量分析主要是进行商业分析中的经济效益分析，其任务是在初步拟定营销规划的基础上，从财务上进一步判断所选定的机会是否符合创业目标，一般是通过量、本、利分析法进行。

（1）市场需求量的预测：通过对市场需求量的预测，可以了解该机会所面临的市场状况及市场潜量（前提），也是进行经济效益分析的基础。市场需求量的预测可以运用一定的数学方法来进行，主要方法有：趋势预测法、因果预测分析法、市场调查分析法、判断分析法等。

（2）成本分析：成本分析主要研究利用该机会所需付出的代价。应从投资成本、生产成本、营销成本三个方面分析，可采用专门的成本预测方法，如直线回归法、趋势预测法等。

（3）利润分析：在市场需求量、成本预测的基础上，进行利润测算，一般可采用损益平衡模型、现金流量模型、简单市场营销组合模型、投资收益率等分析方法进行。

第三节　大学生创业项目选择策略

一、大学生初选创业项目时的方法

1. 做你最擅长的事　俗话说“万事开头难”。西方也有一句谚语，叫做“良好的开端等于成功的一半”。比尔·盖茨曾经说过“做自己最擅长的事”。人们在做自己最擅长的事时，自信心和勇气最强，因此成功率最高。

创业者最擅长的事，也就是最有可能干好的事。擅长，就是跟别人竞争时具有的优势。只有加大自己的专长，成为专家，才会和别人拉开距离，在竞争中脱颖而出。比尔·盖茨就是一个典型的代表人物。

【企业家提示】

你需要认真地分析自己的特点，找出你最擅长的，然后决定你从哪里开始，策划一下如何入手。记住：没有人是选择了自己的短处而获得成功的。

2. 做你最喜欢的事　《论语》中言：“知之者不如好之者，好之者不如乐之者。”只有在做自己最喜欢的事时，人们才会废寝忘食、不知疲倦。这种乐在其中的感觉，会让人乐此不疲，而创业最需要的是创业者坚持不懈的热情和执着。爱迪生一天平均有十八个小时呆在实验室里，当他的家人劝他休息时，他说：“我没有在工作，我一直在玩。”所以，爱迪生的成功是因为他做了他自己最喜欢的事。

【企业家提示】

选择你最喜欢的事开始创业，是成功率很高的选择。做你最喜欢的事，你才最有可能坚持到底，才不至于在遇到坎坷和困难时半途而废。

3. 做你最熟悉的事　在做同样生意的人群里，如果只有一个人赚钱的话，一定是那个最熟悉该生意的；同样在这个群体里，如果只有一个人赔钱的话，一定是那个最不谙此道的。这就是民间商人常说的“不熟不做”的道理。

“春江水暖鸭先知”，是因为鸭子经常在水里玩耍，它最熟悉一年四季的水温，所以在春天到来时，它会第一个感觉到。

【企业家提示】

各行各业都有它自己的规律，只有你具有了相当的职业经验，你才会在机遇来临时率先看到；在行业发展不利时第一个意识到，这些直觉往往就是依靠经验的积累而产生的。俗话说“熟能生巧”，在你最熟悉的领域里，你会游刃有余，无往而不胜。

4. 做你最有人脉关系的事

(1) 合伙创业，团队作战。人们都说“一个好汉三个帮”“孤木不成林”，创业成功，也同样离不开他人的帮助。著名的成功学大师卡耐基说过：“成功依靠的是15%的专业知识和85%的人际关系。”反过来说，在人们最喜欢、最擅长、最熟悉的行业里，朋友也会越多，共同的爱好和志趣会使创业者在创业初期很快找到志同道合的新朋友，从而建立起对创业有利的人脉关系。

(2) 善于用人，增加助力。“登高而招，臂非加长也，而见者远；顺风而呼，声非加疾也，而闻者彰；圣人性非异也，善假于物也。”善假于物，就是善于利用其他人和物，来整合现有的资源。合作就像一部机器，机器需要不同的零件。一个优秀的合作团队，不仅能够给创业者的能力发挥创造更良好的条件，而且还会产生合作双方彼此都不曾拥有的新力量。

【企业家提示】

《三国演义》里的刘备不会用刀，但他可以用关云长；《西游记》里的唐僧不会捉妖，但他可以用孙悟空。就是说，即便创业项目不是创业者最熟悉的，但在创业团队里，一定要有最熟悉、最擅长此道的人才，一个高明的领导者一定是一个会识人、善用人的高手。

【案例】

为什么孙悟空不能当领导？

1. “崇高信念”　唐僧在自己的崇高信念面前，丢掉性命都不会眨眼，而孙悟空就不会了，他能力很强，但是他没有坚定不移的信念、多次打退堂鼓。没有信念的人，就不能给别人以信心，就不能给别人以动力，遇到困难就容易退缩。

领导者都胆怯了、退缩了，团队就会散掉。而信念不够崇高也不行，自私自利的信念、小富即安的信念，都会让别人离你而去。

2. “无能”　“无能”也是一种领导者的财富！唐僧因为“无能”，于是他就会欣赏有本事的人，能够包容“能人”们的其他缺点，才能找到三个有本事的徒弟来保护自己。如果唐僧神通广大，依孙悟空的个性，就不会愿意跟着他了。正是因为唐僧无能，所以孙悟空才有了用武之地，他也才有机会在取经途中充分实现自己的价值。

开始创业的时候，为了生存，有一个非常能干的老板是必需的。但是一旦生存问题解决了，企业家就要考虑怎么给员工搭建让他们发挥自己价值的平台，同时去寻找那些能弥补自己不足的员工，而不是事必躬亲，甚至在一些专业问题上不懂装懂，这样一方面自己筋疲力尽，忙于应付，自然没有发展的余力；另一方面，员工没有机会施展自己的才华，企业就陷入了发展瓶颈。

3. “仁德”　唐僧的仁德之心使他对妖怪都会怜悯，自然不会恶意算计自己的下属。唐僧虽然利用三个徒弟保护自己，但是又绝对没有恶意剥削他们的意思，而是带领他们一同努力，共同成长，一起成功。对比孙悟空，他的这种意识就差远了，他后来成了斗战胜佛，而他花果山的猴子们呢？还是一群猴子罢了。如果一个企业家整天就知道剥削自己的员工，不能给员工带来任何的福利，那么这个企业是留不住人才的。

4. “人际关系”　唐僧的前生就是如来佛祖的弟子了，今生又是唐太宗李世民的拜把兄弟。人神两界的高层关系他都有了，这样的人做老板，自然顺风顺水。而且他见到神仙就磕头，没有任何仇家。而孙悟空是一个没有任何关系网络的石猴子，虽然也拜了一个师父，但是和师兄弟关系都不好，还被师父赶走了。

社会是由人构成的，这个地球如果没有了人，一切财富、一切物质都没有任何意义。人是这个世界上最本质的资源，是所有财富的创造者。一个老板，如果懂得对外创造人际关系资源，对内创造优质人才资源，他一定是一个成功的老板。

（3）整合资源，寻求共赢。现代企业管理中的领头人，已经不再是以前的个人英雄，而是一个团队合作的协调高手。创业成功既需要个人的努力，也需要搭建一个资源整合平台，在这个协调整合过程中，需要把市场信息、人际关系和个人职业技能综合起来。如果这三项合起来，创业者感觉总分不错，也就可以列为初选的创业项目。

【企业家提示】

如果你想做一件事，但并不是你的最长项，那么你可以选择你的亲朋好友里最熟悉、最擅长的人来一起参与你的创业，如果你可以用好这样的人才，也同样可以成功。

二、大学生创业行业选择策略与技巧

从理论上说，制约大学生行业选择的因素主要分为外在因素和内在因素。外在因素主要包括该行业的发展前景和潜力，具体为利润率、风险性与创新性、竞争的激烈程度、政府对该行业的政策扶持力度等。内在因素则是大学生自身的因素，包括他们所学的专业特色、自身的兴趣爱好、自身的特长、资金的多少等。

创业行业的选择，主要从以下方面进行评估。

1. 行业发展的前景　当今时代，在选择创业行业的时候要认识到选择创业行业不能只注重行业现在的发展情况，还要根据该行业现在的发展势头、政府的相应政策、世界经济的发展趋势、高科技产业的发展速度、该行业自身的特色和经营模式等一系列外在因素综合考虑该行业在未来的世界发展浪潮中所占据的位置，换句话说，就是要关注行业的发展前景。

2. 行业利润率　一般的创业者在行业选择的初期，都会把绝大多数的注意力放在备选行业的利润率上。诚然，追求利润本身就是创业者的初衷所在，但是一些高利润行业，如通信类和生物制药类，进入的门槛过高，有较高的科技含量的要求，对于经营的场地和启动资金都有着严格的要求。这对于大学生创业者们是一个不小的挑战。所以大学生创业者在创业初期对于利润率要有一个比较理性的认识，不应盲目地把利润率的高低作为衡量行业优劣的标准。简言之，利润率在行业选择的影响因素中占有一席之地，但不应是唯一的因素。

3. 启动资金　资金一般是创业者目前创业活动中遇到的最大障碍，也是制约他们行业选择的主要因素。一些具有极高的科技含量和发展潜力的项目就是因为资金的匮乏、缺少相应的投资而搁浅。创业者应根据自己的资金状况来选择相应的行业，尽量使自己在未来的发展中可以处于行业的较高水平，获得高额利润。

4. 竞争程度　创业者应考虑所选行业的竞争程度。研究表明，现在有很少的创业者会抓住行业的空白进行创业，如果所选的行业比较传统，行业的竞争度就比较高。竞争度的高低决定企业未来在行业中的发展水平。

5. 兴趣和爱好　众所周知，兴趣是最好的老师，爱好是不竭动力的源泉。创业者在创业时如果能结合自己的兴趣，通过创业的方式让自己的爱好转变成现实中的一种职业，将有助于创业的成功。这是因为，创业者是基于自身的兴趣来选择创业行业的，所以对顾客的心理需求有着很好的把握，在顾客服务方面有着优势，能够将心比心，凭借细致入微的服务赢得顾客的认同，这会为创业成功打好基础。

6. 自身的优势 很多大学生在创业的时候希望能够结合自己大学所学的专业知识，因为知识和技能水平高是大学生创业群体最显著的特征。知识和技能对于经济发展和社会进步的推动作用是巨大的。知识和技能是起支配作用的生产要素；缺乏知识和技能，就在很大程度上失去了核心竞争力和生存空间。大学生经历了系统的高等教育，积累了诸如语言表达、写作、管理等技能，以及大量的金融、会计、营销等专业知识，是社会中的精英，这为大学生创业搭建了更高、更宽阔的平台。

【经典实例】

90后的大学校园处处是商机——1000元起家四年赚40万

“一帆早餐”：起床吃早饭全包了。“我明天早上要一份一餐二楼的煎饼和一杯不加糖的热豆浆，麻烦明天早上7点送到13号楼505室。”“我要吃六餐的白吉馍，加鸡蛋和豆腐的。另外再要一杯红枣豆浆。请在1月17号早上7点送到3号楼223，谢谢。”河北经贸大学法学院学生李帆向记者展示自己qq和短信收到的订单。

李帆向记者透露，自己想到这个创业的点子还是因为一次小小的事件。“期末考试周，大家都要早早起床去图书馆占地方看书，由于起床太早所以根本没时间吃早饭，我当时就萌发了这个想法。”李帆说。于是，李帆牵头带着6个同学一同创办了“一帆早餐”。李帆的“一帆早餐”业务主要包括叫醒和早餐。具体工作就是早上7点去宿舍门口把订餐的同学叫起来，然后递上早餐。主要是通过手机qq和短信下单。刚开始做的时候是免费送餐，李帆从餐厅和窗口的营业额里面抽取10%～15%的营业额，后来就开始收费了，每份早餐配送费用是0.5元。“一帆早餐”很快就受到了同学中的“起床困难户”的欢迎。“自从有了一帆早餐，妈妈再也不用担心我不吃早餐了，一个短信就能吃上热腾腾的早饭，感觉好棒。”，河北经贸大学大二学生李佳说。李佳同宿舍姐妹也告诉记者：“每天多花五毛钱，热腾腾的早餐就能送到床边，这种服务实在是太好了。”

陈文强和李帆的成功给当代大学生创业树立了成功的典型。但是他们如何平衡学习和创业的时间呢？陈文强坦言：“对我而言是创业优先兼顾学习，我也拿到过一些竞赛奖金。大学期间很大一部分时间都在创业，但是我特别喜欢去图书馆看书。在我看来只要用心处处都可以学习。”“一帆早餐”规定的送早餐时间是早上7点，因此他们的上班时间是早上6点半到8点，下班以后正好可以赶上早上8点的课。李帆对于学习还有自己的一套办法，大三下学期课程相对比较少，课程难度也不高。李帆就在这个学期特别用心，重要的课程必须去上，期末的时候积极复习，在大三第二学期的期末考试中李帆还拿到了一等奖学金。除了“一帆早餐”做得风生水起，李帆还曾在大一和一位学长创办了一家传媒公司。大二时期的李帆又看好石家庄市高校山地车市场，自己联系自行车生产厂家，开了一家名为“骑行天下”的生活馆。到了大三，李帆开始触及毕业生行李托运业务，他的团队与博强快递合作的事情在2013年6月被央视新闻联播报道，成为大学生创业的典范。

李帆告诉记者：“刚创业的时候不知道具体该做什么，今天觉得做这个不错，明天又觉得那个也很赚钱，什么都想抓住。”李帆最后得出的结论就是看准了就要去坚持。

李帆向记者透露，他大学整个的创业历程是从1000元钱起家，临近毕业积蓄达到40万元，创业的时候很多人说他没有关系没有人脉没有资源，但是他拥有一双会发现的眼睛、足够的魄力以及大学四年积累下来的创业经验，李帆的成功是自然的。

【企业家提示】

大学生要想创业成功须找准方向，坚持不懈。

如今大学校园里的学生大部分是90后，不少是独生子女，从小生活优越。正因为这些90后，使校园里充满了各种各样的商机，给有头脑的大学生们提供了各种创业机会。在河北经贸大学科技创业园，大大小小的格子间将600多平方米的园区分割开来，在格子间内办公的都是本校学生，园区内创业项目遍地开花：快递收发室、手工坊、创意个性定制、打印店、文化传媒公司……创业的大学生在这里创业几年收入几十万元并不是稀罕事。近几年在和学生接触中发现，学生们创业激情很高，但大学生创业普遍存在三个问题：方向不明、经验不足、资金有限。大学生开始创业的时候往往急功近利，战略眼光短浅，再加上品牌意识不高，创业局限性很大，不容易给自己设定一个明确的目标。尽量从小做起，厚积薄发。

【知识拓展】

极具潜力的创业项目排行榜

我想创业，但是不知道有哪些创业机会？这是很多人的苦恼，有点空余的闲钱，有颗想要拼搏的心，但是没有合适的创业项目。什么行业最具发展潜力？什么创业项目最具亮点？俗话说：女怕嫁错郎，男怕入错行。只有对行业充分了解，才能更快更准地选择适合自己的创业项目，那么当前什么行业极具潜力呢？一起来看看最具潜力的创业项目有哪些吧。

潜力第一名：O2O行业

O2O即Online to Offline（在线离线/线上到线下），是指将线下的商务机会与互联网结合，让互联网成为线下交易的前台。

讲了多年的O2O，时至今日，这种商业模式在不知不觉中已经发展壮大。其实，早期的团购、实体店开网店，包括今天的微信导购，都可以叫做O2O，至少是类O2O。然而，这种商业模式发展至今天已经根据传统行业的不同特点分化成多种适应不同行业的运作方式。无一例外的是，互联网作为一种技术手段，在商家与消费者中间始终扮演着促成者的角色。

O2O是迄今为止最为“接地气”的一种互联网商业模式。它不同于传统互联网，行为个体间的联系均发生在互联网这样一个第四维空间，所有的经验、感受都是基于极其有限的信息得到的。由于缺乏亲身体验，难免做出错误的判断。然而O2O则不同，线下的交互让行为个体之间更相信眼见、体触，也能获得更加优质的行为体验。因此，针对基于O2O的商业模式，线下发力极其重要。

目前O2O模式已经发展得热火朝天，大部分创业者也瞄准了这个正在高速发展的行业。国内互联网有如诸侯争霸，BAT三分天下，占据互联网的各个制高点，一个个行业都被搞成了“巨头们的游戏”，一派“巨头一挥手，就知有没有”的状态。百度收糯米增线下实力，阿里巴巴收高德布局LBS（location based service），腾讯则一杆微信打遍天下互联网。从餐饮到卖场，从LBS到电商，O2O无处不在，与其塑造在O2O市场高大伟岸的形象，不如让小而美的创意使O2O深入每个人生活的细节。目前，O2O还处于too young too simple的状态，创业机会良多。

以迅品网为例（采用的平台为C2C，所属区域为辽宁沈阳）。

迅品网，一个基于社区的快速消费服务平台。该网以社区为单位对服务商家进行分割，使商业服务更快、更精准地到达消费者。入驻该平台的商户主要为超市、便利店、快餐、外卖、饭馆等能提供快速送货服务的商家。主要包含食品饮料、个人卫生用品、日化用品等。迅品网针对快速消费品行业的特点，主动调整运营模式，规定商家在加急情况下可以15分钟到货，真正实现即买即送。迅品网采用一小区一组商家的架构，让消费者登录网站时能明确地选择自己想要的服务，优化了购物服务的体验。同时针对商家，采用一商家一管理系统的架构，让商家省心省力。在运营过程中，迅品网的运营团队充分重视商家与消费者的需求，在最大限度地满足商家技术要求的同时，严格要求其服务质量，并对商家服务进行评测、打分，采用准入、竞争、激励、淘汰的制度，让活跃于迅品网的商家获得充分利润的同时，给消费者以满意的服务。

总之，任何的O2O都将需要线上的信息完整可靠，线下的服务或产品体验优质，两者缺一不可。

潜力第二名：职业顾问

如何“经营”人生？如何从容面对职场挑战？这些永远是退休前最关心的话题。并不是要跳槽时才想起职业顾问，职业顾问可以对整个职场生涯进行规划。通过专业测评工具和面对面的沟通，职业顾问帮求职者认清他们最适合干什么，进而找准定位，做出选择。越来越多的人开始重视职业规划，而且都希望得到指导，因此职业顾问的身价不断攀升。该行业门槛较高，必须具备相关专业背景、了解各行各业人才需求状况，今后职场经历越丰富，职业顾问还会更吃香。

选对行业是关乎一生的大事，这个行业虽然离大众生活较远，但是职业顾问对身在职场的每一个人都非常重要。

潜力第三名：健康服务业

随着中国人知识水平和收入水平的同时提高，大家都对健康概念越来越关注，因此与人们健康紧密相关的药品店和健康食品店，都是当今最赚钱的行业。

从投资门槛来看，综合药品店或中药店的投资门槛都在50万元以上，毛利约35%，投资回收期较长，适合资金较充足的创业者长期发展。健康食品店，则分成天然健康饮品店和讲求养生、食疗的健康食品餐饮店，后者开店成本较高，平均在40万~60万元。而健康饮品店的投资门槛则相对较低，开店成本平均10万~15万元，不仅较易入行，且目前毛利可高达60%，一旦成功将是健康概念行业中盈利速度最快的。

潜力第四名：儿童服务行业

经济会衰退，石油价格会暴涨，但有一件事情保持不变：儿童产业的市场一直在持续增长。即使钱袋收紧，对于家长而言，在孩子身上花钱仍然十分慷慨。家长会收紧自己的支出，把最好的东西都留给孩子。所以儿童服务如艺术课程辅导、用品、游戏、玩具等各产业会依旧成为主流。而且祖父母溺爱孩子，越来越多人参与孙辈的生活，也推动了市场的发展。创业前景一片光明。

以儿童早教为例：月收入在1500元的家庭，孩子月消费额为532元。月收入达到5000元的家庭，每月用于孩子的消费额则是1135元。如果按每个孩子月消费额的30%用于教育消费计算，北京的儿童早教市场每年就高达数百亿元。儿童早期教育行业半年内完全可以收回投入，潜力无限。

潜力第五名：女性常规保健美容业

俗话说，女性的钱是最好赚的。尤其现在生活水平提高，女性在自己外在装饰上愿意花更多的金钱和精力。指甲美容、文眉、日常减肥按摩已经成了大多数都市女性的日常生活习惯。这些行业也如火如荼地兴起，不管是社区周边的实体店，还是已成气候的美容会所。

以美甲行业为例：一般人经过正规培训，只需要半个月的时间便可掌握这种技术，学费仅为几千元。甚至有些地方招收学徒不需要任何学费。再加上你所准备的2万~3万元的启动资金，一家包括干裂手护理、指甲彩贴、彩喷、手绘图案等经营项目的美甲中心便可以顺利地建设起来了，每月净收入过万元。

练习与思考

产生创业想法

1. 请利用下面的物体，尽可能提出更多的创业想法，填入下表中：

物体	创业想法	补充说明
旧图书		
破旧电脑		
矿泉水瓶		
汽车轮胎		
一次性纸杯		

2. 在上述的创业想法中，对你而言，最可能成功的一个想法是：

____

3. 用下面的表格评估你这个想法是否是好的商业机会。

评估方面	盈利时间	市场规模	资金需求	毛利率	成本结构	门槛限制	竞争性	缺陷	可控必
评估结果									
你的结论									

4. 寻找并评估自己的创业机会

寻找身边的创业机会，并根据本章理论方法，分析评估机会的价值。

标准	专家与同行评分			
	极好（3分）	好（2分）	一般（1分）	总分
产品生命长久（3年）				
易操作性				
市场接受度				
不存在任何致命缺陷				
成长潜力				

第六章　商业模式设计与创新

本章要点

1. 了解商业模式的定义、本质与构成要素。
2. 了解商业模式的盈利逻辑。
3. 掌握商业模式设计与创新的思路方法。
4. 掌握评估商业模式的标准和方法。

第一节　商业模式的定义和本质

一、商业模式的定义

“商业模式”是近年来在企业界和学术界出现频率比较高的商业术语，它最先出现于网络或互联网企业。其实，商业模式的存在由来已久，并不仅仅出现在网络企业，其他类型企业如服务企业、制造企业等都有其特定的商业模式。它存在于任何一个企业组织中。前时代华纳 CEO 迈克尔 · 邓恩说：“在经营企业过程当中，商业模式比高技术更重要，因为前者是企业能够立足的先决条件。”一个不可争辩的事实是，企业必须选择一个适合自己的、有效的和成功的商业模式，并且随着客观情况的变化不断加以创新，才能获得持续的竞争力，从而保证自己的生存与发展。商业模式具有“点石成金”的功能。

商业模式是指为实现客户价值最大化，把能使企业运行的内外各要素整合起来，形成一个完整高效率的具有独特核心竞争力的运行系统，并通过最优实现形式满足客户需求、实现客户价值，同时使系统达成持续赢利目标的整体解决方案。商业模式是一个非常宽泛的概念，通常所说的跟商业模式有关的说法很多，包括运营模式、盈利模式、B2B 模式、B2C 模式、“鼠标加水泥”模式、广告收益模式等，不一而足。商业模式是一种简化的商业逻辑。

当今国内外市场都面临着激烈的竞争，企业生存和发展已变得异常困难。在企业的经营实践中，许多企业领导人都已经意识到要在当今的市场环境中取胜不能仅仅依靠传统的竞争优势，如较高质量、先进技术、低廉价格而应该依靠商业模式。但是，如何构建和运作商业模式，或者说如何进行商业模式创新，怎样发挥其在经营中的地位和作用等问题，这些领导人却知之甚少。

今天，我们看到了来自不同行业的很多企业运行并颠覆了传统的商业模式。

戴尔电脑一直是电脑市场赢利的佼佼者。它自己不负责生产，而是按照客户的要求将关键部件外包给其他厂商生产，自己只负责组装，并将成品直接供货给客户，取消中间经销商和代理商的环节，让利给客户。这样可能会使生产成本有所增加，但销售成本有所下降；此外，整体商业模式的优势，使得它的产品出售价格相对于对手颇有竞争力，因此它仍然有利可图。

在金融业，美国的资本一号公司创造了“从产品到客户知识”的商业模式，改革信用卡行业，使资本一号公司最终变成了金融服务业的巨人。

在医疗行业，美国的卡地那公司颠覆传统的经营思维，大胆采用需求创新，灵活转变供应链中的伙伴角色，将其供货商反过来作为客户对待，深刻挖掘其供货商的潜在需求并积极满足。这种逆向的经营模式为其带来了巨大的利润和发展空间。

可以看出，好的商业模式的内容，绝不仅仅就是企业如何赚钱的问题。商业模式反映的应该是围绕着管理的方方面面的系统的思想。

我国学者张珉教授认为：企业的商业模式是指企业建立以及运作的那些基础假设条件和经营行为手段及措施，这包括了营利性组织和非营利性组织的商业模式。和企业一样，非营利性组织也是价值创造者，在社会公共部门，良好的商业模式也会帮助人们把组织机构看作相互有内在关联的整体系统来运作。

清华大学雷家辅教授概括企业的商业模式应当是：企业利用自身资源，在特定的包含了物流、信息流和资金流的商业流程中，将最终的商品和服务提供给客户，并收回投资、获取利润的解决方案。

二、商业模式的本质

从本质上看，商业模式是一系列制度结构和制度安排的连续体，其核心直指企业组织的价值产生机制。商业模式的本质包括：①制度结构的连续体意味着商业模式的本质属性就是创新和变革，必然存在动态连续的变革演进。②价值创造是企业组织存在的根本理由和发展的必要条件，也是经营活动的核心主题。一般主要有三个来源，即组织自身价值链、技术变革和价值网络。

静态来看，①在组织自身价值链层面，商业模式从制度上决定业务流程，而业务流程又与信息系统密切相关，两者适应与否决定了组织能否实现价值预期。②在技术层面，商业模式是技术开发与价值创造之间的转换机制，其成本/收益结构也决定了技术开发成本能够获取的价值收益。③随着信息技术和电子商务的发展，组织边界日益模糊，大大增加了交易和协作创造价值网络增值的可能性。

动态地来看，上述三个方面是商业模式在特定时间和空间下的静态实现。但事实是今天的模式也许并不适用于明天，甚至成为发展的障碍。为了使企业组织获得长期的、韧性的核心优势，商业模式必须提供基于制度结构和制度安排的动态连续性，必须始终保持必要的灵活性和应变能力——动态匹配的商业模式才能获得成功。

【经典实例】

找对商业模式

三个人拿同样的一两银子做生意，第一个人买来草绳做草鞋，赚了一钱银子；第二个人看到春天来临，买了纸和竹子做风筝，赚了十两银子，第三个人看到人参资源将慢慢枯竭，于是买了很多人参种子，走到人迹罕至的深山播下，七年后收获上好的野山参，收获了30万两银子。

点评：

人们付出同样的时间和精力，但是却收获不同的利润。

第一个人做的是衣食住行的生意，这是必需的需求，总会有市场，每个人都可以做，因此收获一分利，如同现在很多人靠产品与规模取胜。

第二个人做的是吃喝玩乐的生意，跟随的是潮流，目标客户范围扩大百倍，而收获十分利，靠眼光取胜。

第三个人看到的是未来的商机，敢做而善忍，最终创造了数百乃至于数千的生意，靠成功的商业模式取胜。

由此可以看出商业模式的重要性。

第二节　商业模式的构成要素

著名商学教授与作家加里·哈默尔（Gary Hamel）认为，商业模式由四个要素构成即核心战略、战略资源、伙伴网络和顾客界面。

一、核心战略

核心战略从企业的使命、产品/市场范围、差异化基础等方面描述了企业如何与竞争对手进行竞争。

企业的使命，即使命陈述，描述了企业为什么存在及其商业模式与其实现的目标。例如，戴尔公司的使命是成为世界上最成功的电脑公司，在所服务的市场上传递最佳的顾客体验；美国星巴克公司的使命是把星巴克建成世界第一流的高品质咖啡店，在成长的同时毫不妥协地维持企业利益；美国西南航空公司的使命是以热情、友善、自豪和充满企业精神的态度展现最高品质的顾客服务。通过这三家企业的使命陈述，我们可以很容易看出这些企业的意图。在不同程度上，使命表达了企业优先考虑的事项，并设置了衡量企业绩效的标准。

企业的产品/市场范围定义了企业集中关注的产品和市场。首先，产品的选择对企业商业模式的选择有重要影响。例如，亚马逊网站起初是作为网上书店而创建的，不过它逐渐开始销售 CD、DVD、珠宝盒、服装等其他产品。它的商业模式现在已经拓宽，涉及对出版商之外的其他很多供应商和伙伴关系的管理。企业从事经营活动的市场也是其核心战略的重要因素。例如，戴尔公司把企业客户与政府机构作为它的目标市场，Gatewav 电脑公司则把个人、小企业和首次购买电脑的客户看成目标顾客。对这两个企业来说，他们的选择对形成自己的商业模式有重要作用。

企业选择的战略会对它的商业模式产生很大影响。成本领先战略要求商业模式专注于效率、成本最小化和大批量。结果，由于专注于低成本而非舒适性，成本领先的企业不会追求产品的新颖。相反，差异化战略要求商业模式集中于开发独特的产品和服务，索要更高的价格。而且，采用差异化战略的企业把大量精力和财力用于创造品牌忠诚上，即顾客对某个品牌产品的忠诚，如李维斯牛仔裤或苹果电脑。

二、战略资源

如果缺乏资源，企业难以实施其战略，所以企业拥有的资源会影响其商业模式的持续性。两种重要的战略资源是企业的核心竞争力和战略资产。

核心竞争力是一种资源或者能力，是企业胜过竞争对手的竞争优势的来源。它是超越产品或市场的独特技术或能力，对顾客的可感知利益有巨大的贡献，并且难以模仿。企业的核心竞争力在短期和长期内都很重要。在短期内，正是核心竞争力使得企业能够将自己差异化，并创造独特价值。例如，戴尔公司的核心竞争力包括供应链管理、有效装配产品和服务于企业客户，所以它的商业模式使它能够向企业客户提供价格便宜、技术新颖、售后服务优良的计算机。从长期看，通过核心竞争力获得成长以及在互补性市场上建立优势地位也很重要。例如，戴尔公司已经建立了装配和销售个人计算机方面的核心竞争力，并开始将它们移向计算机服务和其他电子设备市场。

战略资产是企业拥有的稀缺、有价值的事物，包括工厂和设备、位置、品牌、专利、顾客数据信息、高素质员工和独特的合作关系等。一项特别有价值的战略资产是企业的品牌。例如，星巴克花了很大力气来建立品牌形象，其他咖啡零售商要想获得同等的品牌认知需要付出极大努力。企业最终试图把自己的核心竞争力和战略资产综合起来以创造可持续竞争优势。

三、伙伴网络

企业的伙伴网络是商业模式的第三个构成要素。新创企业往往不具备执行所有任务所需的资源，因此需要依赖其他合作伙伴以发挥重要作用。在很多时候，企业并不愿独自做所有事情，因为完整地完成一项产品或交付一种服务会分散企业的核心优势。例如，戴尔公司因其装配计算机的专业技术而具有差异化优势，但它却从英特尔公司那里购买芯片，戴尔公司当然可以自己制造芯片，但它在这方面不具有核心竞争力。同样，戴尔公司依靠联合包裹服务公司和联邦快递公司递送产品，而不是自己建立一个遍布全球的物流系统。

企业的伙伴网络包括供应商和其他合作者。

1. 供应商 供应商是向其他企业提供零部件或服务的企业。例如，英特尔公司是向戴尔公司提供芯片的供应商。几乎所有的企业都有供应商，它们在企业商业模式的运作中起重要作用。

传统上，企业与供应商维持着一定距离的关系，并把它们看作竞争对手。需要某种零部件的生产企业往往与多个供应商联系，以寻求最优价格。如今，企业更多地将精力放在如何推动供应商高效率运作的层面上来。例如，戴尔公司为了维持与供应商的密切关系，使用高级软件来提高供应链的绩效。戴尔公司构建了一个协作严密的供应链，支持公司以合理价格提供最新技术计算机的核心战略。每隔 20 秒钟，戴尔公司就将各种订单收集起来，分析订单要求的材料。之后，利用 12SCM（一个计算机程序）比较戴尔公司现有库存和供应商的库存，然后列出能够满足订单需要的供应商名单。戴尔公司的供应商有 90 分钟时间来调拨材料，并将其运送到戴尔公司。戴尔公司再花 30 分钟卸货，并把材料置于装配线上。由于戴尔公司仅仅调拨手头订单所要求的材料，因此它能够以非常少的 7 小时库存量来维持高效运营。

2. 其他合作者 除了供应商，企业还需要其他合作伙伴来使商业模式有效运作。合资企业、合作网络、社会团体、战略联盟和行业协会是合作关系的一些常见形式。普华永道的一项调查发现，超过半数的美国快速成长企业都组建了多元化的合作关系，以此来支持自己的商业模式有效运作。从这项调查来看，合作关系给这些被调查企业带来了更多的创新产品、更多有益的机会和高成长率。

创业者创建具有可持续竞争优势的新企业的能力，依赖于企业自身技能，也依赖于外部合作伙伴的技能。例如，合作伙伴关系有助于企业保持敏捷，集中精力发展核心竞争力。

当然，合作伙伴关系也包含着风险，在仅有的合作关系成为企业商业模式的关键要素时更是如此。由于种种原因，很多合作关系没能实现参与者初期的愿望。通过研究发现，企业联盟的失败率为50% ~70%，失败的原因在于糟糕的计划，或者组织间为实现共同目标而进行文化融合时遇到了困难。企业联盟也有一些潜在劣势，如专有信息丢失、管理、顾客界面。

顾客界面是指企业如何与顾客相互作用。与顾客相互作用的类型依赖于企业选择如何在市场上竞争。例如，亚马逊只通过互联网销售书籍，而巴诺书店则通过传统书店和网络两种途径来售书。在计算机产业存在好几种顾客界面模式，戴尔公司通过网络或电话直接销售计算机，而惠普公司主要通过零售商店销售产品，Gateway 电脑公司主要通过网络和电话销售产品。

对新创企业来说，顾客界面的选择对于它如何与对手竞争以及将它定位于产品或服务价值链的哪个环节非常重要。下面分别从目标市场、销售实现与支持、定价结构三个方面来表述顾客界面的内容。

1. 目标市场 目标市场是企业在某个时点追求或尽力吸引的有限的个人或企业群体。企业选择的目标市场影响它所做的每件事情，如获得战略资产、培育合作关系以及开展推广活动等。可以很明显地看出，拥有清晰界定的目标市场将使企业受益。由于目标客户的明确界定，公司能够将自己的营销和推广活动聚焦于目标顾客，并且能够发展与特定市场匹配的核心竞争力。

2. 销售实现与支持 销售实现与支持描述了企业产品或服务“进入市场”的方式，或如何送达顾客的方法。它也指企业利用的渠道和它提供的顾客支持水平。所有这些都影响到企业商业模式的形式与特征。

假定有一家新创企业开发出一项移动电话技术，并为此申请了专利。为了形成自己的商业计划，企业在如何把该技术推向市场的问题上有几种选择。它可以：①将技术以特许经营方式转让给现有移动电话企业，如苹果公司和三星公司；②自己生产移动电话，并建立自己的销售渠道；③与某个移动电话公司（如 HTC）合作生产，并通过与移动电话服务提供商的合作关系来销售电话。

企业对销售实现与支持的选择，深刻地影响企业演化的类型以及开发的商业模式。例如，如果企业对它的技术进行特许经营，那么它很可能建立起一种强调研发的商业模式，从而使它不断获得领先的技术，并向移动电话制造商授予特许权。相反，如果它决定自己生产电话，就需要建立制造和设计方面的核心竞争力，并且需要发展与移动电话零售商的合作关系。

企业愿意提供的服务内容，也影响它的商业模式。有些企业将自己的产品和服务差异化，通过高水平的服务和支持向顾客提供附加价值。例如，送货和安装、财务安排、顾客培训、担保和维修、商品保留计划、便利的经营时间、方便的停车场、通过免费电话和网站提供信息等。

3. 定价结构 企业的定价结构随企业目标市场与定价原则的不同而变化。例如，有些租车企业收取日租金，另一些企业则按照行驶的公里数收取租金。有的咨询企业按照提供服务的次数收费，而另一些企业则按照时间收费。在某些情况下，企业还必须决定是直接向顾客收费，还是通过第三方间接收费。例如，很多长途电话商通过当地电话企业的收费系统向顾客收费，这样其顾客就不必每月都为本地和长途电话分别付费了。

总之，新创企业从整体角度审视自己，理解商业模式的重要作用，根据自身核心战略及资源优势构建适合的、有效的商业模式。

第三节 商业模式和战略的关系

一、商业模式与战略的联系

1. 商业模式与战略具有相同的本质 战略层面的商业模式的本质，是对能够获得竞争优势的价值创造活动的描述，而战略是通过对企业行为的谋划获取竞争优势，其竞争优势来自于企业价值链的某些环节，这些环节能够创造独特的、不可替代的、不可模仿的价值。战略的本质是通过对符合以上三个特点的价值创造活动的规划，为企业赢得竞争优势。从价值活动实施前的角度定义，它们都是对能够获得竞争优势的价值创造活动的规划或设计；从实施后的角度，它们就成了对带来了竞争优势的价值创造活动的描述。

2. 商业模式是对已实施的战略的描述，与战略在内容上高度一致 根据商业模式的定义，运营逻辑和经济逻辑是对价值活动方式的描述，实际上就是对已实施的战略措施体系的描述。商业模式中的战略方向描述了战略原则。因为商业模式来自于对价值活动方式的描述和分析，商业模式中的战略方向必然从价值活动方式中得到。尽管价值链活动方式是对战略措施体系的直接体现，但企业战略、业务战略、核心竞争力又体现在战略措施体系上，所以可以通过可视的价值链活动来察觉这些战略原则。通过对价值活动的分析可能无法察觉所有战略原则，但这并不影响战略方向与战略原则的高度一致性。

能够获得竞争优势的商业模式，包含三个方面的八个要素：价值定位（产品或服务内容、目标顾客、基本市场竞争战略）；价值创造和传递系统（资源和能力、价值创造过程、价值链中的定位）；价值获取（收入来源、企业经济）。产品和服务内容、目标顾客、基本市场竞争战略、资源和能力等要素可在战略定位、低成本战略、核心竞争力等战略内容中完全体现。商业模式的构成要素与战略内容一一对应且高度一致。

二、商业模式与战略的区别

1. 商业模式理论与战略理论研究的侧重点不同 商业模式所包含的逻辑关系对企业构建具体的战略措施具有很好的指导作用，这是战略理论所欠缺的。战略理论从战略制定的源头开始研究，主要研究战略制定方法及形成过程，缺少对具体战略措施的研究。因为战略理论缺少对具体战略措施体系内在逻辑的研究，人们并没意识到运营逻辑和经济逻辑是战略措施体系本身所包含或应该包含的，所以往往认为商业模式和战略是两回事。

2. 商业模式和战略在概念表述上不同 由于理论研究的侧重点不同，造成它们在概念表述上不同。商业模式从战略措施层面着手研究，所以在概念表述上，除了战略方向，还包含从战略措施体系中得到的经济、运营逻辑，这与战略的概念表述区别很大。特别是经济层面或运营层面的商业模式定义，不包含战略方向，让人觉得商业模式无任何战略意图。

3. 商业模式理论拥有战略理论所不具备的特点 由于难以归类，商业模式常常通过案例来描述，比如国美模式、京东模式等，这赋予了商业模式理论的具体性和形象性特点。这些特点使商业模式理论对管理者更具指导性，更易于接受和产生兴趣。企业可以借鉴这些具体的模式来构建自己的战略措施。另外，由于商业模式的直观性，基于对商业模式的分析和创新可以更好地寻找企业核心竞争力来源。

4. 战略理论的很多重要内容是商业模式理论所不具备的 比如波士顿矩阵、SWOT 分析等分析工具，并未出现在商业模式理论中，另外很多战略学派的重要战略理论或观点也是商业模式理论所未涉足的。由于以上区别，战略制定过程中，应将商业模式理论与战略理论相结合。理论侧重点的不同，并不影响商业模式与战略在内容上的一致，只是内容的形成方法不同而已。

第四节 基于价值链的商业模式的盈利逻辑

商业模式的盈利逻辑是基于企业战略产生，从内外部环境、市场、资源、产品/服务、价值主张等开始，是基于企业的产品/服务能力、价值网络关系、价值要素等的一种资源整合和价值匹配，是企业的一系列价值活动过程，是从价值发现到价值实现的过程。

如下图所示。

<table>
<tr><td colspan="5">市场需求：市场机会、客户需求、产品定位</td><td rowspan="7">价值实现：
赢利模式
营销策略
价格确定</td></tr>
<tr><td colspan="5">愿景目标：行业定位、经营理念、发展战略</td></tr>
<tr><td colspan="5">核心能力：技术能力、产品/服务、资本运作</td></tr>
<tr><td colspan="5">资源整合：关注客户、双赢理念、创新思维</td></tr>
<tr><td colspan="5">价值流分析：5W2H、商业风险、价值要素</td></tr>
<tr><td>价值发现</td><td>价值主张</td><td>价值创造</td><td>价值配置</td><td>价值管理</td></tr>
<tr><td>客户需求
市场容量</td><td>服务客户
客户偏好</td><td>产品/服务
研发/制造</td><td>网络构建
资源整合</td><td>管理激励
价值优化</td></tr>
</table>

商业模式的盈利逻辑

1. 价值发现 价值发现是基于企业愿景目标，通过内外部环境的 SWOT 分析，对企业的战略进行定位，进而利用核心优势创造市场价值的过程。价值发现是建立在客户精准分析上的关注客户、思维创新、合作共赢、资源整合等一系列理念的应用。价值发现主要立足于发现市场需求，深入分析企业的价值链环节和客户需求，判定企业的利润区分布和市场容量，分析产品/服务的市场价值。正如和尚卖梳子一样，商业模式最核心的一部分就是它发掘了别人没有发现的顾客需求。客户需求的空间是无限的，因此，企业必须持续不断地发现市场需求，适时调整并设计商业模式，抓住并掌握企业发展的时机和机遇。

一种优秀的商业模式，首先考虑的不应是能给企业带来什么，而是能给客户带来什么。一种商业模式所提供的生活方式或生产方式能否得到客户响应，关键在于其是否符合客户价值。价值发现，决定利润的来源。

2. 价值主张 价值主张是公司通过其产品和服务所能向消费者提供的价值。一个能为参与者理解且接受的价值主张应该能使每一个参与者都增加其经济效用。价值主张的阐释必须清楚、准确。如果价值主张表述得太复杂，会使顾客在购买的时候犹豫。价值主张必须要对客户及其偏好深刻理解，必须是真实的、可信的、独特的，具有销售力。价值主张的渗透力越强，就越能打动消费者的心，通过产品或服务创造价值就越持久。戴尔公司成功的关键就在于按订单制造和个性化定制的价值主张。

3. 价值创造 价值创造研究的是价值是如何被创造出来的，即价值的源泉是什么。商务模式是企业创新的焦点和企业为自己、供应商、合作伙伴及客户创造价值的决定性来源。产品研发与制造或服务是公司价值创造的核心。越来越多的顾客开始参与公司的价值创造活动，无论对于产品开发还是服务提供，顾客参与都是价值创造的重要来源。商业模式价值创造主要在于便捷性、成本低廉、新颖性、用户黏性、锁定、创新性。亚马逊在图书市场能脱颖而出正是凭借其网络图书销售的方便快捷和成本低廉。此外，公司提供给顾客的往往既有产品也有服务，两者之间的区别正在逐步缩小乃至消除。正如自动取款机，取款业务的重新安排给顾客提供了一种新价值，顾客取款不再受时间和地点的限制。

4. 价值管理 价值管理本质上是一种管理模式、一整套指导原则，是一种以促进组织形成注重内外部业绩和价值创造激励的战略性业绩计量过程。价值管理能够传承落实公司的远景，设定员工守则、工作信条等方法，通过团队激励和价值优化等核心内容，沟通组织内外部，凝聚组织与个人目标成为共同信念，增加组织成员与顾客满意度，提高组织持续竞争力。价值管理取决于企业价值和企业的经营目的。

5. 价值配置 价值配置是资源和活动的配置。价值配置是为了企业资源和能力的有效配置和协同发展。价值配置涉及价值链的各个环节，涵盖了企业的整个运营流程。价值配置能有效整合价值网络中的各种资源，实现资源的最佳利用，促进网络价值创造活动，实现优化产出。价值配置以利益相关者需求满足和合作共赢为目标，以利益相关者价值网络构建为核心，通过对资源和活动的有效整合与配置，建立合作共赢的价值网络体系。

6. 价值实现 价值实现是指企业创造的价值被市场认可并接受，完成要素投入到要素产出的转化。价值实现主要依靠一系列商业策略来完成。微利时代的到来使得企业需要依靠独特的价值主张吸引更多的用户来获取利润。

【知识拓展】

一、设计商业模式的思路和方法

商业模式的五大要素包括：利润源即顾客、利润点即企业提供的产品或服务、利润渠道即产品或服务的供应和传播渠道、利润杠杆即生产产品或服务的内部运作和利润屏障即保护产品或服务的战略控制活动。

商业模式就是以上述五大要素的一至两个要素为核心，五大要素相互协同的价值创造系统。无论是设计还是完善商业模式，都必须遵循商业模式设计完善的五步法。

1. 第一步，界定和把握利润源——顾客 企业利润源是指购买企业商品或服务的顾客群，它们是企业利润的唯一源泉。企业利润源及其需求的界定，决定了企业为谁创造价值。企业顾客群分为主要顾客群、辅助顾客群和潜在顾客群。好的目标顾客群，一是要有清晰的界定，没有清晰界定的顾客群往往是不稳定的；二是要有足够的规模，没有足够的顾客群规模，企业的业务规模必然受到局限；三是企业要对顾客群的需求和偏好有比较深的认识和了解。

设计商业模式的时候，首先需要分析顾客需求，目的就是要为产品寻找能够比较容易呈现价值的顾客群。一般来说，企业赢利的难度并非在技术与产品端，主要还是在顾客端分析和把握顾客需求，并寻求产品在市场中的最佳定位，是设计商业模式的一项首要工作。

2. 第二步，不断完善企业利润点——产品　利润点是指企业可以获取的利润、目标顾客购买的产品或服务。利润点决定了企业为顾客创造的价值是什么，以及企业的主要收入及其结构。

好的利润点是顾客价值最大化与企业价值最大化的结合点，它要求一要针对目标顾客清晰的需求偏好，二要为目标顾客创造价值，三要为企业创造价值。有些企业的产品和服务或者缺乏顾客的针对性，或者根本不创造利润，就不是好的利润点。

3. 第三步，打造强有力的利润杠杆，构筑商业模式内部运作价值链　打造利润杠杆——规划企业内部运作价值链是商业模式设计与完善的重要内容，它决定了产品或服务是否为企业带来价值和带来价值的多少。企业利润杠杆主要包括以下几种：

组织与机制杠杆、技术与装备杠杆、生产运作杠杆、资本运作杠杆、供应与物流杠杆、信息杠杆、人力资源杠杆等。这些内部运作活动可以清楚界定企业内部运作的成本及其结构以及计划实现的利润目标。

将没有竞争优势的企业内部价值链外包，是打造利润杠杆的一条有效途径。很多公司意识到在一个非常长而复杂的企业内部价值链上，他们也许只能在价值链的3至4个环节具有高度竞争力，但要想在所有环节上都具有竞争力是不太可能的，而一旦认识到企业内部价值中的优势环节，就应该把公司定位在那个位置，将其他部分以签约方式外包给别的公司，从而使利润杠杆更加有力。

同样的产品，由于利润杠杆不同，或者说由于企业内部运作价值链的差异，导致了产品的成本迥异，一个企业可能赚钱，另一个企业可能亏损。这足以说明，利润杠杆决定了企业利润的多寡。

4. 第四步，疏通拓宽利润渠，构筑商业模式外部运作价值链的利润渠，即企业向顾客供应产品和传递产品信息的渠道，是商业模式得以正常运作必不可少的外部价值链。产品或服务的价值传递是企业把产品和服务传递给目标客户的分销和传播活动，目的是便于目标客户方便地购买和了解公司的产品或服务。

5. 第五步，建立有效保护利润的利润屏障，利润屏障是指企业为防止竞争者掠夺本企业的目标客户，保护利润不流失而采取的战略控制手段。利润杠杆是撬动“奶酪”为我所有，利润屏障是保护“奶酪”不为他人所动。

比较有效的利润屏障主要有建立行业标准、控制价值链、领导地位、独特的企业文化、良好的客户关系、品牌、版权、专利等。

商业模式也是一种企业创造利润的思维方式，虽然有许多不同的创造利润方式，但每个企业最终只会从中选择一种方式，而企业的主导思维架构将是决定商业模式的主要因素。许多技术创新面对的是一种不确定性极高的未来环境，而市场信息也无法全盘取得，因此没有一个商业模式能确保未来利润一定会被实现，也没有所谓最佳的商业模式。经理人在设计与执行商业模式的时候，一定要保持未来需要弹性调整的心态。也就是说，商业模式的内涵需要随环境变动，在执行时保持高度的弹性。

二、商业模式创新的逻辑与方法

所谓商业模式创新是指现实社会中出现新商业模式的过程以及新商业模式本身。新商业模式的出现可以有两种不同的基本途径：一是以新企业形式出现的全新的商业模式；二是在原有企业的基础上发展演变而成的新商业模式，这时商业模式创新的过程则表现为企业内部旧模式被替代，新模式逐步形成发展的过程。

实现商业模式创新需要具备一些基本条件。这些条件包括：企业可以提供全新的产品或服务，开创新的产业领域，或以前所未有的方式提供已有的产品或服务；或者是商业模式的多个要素发生改变，并与竞争对手产生明显的差别；再有就是由要素引发的商业模式改进应该能够为企业带来显著的经济效果和业绩回报，能够明显地提升企业的竞争力。

根据商业模式不同要素的变动情况所引发的创新，可以将其划分为：价值主张变动引发的创新，资源组合变动引发的创新，以及运作流程和界面模式变动引发的创新。

1. 界面模式变动引发的创新　商业模式的界面模式，是指企业为了获取利润而进行各种决策时所遵循的标准或法则，包括企业的营销原则、采购与供应原则、环境原则和公众原则、产品的目标市场、生产规模、成本模式、定价方式和市场定位是构成企业界面模式的重要内容。因此，企业市场定价方式或生产批量与成本模式的改变都将引发界面模式的变动。

因此，可以将界面模式的改变视为一种公司外部表现形式的变化，称之为界面形式的变化。例如，计算机公司改变市场定位，由高端市场定位向下拓展到低端市场，从而使定价方式和生产批量发生变化，即由过去较高的价格和较少的销售量策略，改变为较低价格与较大的销量策略，以适应低端市场顾客的价格承受能力，以实现利润目标。此时公司界面模式的变化可能导致公司在其顾客及公众心目中的形象发生改变，但公司生产计算机所使用的技术与资源并没有发生本质上的变化，即公司商业模式中的运作流程和资源组合没有改变。因此，可以将界面模式的改变所引发的公司商业模式的创新称为界面创新，并使之与其他要素引发的创新相区别。

2. 运作流程变动引发的创新　所谓流程就是指相互连接的企业运作活动。企业将全部资源以有效率的形式组织在一起，进行生产和销售产品/服务的活动，这些活动有效地衔接，并不断重复就形成了企业的运作流程，包括原材料采购、产成品的生产与销售、资金往来、后勤保障等。

运作流程变化将对企业的商业模式产生重要的影响，可以在改变生产效率的同时，带来界面模式的变化，从而引发商业模式由内向外的改变，导致商业模式推陈出新。例如，福特轿车将传统汽车组装作业，改变为现代化流水线作业方式所引发的创新，就属于流程变化给企业带来的创新，这种作业流程的变化看似简单，却极大地提高了生产效率，降低了生产成本。这种流程变化引发了企业目标市场的扩大和销售方式的改变。运作流程的创新不仅可以导致企业商业模式主体层的创新，同时也可能引发界面层营销活动和采购活动的共同创新。

3. 资源组合变动引发的创新　资源组合是指企业为了实现价值主张需要投入的全部资源，包括人力资源、原材料、厂房设备、专利技术、品牌商标和知识产权等各种有形与无形的资源。如果环境条件改变了，即使价值主张没有改变，资源组合也可能随着外部环境的变化而改变。例如，对于电视机制造商而言，当液晶显示技术出现并推广普及之后，传统显像管作为生产电视机关键部件的地位将不可避免地被取代，此时，由于原材料这种资源的变化，直接导致生产流程需要进行相应的调整，产品的成本模式和市场定位也将随之发生变化，进而引发商业模式多层次的变革与创新。资源组合的变化在导致企业的基础层与主体运作层发生变化的同时，也将不可避免地导致企业界面模式与企业功能的变化与创新。

4. 价值主张变动引发的模式创新　价值主张通过回答企业的产品是什么和企业的顾客是谁这样一些基本问题得以体现，并通过企业的产品向市场传递。价值主张一旦确定，企业需要生产的产品、产品的属性与特征、生产所需要的各种资源、利用资源进行生产的运作流程以及相关的各种对内对外原则都将随之确定。而价值主张的改变，也将不可避免地引发上述各个方面的变化。例如，餐馆将其价值主张由为顾客提供就餐价值，更改为在就餐价值之外还要为顾客提供更多的时间价值、地点价值和便利价值。这种价值主张的改变，表现在产品上可能就是增加外卖，而要增加外卖又将导致其销售的食物的包装（食品要便于包装携带）、作业流程甚至是生产设施和装备发生一系列的改变。

伴随价值主张的改变，商业模式的各个层面都将不可避免地发生相关改变。价值主张的变化与创新，必将导致企业资源组合、运作流程以及界面模式的一系列变化。在某种意义上，由价值主张变化引发的商业模式变革是企业商业模式最深层次的变革，并将导致商业模式发生根本性变化。

三、商业模式的检验与评价

（一）商业模式的检验

成功的商业模式一定是一种有效的赢利模式。商业模式必须经受逻辑检验和赢利检验。

1. 逻辑检验　即从直觉的角度考虑商业模式描述的逻辑性，隐含的各种假设是否符合实际或在道理上说得通。商业模式的逻辑检验要重点从以下四个方面看是否符合逻辑。

（1）谁是我们的顾客？

（2）顾客重视的价值是什么？

（3）商业参与各方的动机和目的是什么？

（4）我们商业模式的与众不同之处是什么？

通过分析以上商业模式的基本逻辑是否符合常识，商业模式的潜在优势和限制因素，可以判断出商业模式的逻辑是否顺畅。

2. 赢利性检验　商业模式的赢利性检验，重点通过以下四个方面的分析来确定。

（1）基于损益表的检验。

（2）基于资产负债表的检验。

（3）商业怎么实现良性循环。

（4）瓶颈在什么地方。

对市场的规模和赢利率、消费者的消费行为和心理、竞争者的战略和行动进行分析和假设，从而估计出关于成本、收入、利润等量化的数据，评价经济可行性。当测算出的损益达不到要求时，则该商业模式不能通过赢利性检验。

（二）商业模式的评价

一个具有吸引力、成功的商业模式，通常需要具备某些能够创造价值与竞争优势的特点，而这些特点往往影响着创业企业的成功与否，也正是商业模式评价不可忽略的重要因素。

1. 商业模式的适用性　适用性也可以称之为个性，是商业模式的首要前提。由于企业自身情况千差万别，市场环境变幻莫测，商业模式必须突出一个企业不同于其他企业的独特性。这种独特性表现在它怎样为自己的企业赢得顾客、吸引投资者和创造利润。严格地说，一个企业的商业模式应当仅仅适用于自己的企业，而不可能为其他企业原封不动地照搬。所谓商业模式，最终体现的是企业的制度和最终实现方式。在这个意义上说，模式没有好坏之分，只有是否适用的区别。适用的就是好的，适用较长久的就是最好的。

2. 商业模式的有效性　有效性是商业模式的关键要素。在经济全球化、信息化的今天，无论哪个行业或企业，都不可能有一个万能的、单一的、特定的商业模式，用来保证自己在各种条件下均产生优异的财务结果。因此，评价商业模式的好坏，最根本的一条在于它的有效性。可以认为，有效的商业模式是企业在一定时期、一定条件下，能够选择的为自己带来最佳效益的有效的盈利战略组合。

根据埃森哲咨询公司对70家企业的商业模式所做的研究分析，这种盈利战略组合应当具有以下三个共同特点：

（1）它必须是能提供独特价值的。在一些时候，这个独特价值可能是新的思想；而更多的时候，它往往是产品和服务独特性的组合。这种组合要么可以向客户提供额外的价值，要么使得客户能用更低的价格获得同样的利益，或者是用同样的价格获得更多的利益。

（2）它必须是难以模仿的。企业通过确立自己与众不同的商业模式，如对客户的悉心照顾、无与伦比的实力等，来提高行业的进入门槛，从而保证利润来源不受侵犯。

（3）它必须是脚踏实地的。脚踏实地就是实事求是，就是把商业模式建立在对客户行为的准确理解和把握上。

所以，有效的商业模式是丰富和细致的，并且它的各个部分要互相支持和促进，改变其中任何一个部分，它就会变成另外一种模式。搞得不好，就可能影响它的有效性。

3. 商业模式的前瞻性　前瞻性是商业模式的灵魂所在。商业模式是与企业的经营目的相联系的，一个好的商业模式要和企业比较高的目的相结合。商业模式实际上就是企业为达到自己的经营目的而选择的运营机制。企业的运营机制反映了企业持续达到其主要目标的最本质的内在联系。企业以盈利为目的，它的运营机制必然突出确保其成功的独特能力和手段——吸引客户、雇员和投资者，在保证盈利的前提下向市场提供产品和服务。但是，仅仅如此是不够的，因为这只是商业模式的“现在式”，而商业模式的灵魂和活力则在于它的“将来式”，即前瞻性。也就是说，企业必须在动态的环境中保持自身商业模式的灵活反应、及时修正、快速进步和快速适应。一句话，就是具有长久的适用性和有效性，以达到持续盈利的目的。

练习与思考

一、情景模拟：硬币带来的机会

情景：

一名普通的大学生，利用闲暇时间做勤工俭学，在学生公寓打扫卫生。

第一次打扫学生公寓时，他在墙角、桌缝、床铺下扫出了许多沾满灰尘的硬币，这些硬币有1毛、5毛和1元的。

他将这些硬币还给同学时，谁都没有表现出丝毫的热情……

请根据以上背景信息，讨论：

1. 有哪些创业机会？

2. 创业项目可能的盈利模式是什么？

二、完善商业模式

通过以下7个问题，分析评估小组所设计的创业项目商业模式存在的问题与风险。

问题一：客户的“转移成本”有多高？

转移成本是指，客户从一个产品（或服务）转移到另一个产品（或服务）所需的时间、精力或者金钱。“转移成本”越高，客户就越忠实于某项产品（或服务），不会轻易离开去选择竞争对手的服务。

将“转移成本”融入到商业模式中一个很成功的例子就是2001年苹果iPod的产品。这是一个专注于存储的产品创新，也是一个商业模式策略，让消费者将音乐拷贝进iTunes和iPod里，这种方式会让用户一旦用了这个产品以后很难再用其他竞争对手的数字音乐播放器。仅仅是用户这一点选择偏好，就为苹果后来强大的音乐中心和创新打下了坚实基础。

问题二：商业模式的扩展性怎样？

扩展性是指在没有增加基本成本的情况下，能很容易地拓展商业模式，赢得利润。

当然，基于软件和互联网的商业模式比基于砖头和水泥的商业模式有天然的扩展性，但是即使如此，数字领域的商业模式仍然有很大的区别。

最让人钦佩的例子就是“脸书”（Facebook），只用几千个程序员就可以为亿万用户创造价值。只有很少的公司拥有这样的员工用户比。

问题三：能否产生可循环的经济价值？

通过一个例子可以很好地解释循环价值。报纸在报摊销售赚取销售费用，另外的价值可以通过订阅和广告进行循环。循环价值有两个主要的优势：第一，对于重复销售，成本只产生一次；第二，你可以有更多更好的想法来构想未来怎样赚钱。

还有另外一种循环价值形式：从之前的销售中获取增值收入。比如，买一台打印机，你需要持续购买墨盒；或买一个苹果手机，苹果公司从硬件销售赚得利润的同时，从内容和APP产生的经济价值依然稳定增长。

问题四：是否可以在投入之前就赚钱？

毫无疑问，每个商人都希望在投入之前就获得收入。

戴尔就把这种模式运用到电脑硬件设备制造的市场上。通过直销建立的装配订单，避免硬件市场可怕的库存积压成本。戴尔取得的商业业绩就显示了其在投入之前就赚钱的力量。

问题五：怎么样让用户为你工作？

这可能是商业模式设计上最具有杀伤力的武器。在传统的市场上，宜家（IKEA）就让客户自己组装在它那里购买的家具，客户干活，他们赚钱。在互联网领域，脸书（Facebook）让客户上传照片，参加对话和“喜欢”某样东西。这正是脸书的真正价值，只提供平台，内容全部由用户创造，而公司却挣得天文数字般的利润。

问题六：是否具有高壁垒，以防止竞争对手模仿？

一种优秀的商业模式可以使企业保持长时间的竞争优势，而不仅仅是提供一种优秀的产品。

苹果主要的竞争优势来自于其商业模式而不是单纯的产品创新。对三星来说，模仿苹果的产品比建一个像苹果那样的应用商店生态系统要容易得多。所以，三星无论产品做多么炫，它仍然无法撼动苹果的地位。

问题七：是否建立在改变成本结构的基础上？

降低成本是商业实践中的长期追求，有的商业模式不仅能降低成本，还创造了一个与以往完全不同的成本结构。

同样的，巴帝电信——印度最大的移动运营商，一直在通过摆脱网络和 IT 的束缚来完善它的成本结构。该公司通过与网络装备制造商爱立信和 IRM 合作，购买宽带容量来降低成本，现在他们已经能够提供全球价格最低的移动电话服务。

当然没有一个商业模式设计能一一对应以上七个问题并且得到完美的 10 分，不过有的却可能会在市场上成功。对创业者而言，时刻用这七个问题提醒自己，有助于保持长久的竞争力。接下来，需要做的就是用市场检验你的商业模式。

第七章 创业资源与创业融资

本章要点

1. 认识创业资源的内涵、作用、分类与管理的方法。
2. 了解创业融资的概念和常见渠道。
3. 掌握创业融资的选择策略和融资应做的准备。

第一节 认识创业资源

创业资源的获取和整合伴随着整个创业过程，创业者需要有效识别各种创业资源，并且积极借助企业内外部的力量对创业资源进行组织和整合，实现企业的核心竞争力，促进创业。

一、创业资源的内涵

手中有粮，心中不慌，创业更是如此。没有资源，创业者只能望（商）机兴叹。

资源就是任何一个主体，在向社会提供产品或服务的过程中，所拥有或者所能够支配的能够实现自己目标的各种要素以及要素组合。学者林强以及林嵩曾对创业资源给出了学术定义。他们认为，创业资源是企业创立以及成长过程中所需要的各种生产要素和支撑条件。简单地说，"创业资源"就是创业者需具备的一切创业条件。

创业资源是新创企业在创造价值的过程中需要的特定资产，包括有形资产与无形资产，主要表现为创业人才、创业资本、创业机会、创业技术和创业管理等方面。对创业企业来说，创业者是其独特的资源，也是无法用钱买到的资源。

二、创业资源的分类

资源是企业发展的脊梁，对于创业企业而言，其作用更是不可或缺。

1. 直接资源和间接资源 学者林强、林嵩、姜彦福等人按照资源要素对企业战略规划过程的参与程度，认为创业资源有间接资源和直接资源之分。财务资源、经营管理资源、市场资源、人才资源是直接参与企业战略规划的资源要素，可以把他们定义为直接资源；政策资源、信息资源、科技资源这三类资源要素对于创业成长的影响更多的是提供便利和支持，并非直接参与创业战略的制定和执行，因此，对于创业战略的规划是一种间接作用，可以把它们定义为间接资源。根据上述分析，创业资源的概念模型如图 7-1 所示：

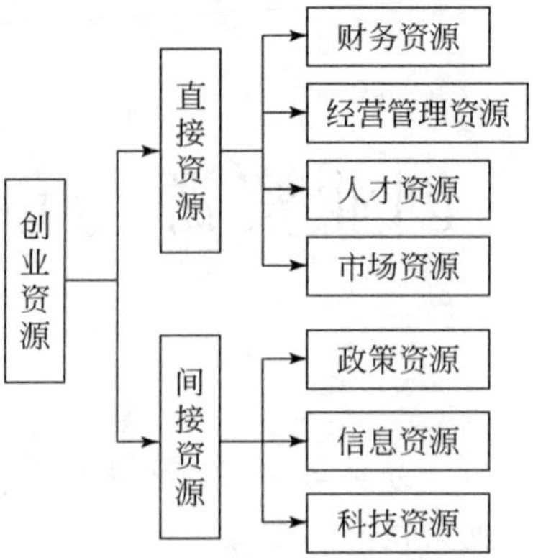

图 7-1 林强等人的创业资源细分概念模型图

财务资源：是否有足够的启动资金？是否有资金支持创业最初几个月的亏损？

经营管理资源：凭什么找到客户？凭什么应对变化？凭什么确保企业运营所需能够及时足量地得到？凭什么让创业企业内部能有效地按照最初设想运转起来？

人才资源条件：是否有合适的专业人才来完成所有任务？

市场资源，包括营销网络与客户资源、行业经验资源、人脉关系：凭什么进入这个行业？这个行业的特点是什么？赢利模式是什么？是否有起码的商业人脉？市场和客户在哪里？销售的途径有哪些？

政策资源：可不可以有一个“助推器”或“孵化器”推进我们的创业，比如某些准入政策、鼓励政策、扶持政策或者优惠等。

信息资源：依靠什么来进行决策？从哪里获得决策所需的信息？从哪里获得有关创业资源的信息？

科技资源：创业的企业凭什么在市场上去竞争，为社会提供什么样的产品和服务？大学生创业造就了惠普公司、英特尔公司等今天的高科技企业，造就了硅谷神话，为美国创造了巨大的社会财富，首先依靠的就是核心的科技技术。

2. 人力和技术资源、财务资源、生产经营性资源 从学者巴尼（Barney）的分类（图 7-2）出发，创业时期的资源就其重要性来说，分别有以下的细分：组织资源、人力资源、物质资源。由于企业新创，组织资源无疑是三类中较为薄弱的部分；而人力资源为创业时期中最为关键的因素，创业者及其团队的洞察力、知识、能力、经验及社会关系影响到整个创业过程的开始与成功；同时，在企业新创时期，专门的知识技能往往掌握在创业者等少数人手中，因而此时的技术资源在事实上和人力资源紧密结合，并且上述两种资源可能成为企业竞争优势的重要来源。在物资资源中，创业时期的资源最初主要为财务资源和少量的厂房、设备等。从而，细分后的创业资源经过重新归纳，主要为以下几种：①人力和技术资源，包括创业者及其团队的能力、经验、社会关系及其掌握的关键技术等；②财务资源即以货币形式存在的资源；③其他生产经营性资源，即在企业新创过程中所需的厂房、设施、原材料等。

3. 自有资源和外部资源 自有资源是来自内部机会积累，是创业者自身所拥有的可用于创业的资源，如创业者自身拥有的可用于创业的自有资金，自己拥有的技术，自己所获得的创业机会信息，自建的营销网络，控制的物质资源或管理才能等，甚至在有的时候，创业

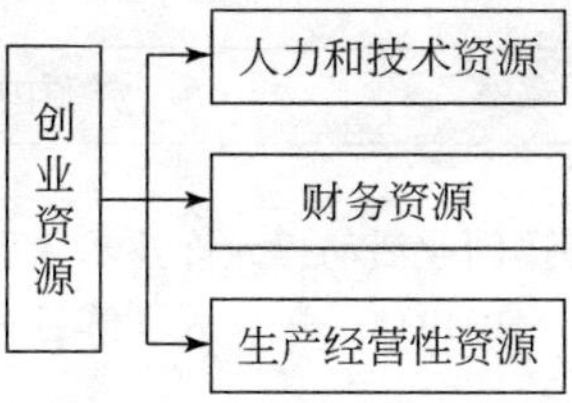

图7-2　巴尼（Barney）等人的创业资源细分概念模型图

者所发现的创业机会就是其所拥有的唯一创业资源。

外部资源可以包括例如朋友、亲戚、商务伙伴或其他投资者、投资人资金，或者包括借到的人、空间、设备或其他原材料（有时是由客户或供应商免费或廉价提供的），或通过提供未来服务、机会等换取到的，有些还可能是社会团体或政府资助的管理帮助计划。外部资源更多来自于外部机会发现，而外部机会发现在创业初期起着决定性作用。创业者在开始创业的时期面临的一个重要问题即资源不足和资源供给。一方面，企业的创新和成长必须消耗大量资源；另一方面，企业自身还很弱小，无法实现资源自我积累和增值。所以，企业只有识别机会，从外部获取到充足的创业资源，才能实现快速成长，这也是创业资源有别于一般企业资源的独特之处。对创业者来说，运用外部资源，是一种非常重要的方法，在企业的创立和早期成长阶段尤其如此。其中关键是具有资源的使用权并能控制或影响资源部署。

自有资源的拥有状况将在很大程度上影响甚至决定我们获取外部资源的结果。“打铁还要墩墩硬”，立志创业者首先要致力于扩大、提升自有资源。自有资源的拥有状况（特别是技术和人力资源）可以帮助我们获得和运用外部资源。

4. 要素资源和环境资源　按照资源对企业成长的作用将其分为两大类，对于直接参与企业日常生产、经营活动的资源，称之为要素资源；未直接参与企业生产，但其存在可以极大地提高企业运营的有效性资源，则称之为环境资源。要素资源和环境资源的具体分类，见表7-1。

表7-1　要素资源和环境资源的分类

资源分类		资源内容
要素资源	场地资源	场地内部的基础设施建设，便捷的计算机通信系统，良好的物业管理和商务中心，周边方便的交通和生活配套设施等
	资金资源	及时的银行贷款和风险投资，各种政策性的低息或无偿扶持基金，写字楼或者孵化器所提供的便宜的租金等
	人才资源	高级科技人才和管理人才的引进，高水平专家顾问队伍的建设，合格员工的聘用等
	管理资源	企业诊断、市场营销策划、制度化和正规化企业管理的咨询等
	科技资源	对口的研究所和高校科研力量的帮助，与企业产品相关的科技成果以及进行产品开发时所需要用到的专业化的科技试验平台等

续表

资源分类		资源内容
环境资源	政策资源	允许个人从事科技创业活动，允许技术入股，支持海外与国内的高科技合作，为留学生回国创业解决户口、子女入学等后顾之忧，简化政府的办事手续等
	信息资源	及时的展览会宣传和推介信息，丰富的中介合作信息，良好的采购和销售渠道信息等
	文化资源	高科技企业之间相互学习和交流的文化氛围，相互合作和支持的文化氛围，相互追赶和超越的文化氛围等
	品牌资源	借助大学或优秀企业的品牌，借助科技园或孵化器的品牌，借助社会上有影响力的人士对企业的认可等

三、创业资源在创业过程中的作用

创业者获取创业资源的最终目的是为了组织这些资源追逐并实现创业机会，提高创业绩效和获得创业的成功。无论是要素资源还是环境资源，无论它们是否直接参与企业的生产，它们的存在都会对创业绩效产生积极的影响。

（一）要素资源可以直接促进新创企业的成长

1. 场地资源 任何企业都要有生产和经营的场所，这是企业存在的首要条件之一。如为科技人员提供舒适的研究开发环境和高速网络通信系统，为市场人员提供便捷的商务中心和配套设施等，将有助于新创企业更快更好地成长。

2. 资金资源 充足的资金将有助于加速新创企业的发展。新创企业无论是进行产品研发还是生产销售，都需要大量的资金。而且，新创企业往往由于资产不足而缺乏资产抵押能力，很难从银行得到足够的贷款，这更使得资金资源成为企业高速发展的瓶颈。因此，如何有效地吸收资金资源是每个创业者都极为关注的问题。

3. 人才资源 人才对于创业企业的成长和发展已经越来越重要。事实上，当代企业管理中的人才已经由传统的“劳动力”概念转变为“人力资本”的概念。高素质人才的获取和开发，成为了现代企业可持续发展的关键；而对于高科技企业来说，因为其更大的知识比重，人才资源则更为重要。

4. 管理资源 高科技企业的创业者大多是科技人员出身，他们本身具备较强的科研能力，但是对于企业管理知识往往有所欠缺，很多高科技创业企业都失败于管理不善，这意味着拥有一套完整而高效的管理制度是新创企业的宝贵资源。当然，在企业缺乏这一资源时，专业的管理咨询策划将有助于提高新创企业的生产和运作效率。

5. 科技资源 高科技新创企业主要是研发和生产科技产品，科技资源的重要性不言而喻。积极引进寻找有商业价值的科技成果，加强和高校科研院所的产学研合作，将有助于加快产品研制和成型的速度，缩短产品进入市场的时间，为企业的市场竞争提供有力支持。

（二）环境资源可以影响要素资源，并间接促进新创企业的成长

1. 政策资源 从中国的创业环境看，发展创业企业需要制定相应的扶持政策，只有在政策允许和鼓励的条件下，新创企业才能获得更多的国内外人才、贷款和投资、具有明确产权关系的科技成果、各种服务和帮助以及场地优惠等。当然，政策资源是公共资源，所有同质的创业企业都可以享受，但新创企业更应该重视政策资源。

2. 信息资源 专业机构对于信息的搜集、处理和传递，可以为创业者制定研发、采购、生产和销售的决策提供指导和参考。对于新创企业来说，由于竞争十分激烈，就更加需要丰富、及时、准确的信息，以争取到更多的要素资源。这种信息如果由创业者通过市场调研分析获得，成本可能过高。因此，常常由专业机构提供。

3. 文化资源 文化资源是企业发展中重要的一环，对于新创企业来说，文化资源尤为珍贵。硅谷成功的一个很重要的原因是因为那里浓厚的文化氛围，如鼓励冒险、容忍失败等。文化，对于创业企业和创业者有着极大的精神激励作用，令新创企业以更强的动力和能力有效组合要素并创造价值。

4. 品牌资源 创业企业所置身的环境也具有一定的品牌效应。例如，优秀的孵化器能为高科技创业企业提供品牌保证，这可以提高政府、投资商和其他企业对在孵企业信誉度的估价，有助于提升新创企业获取资金、人才、科技、管理等资源。创业者要善于利用品牌资源，扩大新创企业和品牌之间的互动，以增强社会影响力。

四、技术资源是创业前最关键的资源

技术资源能回答这样的问题：我们能提供什么样的产品或者服务？它能满足或者实现人们什么样的需求？谁会需要我们提供的产品或者服务？

有研究者指出，在创业初期，技术资源是最关键的创业资源之一。其原因有三：一是创业技术是决定创业产品的市场竞争力和获利能力的根本因素。二是创业技术核心与否决定了所需创业资本的大小。对于在技术上非根本创新的创业企业来说，创业资本只要保持较小的规模便可维持企业的正常运营。三是从创业阶段来说，由于企业规模较小，因此对管理及人才的需求度不像成长期那样高。创建企业是否掌握创业需要的“核心技术”或“根部技术”，是否拥有技术的所有权，决定着创业的成本以及新创企业能否在市场中取得成功。尤其对依托高科技创业而言更是如此。美国的微软公司和苹果公司，最初创业资本都不过几千美元，创业人员也只有几人。它们之所以走向成功，就是因为它们拥有独特的创业技术。所以，创业企业成功的关键是首先寻找成功的创业技术。

很多时候，拥有了核心技术，就拥有了获得资金支持的资本。2005 年大学生创业竞赛中，上海交通大学七彩虹创业团队所持项目——分布式 ISP 接入方式，通过技术手段实现上网电话费用的降低，可以从当时的每小时 2 元降到 0.07 元。有关人士认为这一项目极具市场前景，如能推广，会给风险投资带来丰厚的回报。上海交通大学学子科技创业有限公司近水楼台先得月，抢先和七彩虹创业团队签订了投资协议。

一些看起来很有市场前景的“商机”，如果没有拥有或者控制核心技术就贸然进入，必然很快遭受重创。北京师范大学国际贸易专业的学生胡某和 7 位同学筹资 12 万，于 2003 年 8 月，正式注册成立了思迈人才顾问有限公司，并建立了专业的人才网站——思迈人才网。

他们公司的主旨是为企业和个人提供人才评估、咨询、培训、交流、猎头、人事代理等服务，为高校毕业生就业开通“绿色通道”，提供求职培训、素质测评、推荐安置工作等服务。看起来很有市场前景，但该团队中没有一个人拥有评估、咨询、培训、猎头以及人事代理的核心技术甚至运营经验；而开业之初，由于人才网络、企业网络没有运作起来，各种服务项目没法开展。于是，胡某决定从最基础的为大学生找家教和其他兼职做起，这也不是他们所擅长的。2003 年 12 月，公司创立仅仅 3 个月净亏 7. 8 万元。胡某以 1 元钱价格把思迈转卖给了一个博士生。

最后要特别指出的一点是，我们关于技术的外延应该比较宽广一些，做菜、按摩、养猪等都有技术可言，小看他们的技术，将犯十分低级的错误。2006 年成都开面馆的六位研究生，虽然在开业前两个月，6 个人分头到成都大街小巷的面店去“明察暗访”，两个月下来，先后跑了几百家面馆，吃了一千多碗面，发现了“成都的快餐吃得最多的还是面条”这样的事实，但他们并没有拥有提供“好味道面”的技术，他们的面“量少、难吃”，四个多月后，面馆怅然转手他人。

五、人力资源是创业企业持续发展最重要的资源

人力资源不仅仅指创业者及其团队的特长和知识、激情，人力资源包括创业者及其团队拥有的能力、经验、意识、社会关系、市场信息等。美国苹果电脑公司创立人史蒂夫·贾伯曾经说过：“刚创业时，最先录用的10 个人将决定公司成败，而每一个人都是这家公司的十分之一。如果 10 个人中有 3 个人不是那么好，那你为什么要让你公司里 30% 的人不够好呢？小公司对于优秀人才的依赖要比大公司大得多。”

大学生自主创业最艰难的不是资金，而是意识、知识、信息和技能的匮乏，创业越深入，这些不足就越凸现。一旦企业成立了，创业者团队的经营管理能力以及经验等就至关重要。

财务资源不是最重要的约束。资金是可以通过团队的能力以及团队所拥有的技术去获得的，但反之并不成立。2006 年刚从上海交通大学毕业的陈某，以数字医疗方面的科研项目为基础创办了碧峰软件信息技术有限公司，拿到了 30 万元上海市“大学生科创基金”。但陈某坦言，“市场化产品与实验室产品有很大区别，而大学生通常缺乏与市场接轨的经验，这比缺乏资金更容易导致创业失败”。创业不仅需要持续的技术支持，还需要出色的创业团队，而且创业投资者真正看中的往往就是创业所依赖的技术潜能以及出色的创业团队。

创业过程既是一个对市场不断探索的过程，也是一个对企业内部的各种资源调整整合的过程，同时还是一个不断学习的过程。创业者是否具备了及时发现经营和管理中的错误、判断错误性质，领悟正确东西的意识、思维以及能力，是否能够及时、有效和经济地纠正错误，往往决定了创业是否能够成功，也是创业企业发展的速度、高度和稳定性的关键资源。

六、创业资源的管理

创业资源主要有资金、时间、人才、市场等方面，而其管理包括这些资源的获取、分配和组织等方面的内容。

1. 资金管理 因为企业创业在内部发生，一般新业务由旧业务的收入来支撑，所以资

金来源有保障。在这种资金获取办法下，由于新业务本身不但没有收益，反而必须投入大量的资金而导致“新业务招损”，因此，可能打击旧业务员工的积极性，对企业发展不利，特别是当企业从专业化向多元化转变时更是如此。解决这个问题的办法有：对新项目使用种子资助资金，采取内部风险投资的方式，或其他有偿使用资金的办法。

2. 人才分配 企业创业的另一个问题是人才支持。当项目处于种子阶段时，主要由少数几个人在运作和管理，一旦进入了孵育发展阶段，就必须有得力的人才来进行规划管理，因此，这里也存在一个新、旧项目争夺人才的问题。为了使新、旧项目的发展不受人才问题的影响，企业必须注意在发展过程中培养新的人才，稀释各部门的人才密度，给人才加压力。

3. 工作时间分配 企业创业相对首创业来说，一个大问题是创业者的工作时间和精力难有保障。一般来说，企业内部的创业者既要完成当前的工作，又要进行开发工作，因此，工作时间分配经常顾此失彼。为了保障员工有充足的时间来孵化创新性的想法，组织应该从制度上给他们以保证，同时调整他们的工作负担，避免对员工各方面施加过多的时间压力，允许他们长时间解决创新问题。如柯达公司的创业者可以将20%的工作时间用于完善创业设想；如果设想可行，创业者可以离开原岗位。

4. 企业创业的营销资源管理，主要是指营销资源的分配和新市场的开拓 企业创业是一种以市场为导向的活动，市场对新产品的接受程度直接关系到创业成败，但开始时，新产品在市场中几乎不为人所知，因此，企业必须集中销售资源，致力于新产品的市场开拓。这里也存在新、旧项目营销资源竞争的问题。为了解决这个问题，企业必须加大营销投入。

【经典案例】

老李的烙饼店

40岁的老李下岗了，他想开一家经营烙饼和面条等主食的店面，虽然他一不会烙饼、做面条，二没有资金，但是他的烙饼店却在一无所有的情况下红红火火地开起来了。他是如何做的呢？

开始，老李连续几天去劳务市场转悠，他发现有几个三四十岁的人老是找不到工作，就装作找工作的和他们聊天。后来老李听说他们当中有一个会烙大饼，姓赵，于是就跟他商量开个做烙饼和面条的小店。老赵一听就同意了，并找来了五六个也会做烙饼和面条的人，老李一看人有了，就商量着找一个人当头，并且说谁当老板，谁就得给大家发工资，大家都推脱着不愿意当这个老板，老李就站出来自愿当了老板。之后，老李就让老赵带头领着其他人去找店面，可是店面找到了，租金却没有着落。老李要求这5个人每人缴300元的押金，理由是怕他们临阵逃脱并把店里的设备拿走，这五个人一听也有道理，就每人缴了300元并签了合同。老李用这笔钱付了两个月的房租，还买了三轮车、面机、面粉等必需用品，就这样，1500元的押金除了开销之外，还剩二三百元，小店就这么开张了。

小店开业之后，老李安排其中两人专门烙饼在店里卖，另外两个人去菜市场卖面条，再有一个人给大食堂或饭店里送面条，后来他还联系了学校里的几个食堂去送货。就这样，6个月后小店的营业额就达到了9万元。

老李的烙饼店共赢的资源整合理念基于三点：

1. 老李通过烙饼店，给合作者提供了平台，大家共同将一块蛋糕做大，人人受益，共赢未来。

2. 众人拾柴火焰高，一个人前进一百步永远比不上一百个人共同前进一步。有了众人的努力，采用了不同的营销策略，企业才能着眼于长远发展。

3. 资源整合造就了一个创业团队的诞生，团队成员与自己共同发展，共事而无忧。

点评：

随着知识经济的发展，资源整合越来越成为企业经营中提升核心竞争力的关键。它不仅是系统论的思维方式，还是优化配置的重要决策。如何让资源整合的各方都满意，其资源整合的关键在互补，核心在共赢。

在资源整合过程中，最忌单方追求利益最大化，必须设计出共同获利的盈利模式。这个获利预期不一定都是经济利益，而是各方不同利益追求的综合平衡。实现资源整合的关键要点：①识别利益相关者及其利益；②构建共赢机制；③维持信任长期合作。

第二节 认识创业融资

创业融资是创业企业在设立与发展期间的重要行为。正确的融资决策关乎创业企业的正常发展。

一、创业融资概念

融资主要是指资金的融入，也就是通常意义的资金来源，具体是指通过一定的渠道、采用一定的方法、以一定的经济利益付出为代价，从资金持有者手中筹集资金，满足资金使用者在经济活动中对资金需要的一种经济行为。

1. 融资概念 创业融资有“广义”和“狭义”之分。狭义的融资概念仅指不同资金所有者之间的资金融通，即资金从资金供给方流向需求方。广义的融资不仅包括前者，还包括某一经济主体通过一定方式在自己内部进行资金融通。

2. 融资成本 融资成本包括融资的显性成本和隐含成本。显性成本就是创业企业的加权平均资本（包括资金筹措和资金占用费）。隐含成本包括创业者融资时所出让的所有权份额、融资不成功所错失商机的机会成本和创业企业融资契约安排下的代理成本。

首先，由于创业企业的风险比较大导致投资者和债权人所要求的报酬率也比较高，如果是权益融资，投资者所要求的所有权份额也比较高；其次，创业企业没有贷款抵押和担保，风险大且盈利能力弱，这种企业无法从诸如内部积累、股票市场、债券市场和银行这些传统渠道获得资金，这样创业企业的资金筹措费用也比较高；最后，创业融资是一种资金、管理与创意相结合的融资，创业者拥有创意和技术，而资金基本上由投资者和债权人提供，因此创业融资的代理成本比较高。

3. 融资动机与偏好 创业企业融资有不同的动机，根本原因是为了企业的发展。创业企业融资的内在动机有：提高核心能力，扩大市场规模和份额，提高企业盈利能力。

融资资源有各种偏好和方式，包括他们将提供多少资金、在创业企业生命周期的哪个阶段投资、资本的成本或他们寻求的预期年回收率。要确定真实的融资资源并制定出相应的融资战略，需要知道投资者或贷款人正在寻求的投资类型。事先对特定投资者或贷款人的偏好做适当研究，可以避免盲目寻找，并节省许多个人资金，同时可以大大增加按可接受条件成功筹集资金的可能性。

创业者融资偏好，应与投资者偏好、融资成本、融资风险以及创业企业的投资性等匹配。投资者根据对风险的偏好程度可以分为：风险偏好者、风险厌恶者与风险中性者。创业企业由于创立的时间不长，未来的成长不确定性很高，潜伏的失败风险极大。一般来说，风险偏好者愿意投资成长性高的高技术企业，期望获得高的收益，如创业投资者。银行等中介结构出于安全性原则，一般不愿意贷款给新兴的企业，新兴企业的风险更高，收不回贷款的可能性更大，所以应实行信贷配给。投资者或贷款人的实践方式因人而异，即使同一类的投资，贷款人也会随市场条件、时间、地点的不同而采用不同的行为。

二、创业融资渠道

融资渠道是指企业筹措资金的方向和通道，体现了资金的来源和流量，了解企业的融资类型和融资方式，对企业的生存和发展是极其关键的。对于创业者来说，能否快速、高效地筹集资金，是创业企业站稳脚跟的关键，更是实现二次创业的动力。据了解，目前国内创业者的融资渠道较为单一，主要依靠银行等金融机构。而实际上，风险投资、民间资本、创业融资、融资租赁等都是不错的创业融资渠道。

1. 风险投资　在英语中，风险投资的简称是 VC，与维生素 C 的简称 Vc 如出一辙，而从作用上来看，两者也有相同之处，都能提供必需的“营养”。广义的风险投资泛指一切具有高风险、高潜在收益的投资；狭义的风险投资是指以高新技术为基础，生产与经营技术密集型产品的投资。根据美国全美风险投资协会的定义，风险投资是由职业金融家投入到新兴的、迅速发展的、具有巨大竞争潜力的企业中的一种权益资本。

【案例】

重庆江北通用机械厂从 1995 年开始研制生产大型氟利昂机组新产品，其具有兼容功能，并可以用其他冷冻液替代氟利昂。由于银行对新产品一般不予贷款，重庆风险投资公司提供了 100 万元贷款。两年后，江北通用机械厂新产品销售额达 7000 万元。

2. 天使投资　天使投资是自由投资者或非正式风险投资机构，对处于构思状态的原创项目或小型初创企业进行的一次性的前期投资。天使投资虽是风险投资的一种，但两者有着较大差别：天使投资是一种非组织化的创业投资形式，其资金来源大多是民间资本，而非专业的风险投资商；天使投资的门槛较低，有时即便是一个创业构思，只要有发展潜力，就能获得资金，而风险投资一般对这些尚未诞生或嗷嗷待哺的“婴儿”兴趣不大。

在风险投资领域，“天使”这个词指的是企业家的第一批投资人，这些投资人在公司产品和业务成型之前就把资金投入进来。天使投资人通常是创业企业家的朋友、亲戚或商业伙伴，由于他们对该企业家的能力和创意深信不疑，因而愿意在业务远未开展之前就向该企业家投入大笔资金，一笔典型的天使投资往往只是几十万美元，是风险资本随后可能投入资金的零头。

对刚刚起步的创业者来说，既吃不了银行贷款的“大米饭”，又沾不了风险投资“维生素”的光，在这种情况下，只能靠天使投资的“婴儿奶粉”来吸收营养并茁壮成长。

【案例】

牛根生在伊利公司期间因为订制包装制品时与谢秋旭成为好友，当牛自立门户时，谢作为一个印刷商人，慷慨地掏出现金注入到初创期的蒙牛，并将其中的大部分的股权以“谢氏信托”的方式“无偿”赠与蒙牛的管理层、雇员及其他受益人，而不参与蒙牛的任何管理和发展安排。最终谢秋旭也收获不菲，380 万元的投入如今已变成 10 亿元。

3. 创新基金 近年来，我国科技型中小企业的发展势头迅猛，已经成为国家经济发展新的重要增长点。政府也越来越关注科技型中小企业的发展。同样，这些处于创业初期的企业在融资方面所面临的迫切要求和融资困难的矛盾，也成为政府致力解决的重要问题。

有鉴于此，结合我国科技型中小企业发展的特点和资本市场的现状，科技部、财政部联合建立并启动了政府支持为主的科技型中小企业技术创新基金，以帮助中小企业解决融资困境。创新基金已经越来越多地成为科技型中小企业融资可口的“营养餐”。

【案例】

兰州大成自动化工程有限公司自运营第一年，主要进行产品开发，几乎没有收入，虽然技术的开发有了很大的进展，但资金的短缺越来越突出。当时正值科技型中小企业技术创新基金启动，企业得知后非常振奋，选择具有国际先进水平的“铁路车站全电子智能化控制系列模块的研究开发与转化”项目申报创新基金。

为此，该公司进一步加快了研发的速度，于 1999 年 12 月通过了铁道部的技术审查，取得了阶段性的成果。正因为企业有良好的技术基础，于 2000 年得到了创新基金 100 万元的资助，不仅起到了雪中送炭的作用，而且起到了引导资金的作用。同年，该项目又得到了甘肃省科技厅 50 万元的重大成果转化基金，教育部“高等学校骨干教师资助计划”12 万元的基础研究经费。2001 年，针对青藏铁路建设的技术需求，该项目被列入甘肃省重点攻关计划，支持科技三项费用 30 万元。

4. 中小企业担保贷款 一方面中小企业融资难，大量企业嗷嗷待哺；一方面银行资金缺乏出路，四处出击，却不愿意贷给中小企业。究其原因主要在于，银行认为为中小企业发放贷款，风险难以防范。然而，随着国家政策和有关部门的大力扶植以及担保贷款数量的激增，中小企业担保贷款必将成为中小企业另一条有效的融资之路，为创业者“安神补脑”。

【案例】

上海一家高科技公司属国内一流艺术灯光景观建设专业企业，开发了数十项产品。在强大的科技研发能力支持下，该公司业务发展迅速。与业务发展相伴而行的则是资金困境。工程类企业的行业特点是资金回笼速度慢，营运资金占用情况严重。但由于公司规模较小，又缺乏与银行合作的信用记录，获得银行融资困难重重。

2005 年底，该企业得到中国投资担保有限公司提供担保的 80 万元流动资金贷款，由此，该公司取得了快速发展，2007 年 6—7 月，该公司先后中标 2008 年北京奥运场馆照明工程合同。

5. 政府基金 近年来，政府充分意识到中小企业在国民经济中的重要地位，尤其是各省市地方政府，为了增强自己的竞争力，不断采取各种方式扶持科技含量高的产业或者优势产业。为此，各级政府相继设立了一些政府基金予以支持。这对于拥有一技之长又有志于创业的诸多科技人员，特别是归国留学人员是很好的机会。

【案例】

2001年在澳大利亚度过了14年留学和工作生涯的施正荣博士，带着自己10多年的科研成果回到家乡无锡创业。当无锡市有关领导得知施正荣的名声和他的太阳能晶硅电池科研成果在国内还是空白时，立即拍板要扶持科学家做老板。在市经委的牵头下，无锡市政府联合当地几家大国企投资800万元，组建了无锡尚德太阳能电力有限公司。有了政府资金的鼎力支持，尚德公司有了跨越式发展，仅仅3年时间销售额已经过亿元，成为业界明星企业。

6. 典当融资　风险投资虽是天上掉馅饼的美事，但只是一小部分精英型创业者的“特权”；而银行的大门虽然敞开着，但有一定的门槛。“急事告贷，典当最快”，典当的主要作用就是救急。与作为主流融资渠道的银行贷款相比，典当融资虽只起着拾遗补缺、调余济需的作用，但由于能在短时间内为融资者争取到更多的资金，因而被形象地比喻为“速泡面”，正获得越来越多创业者的青睐。

【案例】

周先生是位通讯设备代理商，前段时间争取到了一款品牌新手机的代理权，可是问题在于要在三天内付清货款才能拿货，而他的资金投资在另一商业项目上，他可不甘心失去这得来不易的代理权。周先生脑子转到了自己的那辆“宝马”车上，于是，他马上开车来到典当行。业务员了解情况后告诉他：当天就可以办理典当拿到资金。周先生大喜过望，立即着手办理典当手续，交纳相关证件、填表、把车开到指定仓库、签合同，领当金。不出半天的工夫，他就拿到了他急需的50万元，一个月后来赎当，这笔当金帮他赚了近10万元。

7. 亲情融资　个人筹集创业启动资金最常见、最简单而且最有效的途径就是向亲友借钱。它属于负债筹资的一种方式，其优势在于一般不需要承担利息，没有财务成本，只在借钱和还钱时增加现金的流入和流出。因此，这种方式筹措资金速度快、风险小、成本低。缺陷是会给亲友带来资金风险，甚至是资金损失，如果创业失败就会影响双方感情。

【案例】

小李就读国际贸易专业，一直对经商非常感兴趣，大学期间小李尝试过多种经商模式，他摆过地摊、卖过高年级毕业同学的旧书旧物。2013年升入大四后，小李面临就业的选择。通过招聘市场和网络，他一直在投递简历、找工作，但回音很少，好不容易有单位打电话来，但是待遇太低，双方谈不到一块去。于是小李决定自主创业，无意当中他发现烤红薯的商机，于是他考察了北京的一家卖红薯机器的企业后，决定买回机器，卖烤红薯、红薯干等产品，先期投入的五万元，就有3万是小李跟父母借的，还加入了自己打工存的2万元。现在小店的生意越来越好，一个月纯利润就达到1万元。

8. 合伙融资　寻找合伙人投资是指按照“共同投资、共同经营、共担风险、共享利润”的原则，直接吸收单位或个人投资、合伙创业的一种筹资途径和方法。合伙创业不但可以有效筹集到资金，还可以充分发挥人才的作用，并且有利于对各种资源的利用和整合，尽快形成生产能力，降低创业风险。但俗话说：“生意好做，伙计难做”，合伙投资人人是老板，容易产生意见分歧，降低办事效率，也有可能因为权利与义务的不对等而产生合伙人之间的矛盾，不利于合伙基础的稳定。

【案例】

携程网的三位元老沈南鹏、梁建章、季琦出于对互联网经济的看好，走上了将电子商务和旅游相结合的道路。沈南鹏，耶鲁大学 MBA 出身，时任德意志银行中国资本市场主管，多年的工作经历让他具有相当的融资能力和宏观决策能力；梁建章，曾在甲骨文公司做过研发工作，技术背景深厚；季琦，有丰富的创业经验，善长交际，对管理、销售都有一套。三人决定向旅游业进军，创始之初，沈南鹏等 4 人共投资了 200 万元。2003 年 12 月携程旅游网在美国纽约纳斯达克股票交易所正式挂牌交易。

以上各种融资渠道各有特点，创业者可以根据所创企业的特点进行选择。同时，创业企业在对各种渠道进行比较并做出选择后，了解并遵守国家有关创业融资的各种法律法规也是十分重要和必要的，唯有这样，所需创业资金才能真正安全地得到保证。

三、我国大学生创业融资的特点

1. 融资渠道匮乏 通过访问几位大学生创业人士，我们了解到，他们的首笔创业资金多是源于父母或银行贷款，鲜有从其他渠道获得。而我们对在校大学生的走访调查，也印证了这一现象。大多数人选择金融机构小额贷款（43.9%）和向父母亲戚借钱（32.93%）。其次是参加创业比赛获得奖励（17.07%），很少有人选择向朋友借钱（仅仅为2.44%），还有3.66%希望通过先工作进行资本累积。由此可以看出，我国大学生创业融资渠道较为单一，需要金融机构多样化、专业化的融资业务支持。

2. 创业环境先天不足 主要体现在创业优惠政策的落实和风险投资商的吸引上。虽然近年来我国已陆续出台各种扶持大学生创业的优惠政策，包括税收、信贷、基金支持等，但我们发现，这些大学生创业人士几乎都没有切实享受到政策的优惠。事实上，这些政策也并未得到广泛的落实，创业者们只能望而叹息。有关人员表示，这些政策的真正实施需要一个过程。

再让我们聚焦风险投资。美国是世界上创业投资最发达的国家，有成熟的资本市场，因而美国大学生的创业计划多数很容易得到风投的青睐。相比之下，我国资本市场较为落后，创业投资处于起步阶段，融资较为困难。我国现有的风险投资商以参股形式进入企业，一般都更青睐高科技、高风险、高回报行业。但刚进入社会的毕业生们一般不会选择这些项目，而是从小规模、低成本的项目做起。因此风险投资与大学生创业融资往往失之交臂。

四、创业资源获取的途径

（一）获取技术资源的途径

获取起步项目所依赖技术的途径方式有：①吸引技术持有者加入创业团队；②购买他人的成熟技术，并进行技术市场寿命分析等；③购买他人的前景型技术，再通过后续的完善开发，使之达到商业化要求；④同时购买技术和技术持有者；⑤自己研发，但这种方式需要时间长，耗资大。创业者应该随时关注各高校实验室、老师或者学生的研发成果，定期去国家专利局去查阅各种申请专利，养成及时关注科技信息、浏览各种科技报道、留意科技成果、从中发现具有巨大商机的技术的习惯。

（二）获取人力资源的途径

这里的人力资源不是指创业企业成立以后需要招募的员工，而是指创业者及其团队拥有的知识、技能、经验、人际关系、商务网络等。创业前，如果有可能，可以在读书期间做一些产品的校园或者地区代理，不管是热水袋、拖鞋到牛奶、化妆品还是手机卡、数码产品、婚纱店、美容店、家教中心等，都可以去尝试。这个过程中既能赚钱，增长关于市场的知识，还可以锻炼组织能力。也可以考虑进入一个企业为别人工作，通过打工的经历学习行业知识、建立客户资源渠道，了解企业运作的经验，学习开拓市场的方法，认识赢利模式。

（三）获取市场与政策信息资源的途径

一般而言，获取市场及政策信息的途径主要有：政府机构、同行创业者或同行企业、专业信息机构、图书馆、大学研究机构、新闻媒体、会议及互联网等。对于这些信息的获得，创业者可以根据自己的实际情况与各种方式的特点，选择一种或多种方式，尽可能获取有效的、需要的信息。

五、创造性地整合资源是创业者成功的关键因素

成功的创业者大多是资源整合的高手，创造性地整合资源是他们成功的关键因素之一。资源整合不仅是创业者的专利，企业经理人甚至个人的职业发展都需要注重资源整合。

1. 缺乏资源是创业者整合资源的主要动力　资源是人类开展任何活动所需要具备的前提，要把握创业机会，同样需要具备相应的资源。创业活动往往是在资源不足的情况下把握机会，这并不等同于不重视资源，相反，这样的定义恰恰是在提醒创业者必须创造性地整合资源。

缺乏资源的创业者渴望获取资源，自身的实力弱、没有经营业绩、成长的不确定性等多方面因素又使得创业者难以获得资源。不少创业者不得不把自己的积蓄投入到自己创建的事业中，即“自我融资”；然后，创业者会向家人、亲戚、同学等寻求支持，获得帮助；还有就是强调建立社会关系，构建或加入社会网络，强化自身的社会资本。这些方面的研究成果都已经很多，也为大家所熟悉。但如果自己没有什么积蓄、无法从亲戚朋友那里获得帮助、社会关系也不强的创业者，若能整合到资源，就值得我们学习了。

2. 资源整合的几条原则　首先，尽可能多地发现和确定可供整合的资源提供者。

要整合到资源，就要寻找到可以提供资源的对象。对此，一种办法是找到少数拥有丰富资源的潜在资源提供者，如政府、大公司等，这方面创业者往往没有优势；另一种办法是尽量多找潜在的资源提供者。

六、创业融资遇阻的原因解析

1. 目的、目标不明确　创业者无法回答的首要问题是“你需要多少资金，你对自己公司的估值是多少？”。这时，创业者需要有证据支持其融资请求。

2. 不了解融资流程和规则　关键是创造与投资者双赢的局面，应坦诚投资风险与回报，

别要花架子或走捷径，说服投资者相信你，避免日后与股东产生法律纠纷。

3. 依赖不可靠的业务人员 聘用值得重用的人员才是成功的关键。吸引知名的顾问、律师和会计加入团队，有助于潜在投资者更好地理解创业者的理念、提升其诚信度。

4. 欠妥的资金来源 如果投资者认为创业者的项目与其投资能力不符，即使对创业者的点子感兴趣也无济于事。如果创业者需要融资的额度小于100万美元，就不用浪费时间寻找风险投资者了。此外，在创业初期创业者自身利益还未与初创公司息息相关时，不应对专业投资者注资抱有太大期望。

5. 未对资金来源进行尽职调查 投资者对创业者进行尽职调查的同时，创业者也应对潜在投资者进行尽职调查，包括核查其近期的投资项目、投资时期、投资预期记录以及进展情况。对此，不必感到惊奇或失望。

6. 对未来没有准备 如果投资者对创业者的初步介绍比较满意，会要求创业者提交正式的商业计划书和财务预测。如果创业者不能尽快提供这些材料，不但会令投资者失去热情，还会损害创业者的专业形象。

【经典案例】

借力修天桥

国际商场（天津的第一家上市公司）邻南京路，这是一条十分繁忙的主干道，道路对面就是滨江道繁华的商业街。在国际商场刚开业时，门口并没有过街天桥，行人穿越南京路很不方便，也不安全。应该修建天桥，这是很正常的事情，估计经过那里的人都会很自然地想到这一问题。但是，估计绝大多数有这样认识的人会觉得这个天桥应该由政府来修建，所以想想、发发牢骚也就过去了。有一天，一位年轻人同样也产生了这样的想法，他没有认为这是政府该干的事情，而是立即找政府商量，提出自己出钱修建过街天桥，希望政府批准，前提是在修建好的天桥上挂广告牌。不花钱还让老百姓高兴，再说天桥也不注明谁出资修建，政府觉得不错，就同意了。这个年轻人拿到政府的批文，从政府出来后立即找可口可乐这些有名的大公司，洽谈广告业务，在这么繁华的街道上立广告牌，当然是件好事情。就这样，这位年轻人从大公司那里拿到了广告的定金，用这笔钱修建了天桥还略有剩余。天桥修建好了，广告也挂上了，年轻人从大公司那里拿到余款，这就是他的第一桶金。

第一，尽可能多地发现和确定可供整合的资源提供者。

要整合到资源，就要寻找到可以提供资源的对象。对此，一种办法是找到少数拥有丰富资源的潜在资源提供者，如政府、大公司等，这方面创业者往往没有优势；另一种办法是尽量多找潜在的资源提供者。修天桥的小伙子找到了政府、愿意做广告的大公司。

第二，认真分析潜在资源提供者的利益并寻找到共同利益所在。

商业活动强调利益，要做到资源整合，需要认真分析潜在资源提供者各自关心的利益所在。在修天桥的故事中，小伙子想赚钱，政府希望有政绩，大公司想在黄金地段做广告。表面上看，各自的目的不同，利益诉求也不同，但存在联系，一旦不同诉求的组织或个人之间存在共同利益，或建立起紧密的利益联系，就成为了利益相关者。

第三，让对方先赢自己再赢的整合机制。

资源能够整合到一起，需要合作，合作需要双赢甚至是共赢。合作总要有一个开始，在没有合作基础的前提下，一开始就双赢不容易。我认为上述例子成功的关键在于主人公想到的是让对方先赢，以此换取对方的信任。修天桥的小伙子明确告诉政府，自己出钱修天桥还不标明是自己建的，政府不花钱还让老百姓高兴。这让我想起老洛克菲勒的一句名言，“建立在商业基础上的友谊永远比建立在友谊基础上的商业更重要”。

第四，沟通。

沟通很重要。修天桥的小伙子具有较强的沟通能力，这是他成功的关键因素。沟通是创业者与利益相关者之间相互了解的重要手段，沟通是产生信任的前提，信任关系的建立有助于资源整合，降低风险，扩大收益。

资源的种类很多，对于创业者来说，自身所具备的知识、社会关系网络、专长、组织领导才能、沟通能力、对市场和顾客需求的洞察能力等都可能成为有助于其创业成功的重要资源，合理地运用这些资源，创业者有可能成功地整合到资金、人力和物力，进而为创业活动奠定基础。要成功地整合资源，创业者必须要有创新的思维，要兼顾各方面利益相关者的利益，达到多赢、共赢的境界。

第三节 创业融资准备

企业在创业阶段风险较大，融资相对较难，如果不认真做好准备工作，成功的希望非常渺茫。在创业者缺乏相关经验的情况下，即使意外成功，交易结构和投资条款也对企业很不利，为今后的发展埋下隐患。所以，要成功实现创业企业融资必须预先做好融资准备工作。

一、融资准备

所谓“知己知彼，百战不殆”，融资准备工作也必须从“内外”两大因素入手：做好内部建设，对企业现状和发展前景有清晰的认识；同时逐步了解外部的融资环境，可以通过聘请专业融资顾问获得帮助，为成功融资创造条件。具体包括以下几项：

1. 企业自身建设 涉及盈利模式、管理团队、市场客户和产品技术等几大要素。其中管理团队具有管理能力、凝聚力和进取心，是创业成功的重要保证。

2. 制定融资战略 需要考虑的问题有：融资的时机、所需资金的数量、融资采取的方式等。企业还应当根据不同的发展阶段来考虑融资数量和资金投入的时机。融资方式的选择需要结合自身条件和各种融资渠道的风险、成本综合考虑。

3. 资料和人员的准备 将企业的情况和融资计划表达成简明、有说服力的书面文档，凸显企业价值，使投资者通过相关材料对企业有清楚的认识。需要注意的是，随着融资各项工作的到位，内部操作人员专业素质缺乏亦可能导致融资谈判失败，所以适时地组织内部人员参加专业培训也是重要的准备。

4. 聘请外部专家 由于创业者往往缺乏融资经验与时间精力，聘请专业融资顾问是最好的选择，他们将为融资的各个步骤提供专业意见，并利用积累的融资渠道为企业引荐合适的投资者。

5. 接触潜在投资者 创业者和投资者之间是一种长期合作关系，需要达成充分的相互了解与信任。企业应在广泛调研的基础上，根据自身的发展模式和价值取向进行选择与接触。事实上在与投资者的交流中，创业者往往能够获得很多有利于企业发展的宝贵建议。

二、创业融资的选择策略

1. 深入进行融资总收益与总成本分析 创业者首先应该考虑的是：企业必须融资吗？融资后的投资收益如何？融资后的收益是否大于融资成本？创业者只有经过深入分析，确信利用筹集的资金所得到的总收益要大于融资的总成本时，才有必要考虑融资。融资成本既有资金的利息成本，还有可能是较为昂贵的融资费用和不确定的风险成本。企业融资成本是决定企业融资效率的决定性因素，对于创业企业选择哪种融资方式有着重要意义。

2. 合理确定企业的融资规模与融资期限 创业者在进行融资决策之初，要根据各种条件，量力而行地确定企业合理的融资规模。此外，创业者必须做出最佳的融资期限选择，以利于企业的发展。因为融资期限过长，增加了融资成本与融资风险；融资期限过短，则限制企业的发展。创业者做融资期限决策，一般是在短期融资与长期融资两种方式之间权衡，做何种选择主要取决于融资的用途和创业者的风险性偏好。从资金用途上来看，如果融资是用于企业流动资产，则宜于选择各种短期融资方式；如果融资是用于长期投资或购置固定资产，则适宜选择各种长期融资方式。

3. 尽量选择有利于提高企业竞争力的融资方式 企业融资通常会给企业带来以下直接影响：一是壮大了企业资本实力，增强了企业的支付能力和发展后劲，从而减少了企业的竞争对手；二是提高了企业信誉，扩大了企业产品的市场份额；三是增加了企业规模和获利能力，充分利用规模经济优势，从而提高企业在市场上的竞争力，加快了企业的发展。但是，企业竞争力的提高程度，根据企业融资方式、融资收益的不同而有很大差异。比如，股票融资，通常初次发行普通股并上市流通，不仅会给企业带来巨大的资金融通，还会大大提高企业的知名度和商誉，使企业的竞争力获得极大提高。因此，进行融资决策时，企业宜选择最有利于提高竞争力的融资方式。

4. 有效利用企业的金融成长周期 在中小企业创业初期，企业的信息基本上是封闭的，由于缺乏业务记录和财务审计，它主要依靠内源融资和非正式的天使融资；当企业进入成长阶段，随着规模的扩大，可用于抵押的资产增加，信息透明度的逐步提高，业务记录和财务审计的不断规范，企业的内源融资难以满足全部资金需求，这时企业开始选择外源融资，开始较多地依赖于来自金融中介的债务融资；在进入稳定增长的成熟阶段后，企业的业务记录和财务趋于完备，逐渐具备进入资本市场发行有价证券的资产规模和信息条件。随着来自资本市场可持续融资渠道的打通，企业债务融资的比重下降，股权融资的比重上升，部分优秀的中小企业逐步发展成为大企业。金融成长周期理论的提出有利于企业据此实行系统化和模式化的金融管理并简化融资决策程序，对于指导企业的融资实践发挥重要作用。

5. 慎重挑选合适的投资者 确定实际可行的融资方式以及制定融资策略，必须明白要寻找什么类型的投资者。创业融资是一个双向选择的过程，投资者在选择创业者的同时，创业者也在积极地挑选合适的投资者。创业者一般应选择这样的投资者：明确考虑要投资，并有能力提供相应资金的；了解并对该行业投资有兴趣的；能够提供有益的商业建议，并且与业界、融资机构有接触的；有名望、道德修养高的；为人处世公平合理，并能与创业者和谐相处的；具有此类投资经验的。具有这些特质的投资者是稀缺的、有价值的、难以复制的、不可替代的人力资源，他们可以给企业持久的竞争优势。

三、创业所需资金的测算

你已经准备好创立一家新企业了？在起步之前，你需要知道究竟创业需要多少启动资金？你可能有一个粗略的估计，但这还不够详细，无法支撑你制作一套可行的商业计划书，要准确地衡量你需要多少启动资金，这是成功的关键。如果低估了需求，那么在企业开始盈利之前，你可能就已经用光了运营资金。而过高的预测成本，你又可能永远都无法筹集到足够的资金以起步。

（一）启动资金的类型

启动资金用来支付场地（土地和建筑）、办公家具和设备、机器、原材料和商品库存、营业执照和许可证、开业前广告和促销、工资以及水电费和电话费等费用。

这些支出可以归为两类：

投资（固定资产）是指你为企业购买的价值较高、使用寿命较长的东西。有的企业用很少投资就能开办，而有的必需要大量的投资才能启动。明智的做法是把必要的投资降到最低限度，让企业少担些风险。然而，每个企业开办时总会有一些投资。

流动资金指企业日常运转所需要支出的资金。

（二）投资（固定资产）预测

投资一般可以分为两类：①企业用地和建筑；②设备。

1. 企业用地和建筑　办企业或开公司，都需要有适用的场地和建筑。也许是用来开工厂的整个建筑，也许只是一个小工作间，也许只需要租一个铺面。如果你能在家开始工作，就能降低投资。在前面谈到营业地点问题时，你已经决定在哪里设置你的企业。现在要进一步看你的企业具体需要什么样的场地和建筑等。

当清楚了需要什么样的场地和建筑时，要做出以下选择：①造新的建筑。②买现成的建筑。③租一栋楼或其中的一部分。④在家开业。

（1）造房：如果你的企业对场地和建筑有特殊要求，最好造自己的房子，但这需要大量的资金和时间。

（2）买房：如果你能在优越的地点找到合适的建筑，则买现成建筑既简单又快捷。但现成的房子往往需要经过改造才能适合企业的需要，而且需要花大量的资金。

（3）租房：租房比造房和买房所需的启动资金要少，这样做也要灵活。如果是租房，当你需要改变企业地点时，就会容易得多。不过租房不像自已有房那么安稳，而且也得花钱进行装修才能适用。

（4）在家开业：在家开业最便宜，但即使这样也少不了要做些调整。在确定你的企业是否成功之前，在家开业是起步的好办法，待企业成功后再租房和买房也不晚。但在家工作，业务和生活难免互相干扰。

2. 设备　设备是指你的企业需要的所有机器、工具、车辆、办公家具等。对于制造商和一些服务行业，最大的需要往往是设备。一些企业需要在设备上大量投资，因此了解清楚需要什么设备，以及选择正确的设备类型就显得非常重要。即使是只需要少量设备的企业，也要慎重考虑确实需要哪些设备，并把它们写入创业计划。

（三）流动资金预测

企业开张后要运转一段时间才能有销售收入。制造商在销售之前必须先把产品生产出来；服务企业在开始提供服务之前要买材料和用品；零售商和批发商在卖货之前必须先买货。所有企业在招揽顾客之前必须先花时间和费用进行促销。总之，需要流动资金支付以下开销：①购买并储存原材料和成品；②促销；③工资；④租金；⑤保险和许多其他费用。

有的企业需要足够的流动资金来支付6个月的全部费用，也有的企业只需要支付3个月的费用。你必须预测，在获得销售收入之前，你的企业能够支撑多久。一般而言，刚开始的时候销售并不顺利，因此，你的流动资金要计划富裕些。

你需要制订一个现金流量计划。它会帮助你更准确地预测你所需要的流动资金。等你做完这个计划之后，你可能还得回头再更改启动资金里的流动资金数额。

1. 原材料和成品储存 制造商生产产品需要原材料；服务行业的经营者也需要材料；零售商和批发商需要储存商品来出售。你预计的库存越多，你需要用于采购的流动资金就越大。既然购买存货需要资金，你就应该将库存降到最低限度。

如果你是制造商，你必须预测你的生产需要多少原材料库存，这样你可以计算出在获得销售收入之前你需要多少流动资金。如果你是一个服务商，你必须预测在顾客付款之前，你提供服务需要多少材料库存。零售商和批发商必须预测他们在开业之前，需要多少商品库存。

记住：如果你的企业允许赊账，资金回收的时间就更长，你需要动用流动资金再次充实库存。

2. 促销 新企业开张，需要促销自己的商品或服务，而促销活动需要流动资金。你已经做了促销计划并预算了促销费用。

3. 工资 如果你雇用员工，在起步阶段你就得给他们付工资，还要以工资方式支付自己家庭的生活费用。计算流动资金时，要计算用于发工资的钱，通过用每月工资总额乘以还没到达收支平衡的月数就可以计算出来。

4. 租金 正常情况下，企业一开始运转就要支付企业用地用房的租金。计算流动资金里用于房租的金额，用月租金乘以还没达到收支平衡的月数就可以得出来。而且，你还要考虑到租金可能一付就是3个月或6个月，会占用更多的流动资金。

5. 其他费用 在企业起步阶段，还要支付一些其他费用，例如电费、文具用品费、交通费等。

一般来说，在销售收入能够收回成本之前，微小企业事先至少要准备3个月的流动资金。为了预算更加准确，必须制订现金流量计划。

四、融资计划书的撰写

融资计划书，其实是一份说服投资者的证明书。融资计划书的撰写，大体分五个步骤：

1. 融资项目的论证 主要是指项目的可行性和项目的收益率。

2. 融资途径的选择 作为融资人，应该选择成本低、融资快的融资方式。比如发行股票、证券、向银行贷款、接受入伙者的投资。如果你的项目和现行的产业政策相符，可以请求政府财政支持。

3. 融资的分配　所融资金应专款专用，以保证项目实施的连续性。

4. 融资的归还　项目的实施总有个期限的控制，一旦项目的实施开始回收本金，就应该开始把所融的资金进行合理偿还。

5. 融资利润的分配

五、融资的五个阶段

美国皇之杰投资集团 CEO、美国国际教育基金会 CEO、香港国际教育中心理事长、中国企业文化研究中心 CEO 夏保罗认为，融资可以分为以下五个阶段：

第一个阶段一定是拥有自有资金，你认为项目好，但如果自己都不肯掏钱，别人怎么肯相信你，这是第一点。第二点你要先有成功的迹象，别人是跟你共赢，不是跟你共输，所以你要先拥有一张不错的成绩单，这是第一阶段。

第二阶段找战略合作伙伴。这时候你找风险投资碰壁，你找银行碰壁，因为你还没有成气候，还没有成功的迹象，还没有拿成绩单出来。没有成绩单就是高风险。所以第二阶段应找战略合作伙伴，找志同道合的朋友跟你共创天下。所以在创业以前，就要先想好谁是我的战略合作伙伴，要与谁打造一个共赢的团队。

第三阶段才是找风险投资者。风险投资者注重风险的高低，风险高他为什么要投资？这个时候你就要讲一个故事，一个吸引风险投资的故事，一个能让投资者兴奋、激动的故事，所以这个时候就要看你的创业计划书了。做不到这一点就不可能有风险投资，这是第三阶段。

第四阶段是去商业银行，商业银行最保守。

第五阶段是到货币市场去，自己发行债券等。

在五个不同阶段找不同的融资者，次序不能搞错。

六、影响创业资金需求的主要因素

一般来说，创业资金需求主要取决于以下几个因素：

1. 最低的有效规模　这是指创业企业实现最低单位生产成本的产量水平。创业者通常需要准备好可以实现最低有效规模的资金，否则将处于竞争劣势。

2. 盈利能力　其他条件相同时，盈利能力越强，创业企业越有能力从内部满足资金需求，同时对外部融资需求也就越低。

3. 现金流　现金流水平低的创业企业需要更多的资金；反之，现金流水平高的则需要更少的资金。创业者在筹措创业资金时，必须是以能支付公司创业第一年内所有的营运开销为目标。

4. 销售增长率　销售增长率越高，要求创业企业增加的投资越多，需要的资金也就越多。

此外，还有其他一些因素也会影响创业资金需求。比如，创业者对于营运资本和现金流的管理能力，管理良好的营运资本和现金流可以显著地增强创业企业的盈利能力，从而减少对资金的需求。

【经典案例】

中正的融资策略

2001 年 4 月，国际知名企业全球最大的芯片制造商英特尔公司和我国的微电子行业第一家上市公司上海贝岭股份有限公司联合向中正投资，其中英特尔、上海贝岭持股 28%。原本净资产仅 100 余万元的中正公司，一夜之间，资产规模陡增 40 多倍。

中正创始人之一邱柏云认为，英特尔、贝岭的投资对于中正来说，资金是一个方面，这两家企业在技术、市场、管理以及品牌影响力上的优势更是中正要借鉴的。投资不仅使中正具有技术、资金和持续发展的优势，而且为中正创建了一个产权明晰、目标明确、管理先进的企业平台。具体地说，与英特尔和贝岭的合作，有以下几个方面是资金带来的比单纯的钱更为宝贵的东西：

一是让中正的战略方向更明确、一致，走得更快。以前创业团队里有很多看法不一致，外面的诱惑也很多；英特尔和贝岭进来以后在这方面做了很多工作，进行了整合，中正的创业团队团结一致，走的也就更快了。

二是支持的力度要大得多。中正拥有的资源更多了，而且更多的是金钱之外的资源，比如客户资源、技术产品上的支持、全国的营销网络的支持。

三是企业运营理念的转变。中正从开始的技术主导的理念转向了市场导向、客户至上模式，现代企业光有技术不行，必须是资源与市场的整合。

四是稳定企业人心。英特尔和贝岭的进入使中正有了“一股独大”的中流砥柱，不至于在出现某些危机的时候人心浮动，而会感觉有一个主心骨在。

最后，英特尔和贝岭的融资对中正公司的战略规划、企业方向也有着重要的影响。

【知识拓展】

一、融资的名词

1. 直投　直投英文简称 PE，是指投资机构以购买公司股权为主要目的的投资方式，购买股权后期望在将来获得增值收益。

2. 风投　风投英文简称 VC，是从直投中细分出来，主要投资那些初创型的公司，因为初创型的公司往往有很大风险，所以就把这种投资叫做风险投资。

3. 私募　私募是相对于公募而言的，公募指针对不特定的广大人群募集资金的行为，比如银行卖的基金；而私募要针对特定的人群来募集，并且不能公开广告。国外对私募的要求是资产 100 万以上，国内目前还没有明确的法规来规范。

4. 上市公司　是指所发行的股票经过国务院或者国务院授权的证券管理部门批准在证券交易所上市交易的股份有限公司。所谓非上市公司是指其股票没有上市和没有在证券交易所交易的股份有限公司。上市公司是股份有限公司的一种，这种公司到证券交易所上市交易，除了必须经过批准外，还必须符合一定的条件。

5. IPO　IPO 就是 Initial public offerings（首次公开发行股票）。企业第一次向公众发行股票被称为 IPC（Initial public offering），即企业通过一家股票包销商（Underwrite）以特定价格在一级市场（Primary market）承销其一定数量的股票，此后，该股票可以在二级市场或店头市场（Aftermarket）买卖。

二、中国大学生创业基金

中国大学生创业基金是中国社会福利教育基金会发起设立的一个全新的资助型公益基金。中国大学生创业基金通过为捐资者设计企业社会责任与公益链结合的公益项目，为有创业梦想的大学生筹措资助资金，通过建立资本市场与大学生创业项目的良性互动机制，每年在各高校推选优秀项目的基础上，为大学生创业计划实施提供资金资助，缓解大学生创业资金匮乏的问题。

中国大学生创业基金的特点是：①创业资助资金采取资助-扶持-成功-回报-再资助的循环方式，是一个具有造血机能的可持续发展的资助型公益基金。②创业团队及项目的筛选、评审结果、资助数额、创业成功后是否兑现承诺等，都将通过网上公布等透明方式全程跟踪，以体现公开、公平、公正的原则。③以捐资方命名的专款实行专项管理，以捐资方命名的资助款项的荣誉可以世代传承。④允许捐资者指定高校，参与大学生创业方案的评选，全程监督方案的落地实施。⑤协助捐资者规划设计具有针对性的企业社会责任与公益链结合的宣传方案，包括资助项目与企业产业链的结合，企业诉求与社会效益和公益效益如何实现最大化等，从而让捐资者、受助者以及社会各方实现共赢。

练习与思考

一、资源的选择与整合

如果你要成立一家培训公司，现有以下 12 种资源可供选择，请选出四种并排序说出你选择的理由。

资源名称	排序序号
投资 50 万，需占 50% 股份	
资深运营总监	
与教育主管部门合作的机会	
获得一套完善的网络培训平台	
与知名师范大学合作的机会	
较偏远、租金低、面积大的场地	
获得一套专业的培训课程	
资深培训专家	
银行有息（7%）贷款 10 万	
资深培训顾问	
与某知名培训集团合作的机会	
市中心租金高面积小的场地	

二、创业测试

你如何处理借债问题

1. 测试内容　你的朋友在早先跟你借下一笔钱，到了许诺还钱的时间却没有还，前不久他又来找你借钱了，说日后连以前的债一起还清，你会怎么办？

A. 催讨前债，否则免谈

B. 要求对方清前债，否则免谈

C. 先借给他吧，人家也有难处

D. 要求对方打借条，限期还钱

2. 测试解析 选择A的人：钱是让人成为敌人的最佳武器。如果你为了这笔钱而和对方翻脸，你是一个很容易因钱而与人为敌的人。钱对你而言比友情更来得实际和重要。当初你就把朋友定位在利益互相支援的前提下，一旦朋友没办法支援你，甚至会拖累你时你就会翻脸。

选择B的人：你是一个比较讲求理性的人。在你的观念中，借钱是建立在人与人之间的信用上的。一笔债务清尝，才表示一个人信用良好，然后才有下一次借贷。不过，你这种原则虽然合理，却会使你看起来得理不饶人。你绝对地要求对方按照你的意思来做，所以得罪了很多朋友。

因此，你总是以理逼人，不讲人情，就算错在对方，你的态度和语气，也会让人觉得自尊受损而跟你势不两立。

选择C的人：相信对方是真的有苦处，而对方又擅长诉苦，且声泪俱下，你是不会拒绝对方的。因此，可以说你的防范意识不强。虽然这样比较不易得罪人，但你却必须付出比别人更多的资源和利益。

表面上看没有敌人阻挠你的人生，但每次你都把损失算在自己头上，认为自己命该如此。长此以往会造成你自信心缺乏，封闭自我，最后将影响自己的事业人生。你的敌人给你的伤害是无形的，所以千万不要以为没有人恨你就是大好人。

选择D的人：你是一个希望情理分明的人。在你的观念里，朋友虽然有通财之义，但绝不能因钱而伤感情。为了自己的权益，也为了自己的人际关系，你将会有进一步诉讼催讨动作。你的权益有进一步保障，也适当地降低了对方的敌对意识。

但此法做起来难。很多人认为朋友间借钱不必这么麻烦，但到最后不是你自认倒霉就是跟对方撕破脸。你最好灌输对方一种观念，即使是亲兄弟也要明算账。

第八章　创业风险评估与防范

本章要点

1. 了解创业风险的来源和分类。
2. 掌握创业风险的防范和防范方法。
3. 掌握大学生创业风险评估和防范方法。
4. 能识别创业过程中的常见风险。
5. 能针对创业过程中的一些常见风险，提出应对方案。

第一节　创业风险概述

一、风险与创业风险

一提起风险，很多人马上和失败、亏损联系在一起。其实，这是不全面甚至是错误的看法。对于风险的理解，一般有两个角度，一个角度强调了风险表现为结果的不确定性，另一个角度则强调为损失的不确定性。前者属于广义上的风险，说明未来利润多寡的不确定性，可能是获利（正利润）、损失（负利润）或者无损失也无获利（零利润）；后者属于狭义上的风险，只能表现为损失，没有获利的可能性。

中文“风险”一词，相传起源于远古的渔民。渔民出海前都要祈求神灵保佑自己出海时能够风平浪静、满载而归。现代意义上的“风险”一词，已经大大超越了“遇到危险”的狭窄含义。无论如何定义风险一词的由来，其基本的核心含义是“未来结果的不确定性或损失”。如果采取适当的措施使破坏或损失的概率不会出现，或者说智慧的认知，理性的判断，继而采取及时而有效的防范措施，那么风险可能带来机会，由此进一步延伸的意义，不仅仅是防范了风险，可能还会带来比例不等的收益，有时风险越大，回报越高、机会越大。因此，如何判断风险、选择风险、防范风险，继而运用风险，在风险中寻求机会创造收益，意义更加深远而重大。

二、创业风险的定义

本书中创业风险是指企业在创业过程中存在的各种风险。由于创业环境的不确定性，创业机会与创业企业的复杂性，创业者、创业团队与创业投资者的能力和实力的有限性而导致创业活动结果的不确定性，就是创业风险。

（一）创业风险的来源

创业风险的来源，具体来说有以下几个：

1. 融资缺口 融资缺口存在于学术支持和商业支持之间，是研究基金和投资基金之间存在的断层。其中，研究基金通常来自个人、政府机构或公司研究机构，它既支持概念的创建，还支持概念可行性的最初证实；投资基金则将概念转化为有市场的产品原型。创业者可以证明其构想的可行性，但往往没有足够的资金将其实现商品化，从而给创业带来一定的风险。

2. 资源缺口 在大多数情况下，创业者不一定也不可能拥有所需的全部资源，这就形成了资源缺口。如果创业者没有能力弥补相应的资源缺口，要么创业无法起步，要么在创业中受制于人。

3. 研究缺口 研究缺口主要存在于仅凭个人兴趣所做的研究判断和基于市场潜力的商业判断之间。在将预想的产品真正转化为商业化产品（大量生产的产品）的过程中，即具备有效的性能、低廉的成本和高质量的产品，在能从市场竞争中生存下来的过程中，需要大量复杂而且可能耗资巨大的研究工作（有时需要几年时间），从而形成创业风险。

4. 管理缺口 管理缺口是指创业者并不一定是出色的企业家，不一定具备出色的管理才能。进行创业活动主要有两种：一是创业者利用某一新技术进行创业，他可能是技术方面的专业人才，但却不一定具备专业的管理才能，从而形成管理缺口；二是创业者往往有某种“奇思妙想”，可能是新的商业点子，但在战略规划上不具备出色的才能，或不擅长管理具体的事务，从而形成管理缺口。

5. 信息和信任缺口 信息和信任缺口存在于技术专家和管理者（投资者）之间。也就是说，在创业中，存在两种不同类型的人：一是技术专家，二是管理者（投资者）。这两种人接受不同的教育，对创业有不同的预期、信息来源和表达方式。如果技术专家和管理者（投资者）不能充分信任对方，或者不能够进行有效的交流，那么这一缺口将会变得更深，带来更大的风险。

（二）创业风险的共同特征

创业风险种类繁多，贯穿并交织于整个创业过程，但是这些风险具有一些共同的特征：

1. 客观性 创业本身就是一个识别风险和应付风险的过程，风险的出现是不以人的意志为转移的，所以创业风险的存在是客观的。

2. 不确定性 由于创业所依赖和影响的因素具有不确定性，这些因素是不断变化、不断发展，甚至是难以预料的，因此造成了创业风险的不确定性。

3. 双重性 创业有着成功或失败的两种可能性，创业风险具有盈利或亏损的双重性。

4. 可变性 随着影响创业因素的变化，创业风险的大小、性质和程度也会发生变化。

5. 可识别性 根据创业风险的特征和性质，创业风险是可以被识别和划分的。

6. 相关性 创业风险与创业者的行为紧密相连。同一风险，采取不同的对策，将会出现不同的结果。

（三）创业风险的类型

创业风险依据不同的分类标准，可以分成不同的类型。

1. 以创业风险来源的主客观性为标准进行分类 以创业风险来源的主客观性为标准，可以将创业风险分为客观创业风险和主观创业风险。其中，客观创业风险指的是在创业阶段，由于客观因素导致创业失败的可能性，如市场的变动、政策的变化、竞争对手的出现、创业资金缺乏等；主观创业风险指的是在创业阶段，由于创业者的身体与心理素质等主观方面的因素导致创业失败的可能性。

2. 以创业风险的内容为标准进行分类 以创业风险的内容为标准，可以将创业风险分为政治风险、技术风险、生产风险、管理风险、市场风险和经济风险。其中，政治风险指的是由于战争、国际关系变化或有关国家政权更迭、政策改变而导致创业者或企业蒙受损失的可能性；技术风险指的是由于技术方面的因素及其变化的不确定性而导致创业失败的可能性；生产风险指的是创业企业提供的产品或服务从小批试制到大批生产的风险；管理风险指的是因创业企业管理不善产生的风险；市场风险指的是由于市场情况的不确定性导致创业者或创业企业损失的可能性；经济风险指的是由于宏观经济环境发生大幅度波动或调整而使创业者或创业投资者蒙受损失的风险。

3. 以创业风险对资金的影响程度为标准进行分类 以创业风险对资金的影响程度为标准，可以将创业风险分为流动性风险、收益性风险和安全性风险。其中，流动性风险指的是投资方的资本、其他财产以及预期实际收益不会蒙受损失，但资金有可能不能按期转移或支付，造成资金运营的停滞，使投资方蒙受损失的可能性；收益性风险指的是创业投资的投资方的资本和其他财产不会蒙受损失，但预期实际收益有损失的可能性；安全性风险指的是从创业投资的安全性角度来看，不仅预期实际收益有损失的可能，而且专业投资者与创业者自身投入的其他财产也可能蒙受损失，即投资方财产的安全存在危险。

4. 以创业与市场和技术的关系为标准进行分类 以创业与市场和技术的关系为标准，可以将创业风险分为改良型风险、杠杆型风险、跨越型风险和激进型风险。

（1）改良型风险：改良型风险指的是利用现有的市场、现有的技术进行创业所存在的风险。这种创业风险最低，但经济回报有限，即风险虽低，但要想生存和发展，获取较高的经济回报也比较困难，一方面会遭遇已有市场竞争者的排斥或进入壁垒的限制，另一方面即便进入，想要占有一定的市场份额也非常困难。

（2）杠杆型风险：杠杆型风险指的是利用新的市场、现有的技术进行创业存在的风险。这种创业风险较高，对一个全球性公司来说，这种风险往往是地理上的，常见于挖掘未开辟的市场。

（3）跨越型风险：跨越型风险指的是利用现有市场、新的技术进行创业存在的风险。这种创业风险也较高，主要体现在创新技术的应用方面，往往反映了技术的替代，是一种较常见的情况，常见于企业的二次创业，领先者可获得一定的竞争优势，但模仿者很快就会跟上。

（4）激进型风险：激进型风险指的是利用新的市场、新的技术进行创业存在的风险。这种创业风险最大，如果市场很大，可能会带来巨大的机会，对于第一个行动者而言，其优势在于竞争风险较低，但是知识产权保护力度很弱，市场需求不确定，确定产品性能有很大的风险。

5. 以创业中技术因素、市场因素与管理因素的关系为标准进行分类 以创业中技术因素、市场因素与管理因素的关系为标准，可以将创业风险分为技术风险、市场风险和代理风险。技术风险和市场风险前面已经提到，这里主要分析一下代理风险。所谓代理风险，指的是高级经营管理人才、组织结构以及生产管理等能否适应创业的快速增长或战胜创业企业危机阶段的动态不确定性因素的风险。

6. 以创业过程为标准进行分类 创业活动须经历一定的过程，一般而言，按创业过程划分，可分为机会的识别与评估风险、准备与撰写创业计划风险、确定并获取创业资源风险和新创企业管理风险。

（1）机会的识别与评估风险：指在机会的识别与评估过程中，由于各种主客观因素，如信息获取量不足，把握不准确或推理偏误等使创业一开始就面临方向错误的风险。另外，机会风险的存在，即由于创业而放弃了原有的职业所面临的机会成本风险，也是该阶段存在的风险之一。

（2）准备与撰写创业计划风险：指创业计划的准备与撰写过程带来的风险。创业计划往往是创业投资者决定是否投资的依据，因此创业计划是否合适将对具体的创业产生影响。创业计划制订过程中各种不确定性因素与制订者自身能力的限制，会给创业活动带来风险。

（3）确定并获取资源风险：指由于存在资源缺口，无法获得所需的关键资源，或即使可获得，但获得的成本较高，从而给创业活动带来一定风险。

（4）新创企业管理风险：主要包括管理方式，企业文化的选取与创建，发展战略的制定、组织、技术、营销等各方面的管理中存在的风险。

【经典实例】

史玉柱的两次创业

一、史玉柱与巨人集团

史玉柱，安徽人。1989年研究生毕业后“下海”，在深圳研究开发M6401桌面中文电脑软件，获得成功。1992年，史玉柱率100多名员工，落户珠海。珠海给了史玉柱的巨人集团很多照顾：高科技企业税收全免；破例审批出国；户口一时转不过来，给新办了珠海户口。

巨人一下子发展了起来，资产规模很快接近3亿。史玉柱开始不满于只做巨人汉卡，他开始做巨人电脑。巨人电脑挣钱，但管理不行，坏账一两千万。巨人电脑还没做扎实，史玉柱又看上了财务软件、酒店管理系统。史玉柱去美国考察，问投资银行未来哪些行业发展速度最快？投资银行说是IT和生物工程。史玉柱回国立即上马了生物工程项目。其他涉足的行业还有服装和化妆品。摊子一下铺到了六七个事业部。

1993年，巨人仅中文手写电脑和软件的当年销售额即达到3.6亿元，位居四通之后，成为中国第二大民营高科技企业。史玉柱成为珠海第二批重奖的知识分子。

当时中国人才外流现象比较严重，为了吸引外流人才回国效力，时任珠海市委书记、市长的梁广大选中了史玉柱作为“中国大学生留在本土创业”的典型。作为支持，珠海市政府曾经批给巨人一块地，巨人准备盖18层的办公楼。在大厦图纸都设计好之后，梁广大找史玉柱谈了谈，希望史玉柱为珠海争光，将巨人大厦建为中国第一高楼。巨人只有建成了中国第一高楼，史玉柱才配做全国典型。为了支持巨人建中国第一高楼，市政府批给了巨人3万多平方米土地。125元/平方米的价格等于白送。

1993年，中国经济过热发展，只要有房子就能卖掉。甚至连“楼花”都能卖掉。盖72层的巨人大厦需要12亿，此时，史玉柱手中只有1亿现金。史玉柱将赌注压在了卖楼花上。1993年，珠海西区别墅在香港卖出十多亿“楼花”。可等到1994年史玉柱卖楼花的时候，中国宏观调控已经开始，对卖“楼花”开始限制，必须投资到一个数额才能拿到预售许可证，后来越来越规范，限制越来越多。史玉柱使出浑身的宣传本事，也只卖掉了1亿多“楼花”。盖高楼，地下部分最花钱。地下20米之后都是岩层。巨人大厦一共打了68根桩，最短的桩打了68米，最长的桩打了82米，仅打桩花了史玉柱一亿多。

1995年，巨人推出12种保健品，投放广告1个亿。史玉柱被《福布斯》列为大陆富豪第8位。脑黄金取代巨人汉卡成为巨人新的摇钱树。1995年，仍然认为形势一片大好的史玉柱往巨人大厦地下三层又花了一亿多元。

1996年巨人大厦资金告急，史玉柱贷不到款，决定将保健品方面的全部资金调往巨人大厦。此时，脑黄金每年已经能为巨人贡献1个多亿利润。“我可以用脑黄金的利润先将巨人大厦盖到20层。先装修20层。卖掉这20层，再盖上面的。”没成想，保健品业务因资金“抽血”过量，再加上管理不善，迅速盛极而衰。脑黄金卖不动了。

1997年初巨人大厦未按期完工，国内购楼花者天天上门要求退款。媒体“地毯式”报道巨人财务危机。得知巨人现金流断了之后，“巨人三个多亿的应收款收不回，全部烂在了外面。”不久，只建至地面三层的巨人大厦停工。巨人集团名存实亡。史玉柱成为“全国最穷的人”。

二、史玉柱与征途网络

脑白金于1998年5月份问世，由于巨人的倒下，一文不名的史玉柱个人向朋友借了50万元，带领着十几名忠实的追随者转战江浙、东北，开始再度创业的历程。

史玉柱试探性地先花了10万元广告费在江阴打市场，很快产生了热烈的市场效应，影响到了无锡。于是，他们用赚到的钱接着在无锡打市场，然后无锡也有了很好的市场反应。史玉柱开始重新树立起信心。接着他们的市场开发到了南京，带动整个江苏，同时在吉林启动。很快，常熟、宁波、杭州都做开了市场。

就这样，在1999年3月，史玉柱终于在上海注册成立了一家新的公司——上海健特生物制品有限责任公司。当年，新公司的主营产品“脑白金”销售额就达2.3亿元。

对于史玉柱和他的团队来说，“巨人危机”或许是他们最大的财富，史玉柱从中得到的教训和对于自身的深刻认知，让他在以后的创业中受益无穷。

2004年11月，上海征途网络科技有限公司正式成立。三四年前史玉柱就曾想过投资做网游。在进入网游之前，史玉柱曾经找来专家咨询，也曾专门拜会一些行业的主管领导。结论是，至少在8年或者更长的时间里，网络游戏的增长速度会保持在30%以上。而在史玉柱看来，国人对娱乐的需要日益增长，中国游戏玩家的比例相对也较低，增长潜力巨大。因此，史玉柱断言：现在的网游市场肯定是一个朝阳产业。史玉柱始终认为，网络游戏的成功靠的就是两个：钱和人。史玉柱不缺钱，多年保健品业务积累和投资收益给史玉柱带来了巨大的资金积累。在几年前，史玉柱就曾经对网络游戏动心过，但是那时他没有游戏团队，新浪的汪延曾经告诉他，新浪之所以没做成网游也是因为缺人。

2004年，放弃大型网络游戏研发的上海盛大的一个团队准备离开盛大并希望找一个合适的投资伙伴，与一个台湾的投资方接触。史玉柱听说此事之后，立刻找到这个团队见面，会谈之后，史玉柱投资IT的热情再度被点燃起来，决定投资。

在正式确定后史玉柱自问：如果失败，其原因有可能来自什么方面？一是产品，二是人员流失等，在一问一答当中，史玉柱罗列出来了十几个项目要点，也一一找到了解决的方法。

初做网游的史玉柱，无法全面同对手竞争，因此制定了一个“聚焦聚焦再聚焦”的策略。征途网络只做一款产品，只选择MMORPG类中的2D领域，史玉柱声称要做“2D游戏的关门之作”。从现在的结果来看，史玉柱的聚焦策略取得了一定程度上的成功，《征途》的在线人数已经领先于直接竞争对手。

为了网络游戏的项目，史玉柱预先估计到最高可能会亏损两个亿，因此就在账上准备了两亿元人民币。但是，前期4千万人民币投下去之后，很快《征途》就已经进入良性发展，在公测阶段便已经开始盈利。由此，史玉柱也就正式进入改变网游格局的征途。

有游戏同行评价史玉柱，太另类、不按常理发牌，但同时也认为将公司广告做到央视，将脑白金的地面推广经验运用到网游渠道，也确实有创意。

史玉柱自称曾到农村去、到商店去，和买脑白金、买其他保健品的消费者聊天，了解他们的习惯、喜好。要想了解网游玩家的心理，史玉柱则省去了不少的麻烦，一方面他本人就是玩家，另一方面，他也可以非常方便地同玩家在网上交流。史玉柱玩网络游戏时，面对枯燥的打怪升级，非常不满，开发团队采纳了史玉柱的意见，增加了升级的方式。

虽然被盛大多次抢先，但是《征途》全面免费以及给玩家发工资的策略也在市场上取得了不错的成效。现在，《征途》的所有用户当中，83%的用户都是免费的，真正收费的用户只有17%。史玉柱认为，免费用户很重要，可以为自己带来人气，而收费用户在代练以及装备交易方面的市场潜力远大于普通的点卡计时收费市场。

史玉柱自称对市场调查有着更深的理解，史玉柱自称曾经直接进到网吧和玩家聊天。调查之后，史玉柱发现，网游和保健品一样，最大的市场是在下面，不是在上面。中国市场是金字塔形的，塔尖部分是北京、上海、广州这些城市，中间是南京、武汉、无锡等较大的城市，最大的网游市场就在农村，农村玩网游的人数比县城以上加起来要多得多。

外界普遍认为史玉柱保健品成功的关键是广告，而史玉柱自称最关键的一环其实是地面推广。现在，史玉柱将在保健品当中的营销经验应用到了网络游戏当中。据征途网络副总经理汤敏介绍，目前征途网络的地面办事处已经近百家，计划发展到上千家。

【思考与讨论】

1. 根据案例提供的材料，你认为巨人集团在创业过程中面临着哪些风险？

2. 根据案例提供的材料，你认为征途网络在创业过程中面临着哪些风险？

3. 风险是否一定意味着失败、亏损、危机？应付风险的策略正确与否的重要性体现在哪里？

目前，大学生创业已引起了社会各方面的关注，国家不断推出针对大学生创业的各种优惠政策，鼓励和支持大学生自主创业。然而，大学生可以说是创业群体中比较特殊的一个群体，其所受到的教育、社会环境与创业政策，使其所受到的风险明显高于其他创业群体。为保护大学生创业的积极性，减轻社会就业压力，有必要进行创业教育和创业风险管理。不过，风险管理的目的并不是消灭风险，而是要求大学生有准备地、理性地进行创业，从而减少风险的损失。

第二节　创业风险的识别、评估与防范

一、创业风险的识别

既然创业风险是创业过程中不可避免的现象，那么直面风险并化解风险，是创业过程中

的重要任务。风险识别是应对一切风险的基础，只有识别了风险才可能有化解的机会。同时风险也是一种机会，应该开拓、提高它积极的作用。

创业风险识别是创业者依据企业活动，对创业企业面临的现实以及潜在风险运用各种方法加以判断、归类并鉴定风险性质的过程。创业者都必须掌握风险识别的能力，并不断提高这种能力。

1. 树立风险识别的基本理念 作为创业者，应该正确树立识别企业风险的基本理念，主要具备以下意识：

（1）有备无患的意识：创业风险的出现是正常的，带来一些损失也是正常的，既不能怨天尤人，也不能骄兵轻敌。关键的问题是要密切监视风险，减少损失，化解不利，甚至转化为盈利的机会。

（2）识别风险的能力：发现和识别风险，是为了防范和控制风险。如果创业者在企业未发生损失之前就能够识别风险发生的可能性，那么这个风险是可能被管理的，因此，风险识别是进行风险管理的基础。

（3）未雨绸缪的观念：创业风险需要创业者通过创业活动的迹象、信息归类，认知风险产生的原因和条件，不仅要识别风险所面临的性质及可能的后果，更重要的（也是最困难的）是识别创业过程中各种潜在的风险，为采取有效措施提供依据。

（4）持之以恒的思想：由于创业风险伴随着整个创业过程，同时风险具有可变性和相关性的特点，所以创业者必须要有“持久战”的准备。风险的识别工作应该连续地、系统地进行，并成为企业一项持续性、制度化的工作。

（5）实事求是的精神：虽然风险识别是一个主观过程，但是必须遵循客观规律。风险识别是一项复杂而细致的工作，要按特定的程序、步骤、选用适当的方法逐层次地进行分析各种现象，并实事求是地做出评估。

2. 掌握风险识别的基本途径 创业风险的识别途径，重点从风险的来源入手，即自然因素和人为因素两大方面。

（1）自然因素：比如说，地震多发区、台风多发区和炎热地区。这与企业的选址、项目有着密切关系。又如对于许多行业来说，必须注意到影响原材料供应的矿产、能源、农产品以及交通问题。

（2）人为因素：主要应了解一个国家或者地区的政治经济制度、法律政策、民情民俗以及企业周边的营运环境等。

3. 了解识别风险的方法和步骤 在风险识别之后，就必须进行风险评估，这需要一定的专业知识，必须根据不同性质与条件，按照一定的途径，运用一定的方法，或者借助一定的工具来实施。

（1）基本方法：一般而言，风险识别的方法包括：信息源调查法、数据对照法、资产损失分析法、环境扫描法、风险树分析法、情景分析法、风险清单法。

有能力的企业也可以自行设计识别的方法，比如专家调查法、流程图分析法、财务报表分析法、SWOT 分析法等。

（2）实施步骤

1）信息收集：首先要通过调查、问讯、现场考察等途径获得；其次，需要敏锐的观察和科学的分析，对各类数据及现象做出处理。

2）风险识别：根据对于信息的分析结果，确定风险或潜在风险的范围。

3）重点评估：根据量化结果，运用定量分析、定性分析、假设、模拟等方法，进行风险影响评估，预计可能发生的后果，提出方案选择。

4）拟定计划：提出处理风险的方法和行动方案。

（3）实施中要注意的问题

1）信息收集要全面：收集信息可以通过两个途径，一是内部积累或者专人负责；二是借助外部专业机构的力量。后者可获得足够多的信息资料，有助于较全面、较好地识别面临的潜在风险。

2）因素罗列要全面：根据企业在运营过程中可能遇到的风险，逐步找出一级风险因素，然后再进行细化，延伸到二级风险因素，再延伸到三级风险因素。例如管理风险属于一级风险因素，管理者素质属于二级风险因素。

3）要进行最终综合分析：既要进行定性分析，也要进行定量分析。

二、创业风险的评估

创业风险的评估，可以从管理、技术、市场、财务、环境等几个方面进行评估。具体评估指标如图8-1，表8-1所示。

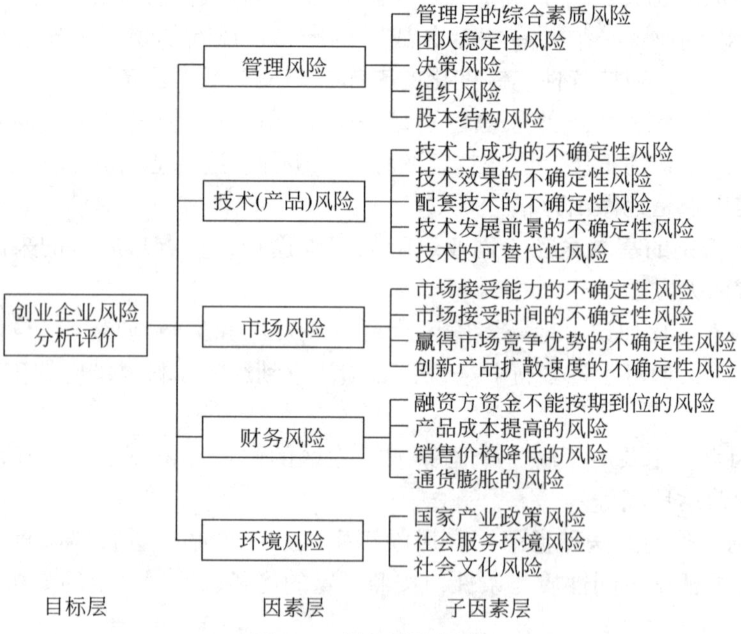

图8-1 创业风险评估

表8-1 创业项目风险与准备度评估表

风险点	应对措施	准备度得分
目标客户		
1. 谁是客户		
2. 客户正在努力想去完成的工作是什么？		

续表

风险点	应对措施	准备度得分
3. 哪些方面表明这项工作是重要的但仍不能让客户满意？		
关键利益相关方		
4. 谁会影响客户购买和使用该产品的决定？		
5. 他们想完成的工作是什么？		
6. 他们为什么会支持你的创意？		
创意		
7. 该创意的精华是什么？		
8. 该创意怎样帮助客户和关键利益相关方减轻痛苦？		
9. 与客户可及的其他方式相比较，该创意方案表现如何？		
10. 是什么让它与众不同、表现得更好？		
11. 它会是什么样子的，感觉起来如何？		
经济性		
12. 最可能的收入来源是什么？		
13. 获取这些收获要付出的成本是什么？		
14. 需要什么样的基础设施？		
15. 需要哪些资本支出？		
商业化路径		
16. 你开始进入市场时的立足点在哪里？		
17. 如何从这一立足点拓展出去？		
18. 你最担心的竞争对手有哪些？你如何打败他们？或者你如何让他们忽视你？		
运营		
19. 这一商业机遇涉及的主要活动有哪些？		
20. 都有哪些人在参与哪些活动？		
21. 你参与的是哪一部分？		
22. 你需要建立哪些伙伴关系？		
23. 你需要得到什么？		
团队		
24. 创业团队由哪些人组成？		
25. 他们的哪些经历表明他们有可能取得成功？		

续表

风险点	应对措施	准备度得分
融资		
26. 执行这一方案需要投入多少资金？		
27. 需要多久才能赚回这些投资？		

说明：风险点对应措施的准备度，对风险和问题考虑得十分清楚，得 3 分，比较清楚 2 分，不太清楚 1 分。

注：如果 1 分的项目超过 20%，提示创业项目风险很大。

三、创业风险的防范

要最大程度地防范创业风险，就应该在创业前期、中期、后期都采取一定的措施。

1. 创业前期风险防范的措施 创业前期是指在打算创业到创业初期的这个阶段。万事开头难，对于第一次创业的人来说，低估任何创业风险都可能使创业计划和事业夭折在摇篮当中。

（1）多渠道获取创业指导：大学生由于阅历浅、想法单纯等，往往对创业中有可能出现的问题、存在的风险等等考虑不周。这就要求大学生在进行创业的设想时，首先获取创业指导。创业指导的获得是多渠道的，首先，可以多听听来自父母、家人、朋友等的建议；其次，可以通过网络、书籍、媒介等的介绍和指导；再次，有条件的话可以通过专门的投资咨询公司进行评估等。在获取创业指导的过程中，要做好自我心理调适，做好自我评估，了解自己的优势、劣势所在，有针对性地加以注意和弥补。另外，要掌握各种创业原则，尤其要注重与创业相关的一些法规、政策的规定。

（2）密切关注资金风险和技术风险：处于创业启动期的企业面临的最大风险是资金风险和技术风险。为此，应该做到以下几个方面。第一，要认真筹划创业初始需要的融资或投资数额。第二，考虑企业的持续融资能力。注意企业在运营过程中，一旦缺乏资金支持，就很可能导致整个项目的流产和创业的失败，因此，创业者要提前考虑好融资方法，并建立起快速融资渠道，以防万一。第三，建立财务“预防”机制，正确把握企业负债经营的“度”。企业可以负债经营，但要保持合理的负债比率。

（3）理性分析市场：理性分析市场包括市场调查和市场预测两方面。市场调查主要是了解产品的概况、产品的销售情况、用户情况、竞争对手情况。市场调查之后要进行市场预测，即运用市场调查的结果，对今后市场发展趋势做出估量和预计。市场预测主要是对市场需求、产品销售、资源和能源的保证程度几个方面的预测。

（4）严格筛选项目：种子期、初创期所面临的技术风险和市场风险远比其他创业阶段高，因此创业项目遴选十分关键。首先是项目初选。通常创业者应当选择自己熟悉的行业，同时地域上也必须较为邻近，以便于沟通和联络，在此基础上，再对项目内外环境进行信息收集、访谈和论证，进行详细评估，做深入的投资可行性研究。

（5）有效保护创业创意和商业机密：创业者在向潜在投资者透露对方考查该创意真正有独创意义的可行性所需的信息时，一定要注意对该创意进行保护。然而创意本身又是难以保护的，这样，我们只能通过一些有效的方法保护创意的资本属性，确保创意人和以创意为基础的创业者的利益，让投资人对于商业创意和技术内容做出合适的有利于自己的股份安排。要达到这样的目的，我们或许可以通过商标注册、版权保护、专利申请、保密协议、制度保护等几个方面来努力。

（6）选择好创业伙伴：选择好创业伙伴最基本的法则，就是选择最了解的人一同创业。大家都相互了解，长短都清楚，不会为相互了解磨合而花费太多的精力。但是，最好不要把朋友关系和家族关系掺合在一起，也不要选择和太计较的人一起创业。此外，创业团队最好有一个权威人物，领军人物最好是第一大股东。均衡股份的股权安排，在创业初期可能很有效，但创业有所成之后会带来很多麻烦。

（7）注重建设营销队伍：吸纳、任用既掌握营销能力又掌握技术知识的营销人才，建设最坚强有力的营销队伍，这是防范市场风险最有效的办法。创业企业不一定拥有最好的产品和最先进的技术，但一定要拥有正确的营销理念和最好的营销策略。

（8）设法分散或转嫁风险：风险不可避免，但可以分散和转嫁，特别是创业启动阶段。创业起始阶段的工作非常艰辛而又费时费力，要积极主动地寻求合作和支持，这样有利于分散风险；转移风险的有效办法是去保险公司投保，企业的财产和责任、员工的健康、职工失业，均可以进行保险。

2. 创业过程中风险防范的措施

（1）确立以求生存为核心的战略：新创企业在起步期利润很少、甚至无利可图，增长缓慢，这种状况通常会延续几年。为了安全、平稳地度过起步期，创业者必须千方百计地积累资本，想方设法让企业“活下去”，要力争短期能够见到成效。

（2）必须抓好人和财两个关键点：新创企业起步阶段的管理必须抓好人和财两个关键点，这就需要建立行之有效的规章制度，一套完善的规章制度是创业企业能够生存发展的根本。

人事管理制度是最基础的管理制度。要制定并实施招聘制度、考勤制度、考核制度、奖惩条例、薪资方案等相关制度，把握好员工入职、在职与离职管理中涉及的基本法律规定、方法和技巧，保护商业秘密，有效防范核心员工携密跳槽，避免陷入各类误区。

财务管理方面，建立健全财务管理的各项规章制度，要制定报销制度、现金流量、制定预算、核算和控制成本等制度，编制财务计划，加强财务监控。

（3）保证人员的合理搭配与稳定：创业成功需要三方面的人才，第一是优秀的管理人才，第二是优秀的技术人才，第三是优秀的营销人才。因此，在进行团队组合时，要注意经验、知识、性格的互补。同时需要注意的是，企业初创时期，机构要精简、有效率、重实质，以免徒增费用。

（4）产品市场开拓宜采用跟进策略：由于创业初期的中小企业，大多没有充足的资金资源，没有独特的技术优势，所以不宜投入太多资源开发一个全新的市场。所以，小企业最好采取跟进的策略，这种跟进不是纯粹的模仿，最好选好一个切入点，并在此基础上加以创新，这样可以起到事半功倍的效果。

（5）尽快获得稳定的销售收入和利润：稳定获利是企业创业初期的核心战略目标，这一概念同时也讲明了两层含义：获利与稳定。获得利润是第一位的，利润是企业生存的基础；光是获得利润还不够，利润要能够稳定地获得，企业持续生存才成为可能。自由现金流的大小直接反映企业的赚钱能力，它不仅是创业阶段，也是成长阶段管理的重点。

3. 创业后期风险防范的措施

（1）树立以市场为导向的整合营销理念：企业要防范市场营销风险，首先，应该增强现代营销观念，把市场营销工作放在重要的地位。其次，采用满意定价法增加产品的竞争优势，尽快占领市场，采用灵活的市场策略，保持成本优势和价格优势。再次，加强品牌的建设和宣传。最后，在进行产品规划、价格制定、渠道选择、促销策略制定时都要以市场为导向，从顾客角度出发，同时生产研发部门应注意与营销部门配合，响应市场需求，实现技术与市场的完美结合。

（2）进行准确的战略定位：战略定位主要有市场导向、成本导向、竞争导向、创新导向四种方式。

1）市场导向：是指以市场需求确定企业的战略目标。显然，对市场需求判断失误是引发此类战略风险的主要原因。因此，按需求来确定战略定位，应对市场需求的把握及时准确。

2）成本导向：即企业通过规模化降低成本，进而促进产品销售的战略定位方法。贯穿于整个战略之中的目标就是要使成本低于竞争对手。

3）竞争导向：竞争导向的战略定位，其目标主要是力图建立企业的竞争地位。在市场竞争中，要控制竞争战略的风险，关键是要不断追踪竞争对手的变化情况，准确把握竞争对手与自身实力对比，从而找出进攻或者努力的方向，提高自身的竞争优势。

4）创新导向：这是一种风险最大但同时收益也最可观的战略定位方式。以创新为战略定位目标，要求企业应具有雄厚的创新实力和勇于开拓的进取精神，否则就无法保证创新战略的实施和成功。

（3）强化人才的稳定和储备：企业应采取多种措施使企业的发展与员工的个人利益相连，并适当提高员工福利待遇，以激励员工的创新精神，稳定创业团队、预防关键技术人员的流失。同时，采取各种有效措施吸引优秀的专业技术人才，补充到急需人员的部门。

（4）加强企业组织制度建设：一旦公司生存危机减小，管理的重点就应该转向组织建设，使公司的管理逐步走向规范化、正规化，以便使创业企业的所有者从开创初期参与企业全部的经营活动中解放出来，仅参与部分重要的企业经营活动，把更多的时间和精力用于考虑公司的未来发展上来，管理变化和成长风险，把工作重点转向决策。

（5）尝试授权：创业过程中，创业者主要是通过集权来实施管理。创业成功后，创业者需要授权。最有效的授权是由创业者拟定哪些问题由自己来决策，哪些工作可以授权给员工去完成，哪些工作需要员工定期汇报，哪些工作可以放手不管。当然，财务报账签字和人事安排等重要业务，创业者还是应该自己来掌控，以防止费用的上涨以及人事矛盾的出现。这里，创业者也可以向一些管理人员授予一定额度的签字权。

（6）防范财务金融风险

1）做好现金预算，加强财务预算控制：企业通过编制现金预算，合理调度资金，加快资金周转，加强收支管理，加强财务预算控制，控制未来的发展规模，在现金预算和其他财务预算的监督下，避免发生由于盲目发展而陷入资金不足的困境。

2）保持资产流动性：企业资金流转总是周而复始地进行，因此流动性是企业的生命，企业必须加速存货周转、缩短应收账款周转期，以保持良好的资产流动性。企业应降低整体资产中固定资产的比重，这样就可以大大降低产品中固定成本所占的比重，降低企业的经营风险和财务风险。

3）根据企业的经营战略确定合理的债务结构：企业要根据自身生产经营发展状况来合理设计资本结构中各种比例关系，如负债和总资产的比例关系，负债中短期负债和长期负债的比例关系，通过对不同来源、不同时期、不同层次的各种资本要素的有机协调，降低财务风险。

4）科学决策，避免盲目投资：投资决策是企业的重大经营决策，直接影响着企业的资金结构。企业决策者必须通过投资项目的可行性分析，进行周密的市场调查，做好商业计划书来减少决策失误。

5）积极吸收风险投资基金：风险投资基金是一种向创业企业提供股权资本的投资行为。新创企业如果能多方面吸收风险投资基金的投资，可大大改善民营企业的资本结构，充足企业的资本金，提高企业的偿债能力，降低和防范企业的财务风险。

第三节 大学生创业中的风险防范

一、大学生创业中的风险

对于经验、能力、资金等各方面都相对不足的大学生创业群体而言，时刻都会遇到创业风险。根据《中国青年报》报道，我国大学生创业成功概率只有0.5%，这个比率如此之低，足以说明大学生创业具有较大的风险性。大学生在自主创业中主要遇到的创业风险有如下方面：

1. 创业技能风险 有很多的大学生创业者存在眼高手低的情况，因而当创业计划转变为实际操作时，才发现自己根本不具备解决问题的能力，这样的创业无异于纸上谈兵。这就需要大学生既要积极参加创业培训，积累创业知识，接受专业指导，提高创业成功率；又要积极去企业打工或实习，积累相关的管理和营销经验。

2. 项目选择风险 大学生在进行创业时，如果缺乏前期市场调研和论证，只是凭自己的兴趣和想象来决定投资方向，甚至仅凭一时心血来潮做决定，一定会碰得头破血流。因此，大学生创业者在创业初期一定要做好市场调研，在了解市场的基础上创业。一般来说，大学生创业者资金实力较弱，选择启动资金不多、人手配备要求不高的项目，从小本经营做起比较适宜。

3. 资金风险 对于任何一个创业者来说，创业初期都会面临资金风险。是否有足够的资金创办企业是创业者遇到的第一个问题。企业创办起来后，就必须考虑是否有足够的资金支持企业的日常运作。对于初创企业来说，如果连续几个月入不敷出或者因为其他原因导致企业的现金流中断，都会给企业带来极大的威胁。相当多的企业在创办初期因资金紧缺而严重影响业务的拓展，甚至错失商机而不得不关门大吉。

4. 团队分歧风险 当前，企业越来越看重团队的力量。创业企业在诞生或成长过程中最主要的力量来源一般都是创业团队，一个优秀的创业团队能使创业企业迅速地发展起来。但同时风险也蕴含其中，团队的力量越大，产生的风险也就越大。一旦创业团队的核心成员在某些问题上产生分歧不能达到统一，极有可能会对企业造成强烈的冲击。事实上，做好团队的协作并非易事。特别是与股权、利益相关联时，很多初创时很好的伙伴都会闹得不欢而散。

5. 社会资源风险 对于初创企业来说，其建立、市场开拓、产品推介等工作都需要调动社会资源，大学生在这方面会感到非常吃力。平时应多参加各种社会实践活动，扩大自己人际交往的范围。创业前，可以先到相关行业领域工作一段时间，通过这个平台，为自己日后的创业积累人脉。

6. 竞争风险 任何一个企业都要考虑如何面对竞争这一问题，对于新创企业来说更是如此。如果创业者选择的行业是一个竞争非常激烈的领域，那么在创业之初极有可能受到同行的强烈排挤。一些大企业为了把小企业吞并或挤垮，常会采用低价销售的手段。对于大企业来说，由于规模效益或实力雄厚，短时间的降价并不会对它造成致命的伤害，而对初创企业则可能意味着彻底毁灭的危险。因此，考虑好如何应对来自同行的残酷竞争是创业企业生存的必要准备。

7. 管理风险 有很多的大学生创业者，在技术方面出类拔萃，但在理财、营销、沟通、管理等方面的能力不足。大学生创业者要想创业成功，必须技术、经营两手抓，可从合伙创业、家庭创业或从虚拟店铺开始，锻炼创业能力，也可以聘用职业经理人负责企业的日常运作。

8. 意识风险 对于创业团队来说，意识风险是其最内在的风险。这种风险来自于无形，却有强大的毁灭力。风险性较大的意识有：投机的心态、侥幸心理、试试看的心态、过分依赖他人、回本的心理等。

9. 法律风险 对于大学生创业者来说，法律风险是其面临的最大风险。法律风险是创业者或企业家不懂法、不守法、不用法而产生的法律上的否定性评价和法律责任。法律风险贯穿创业、企业经营的各个领域和阶段，隐秘性极强，不易被发现，一旦爆发，对企业产生的影响十分巨大。

10. 核心竞争力风险 具有长远发展目标的创业者，其目标是不断地发展壮大企业，因此，企业是否具有自己的核心竞争力就是最主要的风险。一个依赖别人的产品或市场来打天下的企业是永远不会成长为优秀企业的。核心竞争力在创业之初可能不是最重要的问题，但要谋求长远的发展，就是最不可忽视的问题。没有核心竞争力的企业终究会被淘汰出局。

11. 人事风险 人事变化的不可预料性往往令创业者措手不及。团队的解体使得很多工作无法执行，这对于征途上的创业者而言是致命的。因为如今的人事变化不再是跳槽那么简单了，人力资源或合作者在获取创业者的某些资源后，常常会另起炉灶，变成竞争对手。

二、大学生创业中的风险防范

大学生在创业中，要想有效地对前面提到的风险进行防范，可以从以下几个方面着手。

1. 要慎重进行选择 对于大学生创业者来说，要慎重地进行创业项目选择。通常来说，大学生创业者既要客观地分析自身的创业条件，更要冷静地分析创业环境，立足于技术项目，尽量选择技术含量高、自主知识产权明确的项目，并在技术创新的基础上做好产品市场化工作。此外，大学生创业者在选择的过程中绝不可盲目跟风，还要切记做熟不做生，即一定要选择自己最熟悉、最擅长、最有经验、资源丰富的行业来做。

2. 要积极积累经验 大学生在进行创业时，绝不能“纸上谈兵”，而应具备一定的社会经验，了解企业管理及市场营运知识。也就是说，大学生一定要在社会上积累足够的社会经验，对行业、企业有初步的了解，对创业进行了充分的准备后才能抓住机会进行创业。

3. 要积极组建有效的团队 由于再出色的创业计划也具有可复制性，而团队的整体实力是难以复制的，因此风险投资商在投资时，往往更看重有合作能力的创业团队，而非那些异想天开的单干者。因此，大学生在创业时，一定要善于整合内外资源，有效借助外力或外部资源降低创业成本、加快企业成长速度、提升企业运营效率并提高企业创业成功率；要具备足够的随需而变能力，随时应对市场的不确定性变化。

4. 要积极建立健全企业的管理制度 通常来说，企业的管理包括员工的招聘与管理、营销管理、生产管理、财务管理等，而其中任何一个环节出现漏洞都可能导致企业跌入低谷甚至倒闭。因此，一个企业要想持久地保持活力，严格的管理制度是必不可少的。不论合作伙伴是谁，在企业的管理制度面前都是平等的，在出现问题时都应该严格按照制度处理。

5. 要勇于进行创新 从某种程度来说，创业的过程就是不断创造与创新的过程。没有创新，企业只会陷于激烈的竞争中，面临生存的考验。尤其是大学生创业，经验缺乏、资源不足是硬伤，更要以创新来弥补。产品创新、技术创新、盈利模式创新、营销方式创新，只有不断地创新才能使企业立于竞争的不败之地。

6. 要始终保持良好的心态 大学生创业的一个通病是盲目创业。很多大学生认为，有了创意就能开公司，开了公司就会财源滚滚。实际上，创业需要理智而不是冲动，需要冷静而不是狂热。大学生创业除了要有好的技术，更要有好的心态，千万不能视野狭窄、过于自负，应虚心接受别人的意见，敢于直面挫折和失败。

【经典案例】

稀饭网 CEO 孙剑波创业的头两年，曾经和好友做过出版/广告/媒体代理等多个行当，但很少有人知道他刚出校门的第一个项目其实是设计一种“卫比斯心情 T 恤”，幻想能用可怜的资金打造一个个性 T 恤衫的品牌。其实，这并非是一个很差的创意，个性 T 恤在美国流行文化的带动下确实开创了很大的市场，而两个年轻小伙子也确实具备打造一个品牌的创意能力和设计能力。但是，圈内人都知道，中国的任何事情都有自己的特殊国情，他们忽略了国内消费者的成熟程度和服饰市场渠道的复杂局面，更关键的是，忽略了盗版服装这一吞噬力量。起步的时候，未能看透形势，这就注定了从创业第一天起，这个项目就无法避免失败的命运。

雪上加霜的消息来了：从 2003 年 5 月份开始，非典袭击北京城，孙剑波和他的伙伴不得不从小小的办公间搬到家里办公。口罩盛行，北京城的街道人影寥落，开店卖 T 恤的打算彻底破产了。他们只得先开了一个电子商务网站来贩售 T 恤。祸兮福之所倚，客观上，正是这样的无奈让他们节约了部分资金，而不至于让这第一跤跌得更惨。

这一段短短的创业历程，几乎成为接下来两年他们转而从事出版和广告等行当的缩影，用孙剑波的话来说，就是一个挫折接着一个挫折，一个失败接着一个失败。创业者犯过的错误，他们都犯过了；创业者可能遇到的艰难险阻，他们也都遇过；创业者传奇中的好故事，他们倒是一件都没碰上。短短两年，他们以极大的密度经受了别人在其他环境下十年才能经受的磨难，用最短的时间从毕业生变为了社会人。

“我创业3年多，从来不知道什么叫一帆风顺。”孙剑波说，“挫折和磨难甚至曾让我丧失尊严和自信，而今回头去看，全是财富。”

【知识拓展】

一、痛点产生创意 痛客驱动创新

2016年3月1日，中国电子商务创新发展大会暨贵阳国际大数据产业博览会痛客计划新闻发布会在京举行，贵阳市政府在发布会上宣布启动“痛客计划”，贵阳此次启动的“痛客计划”，是以解决痛点为导向，汇聚以痛客为代表的社会智力资源，并与资本要素、价值链驱动等多方面进行立体化整合的计划。“痛客计划”可以让创业者从源头上找到社会需求，减少创业失败的风险。

要弄懂“痛客计划”，首先要明白什么是痛点和痛客。

痛点是指目前尚未被满足而又被广泛渴望的需求。比如，打车难是痛点，于是有了打车软件；餐馆林立难以甄别是痛点，于是有了大众点评。痛点是产生创意、催生创业的先决条件。

痛客是个全新的概念，由贵阳市“痛客计划”首次提出，指能够从各种社会现象和问题中，找到普适性的尚待解决的关键要素，形成并提出痛点的人，可谓是“大众创业、万众创新”浪潮中的重要驱动力。

由“痛客”提出“痛点”，再由创客根据“痛客”发现的“痛点”进行创新。这既可以真正满足大众的需求，又减少了创业风险。

二、精益创业

1. 什么是精益创业？

精益创业就是用更小、更快的迭代流程验证想法。

精益的基本原则是杜绝浪费和有效利用资源，而钱也是一种资源！

日本是个岛国，资源很稀缺，因为资源稀缺，他们发明了快捷有效的省钱方法，汽车车皮很薄，所以日本车很省油，对于他们而言多年的抠门已经成为一种习惯，而这恰恰是我们创业最可贵的精神——精益！

2. 精益创业实战法的三步骤

(1) 用一张精益创业画布记录你的初步方案（Plan A）。

(2) 找出计划中风险最高的部分。

(3) 利用最简可行性的产品来定性和定量地测试你的计划。

把你想做的事情落到纸面

我们都知道创业公司有很高的不确定性，但是不确定不等于有风险，精益创业画布可以帮你把不可预见的风险找出来。在开始精益创业程序中，第一个步骤是详细记录你的创意，这听起来似乎太简单了：就是把你实际想做的事情写下来。然而，令人大为吃惊的是，这确实是很多创新者都会漏掉的步骤：

一张纸画好商业画布，见表8-2：

表 8-2　商业画布要点

需求痛点 最需要解决的 3 个问题 同时列出市场已存在的 3 个备选解决方案	**解决方案** 1 ~ 3 个主要解决方案 最简可行性产品的 3 个功能	**价值化主张** 用 1 句简明扼要但引人注目的话阐述为什么你的产品与众不同。 说出产品不同和值得购买的地方（如：充电五分钟，通话两小时。） 独特卖点 简短宣言	**竞争堡垒** 不能轻易被复制或购买（产品/技术资源/速度）	**用户细分** 区分客户和用户； 找到 10 个天使用户； 锁定早期的潜在使用者。 目标用户 如：饿了么早餐补贴案例
	关键指标 衡量产品的主要行为指标，如：APP 打开率		**市场渠道** 去年 VS 今年用户如何接触到产品（自有/外部、线上/线下）	
成本结构 APP 研发和推广	**获取用户的成本** 发布成本 服务器成本 人力成本等 （企业做 APP 贵不贵？）		**收入来源** 收入结构/行业差异 1 次 or 多次	**收入模式终身价值** 收入 毛利润

寻找潜在客户：职业发展不是学生的痛，那你的项目是谁的痛呢？

锁定目标用户：评估自己项目痛点，有多痛？找 5 个痛点，1 ~5 分评分分别评多少分？

竞争对手并不可怕，我们不要把它作为非你及我的程度。比如：滴滴、快滴是中国迄今为止最成功的并购案。所谓的竞争不是你死我活，有百事可乐的地方就会有可口可乐，有王老吉的地方就有加多宝。

解决方案：解决方案一定是针对痛点的，产品最重要的三个功能。找到一个最简单可行的产品（MVP），刚刚能够体现创新点和核心价值、用于吸引初期客户的产品。

价值主张：用一句简明扼要但引人注目的话，阐述为什么你的产品与众不同，值得购买，茫茫人海，为什么偏偏是你？

竞争壁垒：你的产品有没有门槛？有没有壁垒？有没有无法被对手轻易复制或者买去的竞争优势？门槛有可能是产品门槛、技术门槛、资源门槛。没有壁垒你的解决方案是非常容易被复制的。

渠道：所谓渠道就是你怎么让客户接触你的产品（内部、外部、线上、线下）。渠道对你的成本有很大的影响。

成本：认清毛利率多少？净利率多少？客单价多少？（下一个单子大概多少钱）毛利跟行业有关，毕业以后找工作选什么行业呢？

盈利：首先考虑你提供的服务，如何做免费服务？如何做基础服务-增值服务？记住一句话，你痛你才会改变，想清楚用户痛不痛，如果不痛，别人不会买你的产品。

练习与思考

1. 简述创业风险的几种分类依据及其所划分的创业风险类别。
2. 简述识别风险的方法和步骤。
3. 简述创业前、中、后期的主要风险与防范。
4. 大学生创业中常见的风险有哪些？如何防范？
5. 针对自己的创业计划，分析存在的潜在风险，并提出相应的风险控制对策。

第九章　创业计划与实践运用

本章要点

1. 了解创业计划书的概念与价值
2. 掌握创业计划书的作用和主要内容信息
3. 掌握创业计划书的结构与撰写要点

第一节　创业计划的准备

一、创业计划书的概念与价值

（一）什么是创业计划

创业计划，又称商业计划（Business plan），创业计划是创业者叩响投资者大门的“敲门砖”，创业计划通常是市场营销、公司财务、运营生产、人力资源管理等职能计划的综合体。而创业计划书是创业者计划创立的业务的书面摘要。它用以描述与拟创办企业相关的内外部环境条件和要素特点，为业务的发展提供指示图和衡量业务进展情况的标准，一份优秀的创业计划书往往会使创业者达到事半功倍的效果，是整个创业过程的航标，指引着创业者前进的方向。

创业计划书是详细介绍即将创建企业的书面材料，是对当前形势、预期需求以及新企业可能实现的结果进行的描述。描述创办一个新的风险企业时所有相关的外部及内部要素。它从企业内部的人员、制度、管理以及企业的产品、营销、市场等各个方面对即将创建的企业进行综合全面的可行性分析，从而进一步进行创业模拟演练，达到最终成功创业的目的。

创业计划书可以是短期的，也可以是长期的，可以是战略性的，也可以是操作性的。所有的创业计划书都有一个重要目的，那就是在快速变化的市场环境下，为创业者提供适当的指导准则和合理的管理架构。如果创业者有一份详尽的创业计划书，就好像有了一份业务发展的指示图一样，它会时刻提醒创业者应该注意什么问题，规避什么风险，同时最大程度地帮助创业者获得来自外界的帮助，从而达到成功创业的目的。

创业计划的基本目标主要包含以下四点：

（1）确定创业内容做市场分析，总结创业的可行性。

（2）说明创业者计划利用这一机遇发展新的产品或服务所要采取的方法。

（3）分析和确定企业能否成功的关键因素以及企业存在的特点。

（4）确定实现创业所需要的资源以及取得这些资源的方法。

创业计划应该由创业者准备，然而在准备过程中，也可向社会相关的其他专业人员咨询。如网络技术人员、律师、会计师、营销顾问、工程师等在创业计划的准备过程中都将起到非常重要的作用。为了确定是聘用一个顾问还是利用其他资源，创业者也需要对自己的技能做一个客观的评价。

（二）创业计划的作用与意义

“一日之计在于晨，一年之计在于春”。人的学习和成长离不开计划，同样一个企业的成长也离不开计划——创业计划。创业计划是指企业的发展计划、贷款方案或者投资计划，它是获得融资的基础性文件。制订一个正式的创业计划需要时间、精力和资源。创业者通过创业计划书的可行性分析获得投资，它是一种吸引投资的工具，同时也是确定目标和制订计划很好的参考资料，在企业创建后一般将它作为工作辅助文件使用，是一个企业管理和操作的行为指南。计划是执行所有创业活动的第一步，如果没有计划和目标，在执行过程中，风险会相对提高。虽然创业计划并不一定能保证成功，但它可以提高创业成功率。

创业计划的作用主要体现在以下三个方面：

1. 可以使创业者把握创业思路、明确经营理念 创业者和拟创业者在创业之初都会对创建企业的发展方向以及经营思路有一个粗略的设想，但如果把这一设想做成规范的创业计划，则会发现自己要从事的事业并非如所设想的那样容易。比如：资金不足或市场增长率等等情况，有些时候还得放弃创业的念头。创业计划可以使创业者严格地、客观地、全面地从整体角度观察自己，以避免因企业破产或失败而可能导致的巨大损失。

在使用创业计划书融资前，创业计划书首先应该是给创业者自己看的。因此，创业者应该以认真的态度对自己所有的资源、已知的市场情况和初步的竞争策略做尽可能详尽的分析，并提出一个初步的行动计划，做到心中有数。另外，创业计划书还是创业资金准备和风险分析的必要手段。对初创的风险企业来说，创业计划书的作用尤为重要，一个酝酿中的项目，往往很模糊，通过制定创业计划书，把正反理由都书写下来，然后再逐条推敲，创业者就能对这一项目有更加清晰的认识。

当然，作为创建企业的创业者应关注并妥善处理资金预算、市场预测，以及材料、人员之类的相关要素的协调等管理问题。如果这些问题没有做好充分的计划，那么高速的增长只能带来巨大的风险。因此，创业者在最初制订创业计划的时候就应牢牢地树立务实的思维。不能过于仓促，保证充足的时间对创业项目的可行性进行调研。有的创业者往往头脑一热拍脑袋凭直觉来决策，根本没有从自己最熟悉、最擅长的业务起步，没有结合自身能力和专业特点或者说特长，而只是道听途说某行业好赚钱，没有进行创业计划就贸然投资，结果在创业活动深入到一定程度后，才发现自己的经验、知识、能力和人际关系都与创业项目不吻合，甚至相差太远导致失去竞争力。所以，创业者在创业初期，就要本着务实的精神，踏踏实实地结合自己的实际情况和能够整合的资源客观地制订创业计划，才能够明确地把握创业思路、明确经营理念。

一份完美的创业计划不但会增强创业者自己的信心，也会增强风险投资家、合作伙伴、员工、供应商、分销商对创业者的信心，这些信心是企业走向创业成功的基础。

2. 帮助创业者对内管理、对外宣传，获得融资 创业计划书作为一份全方位的项目计划，它是对即将展开的创业项目进行可行性分析的过程，也在向风险投资商、银行、客户和供应商宣传拟建的企业及其经营方向，包括企业的产品、营销、市场及人员、制度、管理等各个方面。在一定程度上也是拟建企业对外进行宣传和包装的文件。

制订创业计划是基于有效的信息收集和分析的基础之上的。这些信息有利于确定商业机会的价值，有利于确定创业的宗旨、目标和方法。制订创业计划的过程也是指导创业者收集什么信息和如何去收集信息，从而确定创业是否可行和达到什么目标的过程。明确创业的可行性即是分析商业机会的价值，而明确创业的战略即确定如何实现商业机会的价值。

创业计划是获取人力资源和资本的有效工具，将新创企业的发展潜力、所面临的机会，以及以一种明确的、有效的方式开发这个机会的方案与有关方面进行沟通。沟通的对象包括内部和外部的利益相关者。沟通是进行信息的传递，旨在使信息的接受者做出反应。不仅要使信息接受者收到并理解信息，还要据此采取相应的行动。创业计划作为沟通的工具，其目的是为了获得各种必要的支持。因此，创业者特别有动力利用创业计划与下列人员进行沟通。

（1）对内管理：员工是创业者所需要的重要人力资源，员工将其人力资本投资于新创企业，目的是获取投资回报及个人的发展。因此，创业计划中要描绘设定好新创企业的发展前景和企业员工的成长潜力，使员工对企业和个人的未来充满信心，并为了这个未来以饱满的热情去工作。

（2）对外宣传：创业计划的沟通作用就是给客户充分的信息，使其对新创企业和所提供的新产品充满信心，从而购买所提供的新产品并承诺建立长期稳定的合作关系。提供同类产品的竞争者越多，这种承诺就越有价值。这时，创业计划的质量及它的吸引力和可信度起着决定性的作用。同时，供应商和员工一样，都是创业者所需要的重要人力资源。供应商是否愿意向新创企业提供资源，以及以什么方式提供，也取决于其对新创企业的信心。创业者要通过创业计划书的前景展示使供应商对新创企业充满信心，以便起到良好的宣传作用，从而争取获得较好的供货条件。

（3）获得融资：在创业起步阶段或是成长阶段，外部融资将是创业者所面临的一个艰巨任务。创业计划不仅要告知潜在的投资者新创的企业所具有的成长潜力和收益回报，还要表明所包含的风险。由于创业者要与其他团队创业项目为争取有限的资金而竞争，因而创业者必须重视创业计划的制订，不能只走形式或存在侥幸心理，因为投资者都明白投资存在风险，凭着投资者的丰富经验，只会针对创业前景广阔，创业计划详尽的拟创建企业进行投资。

3. 能帮助创业者凝聚人心，对企业进行有效管理　一份完美的创业计划书可以增强创业者的自信，使创业者明显感到对企业更容易控制、对经营更有把握。因为精心市场分析下制作出的创业计划提供了企业全部的现状和未来发展的方向，有着明确的航标，也为企业提供了良好的效益评价体系和管理监控指标。创业计划书让创业者在创业实践中有章可循，通过描绘新创企业的发展前景和成长潜力，使管理层和员工对企业及个人的未来充满信心，并明确要从事什么项目和活动，从而使大家了解将要充当什么角色，完成什么工作，以及自己是否胜任这些工作。这样的企业同时也会增强风险投资家、合作伙伴、员工、供应商、分销商对创业者的信心，因此，创业计划书对于创业者吸引所需要的人力资源，凝聚人心，具有重要作用。

二、创业计划中应当注意的问题

（一）信息的搜集与整理

创业机会信息的搜集是使创意变为现实的创业机会的基础工作。前期根据创意，明确研究的目的或目标后，创业信息的搜集主要靠商业调查来实现。商业调查的信息来源包括一手资料和二手资料两种类型。一手资料是指调查人员通过现场实地调查，直接向有关调查对象收集的资料，如问卷调查、实验、观察等；二手资料是指经他人收集、记录、整理所累积的各种资料，比如图书、商业报刊、相关电视节目、互联网及政府机构等。

1. 一手资料的收集途径 一手资料的收集需要较多的人力和物力，但收集到的信息最为直接，更符合企业创办的需求。创业者可以通过以下方式获得一手资料：

（1）向权威人士咨询：直接与政府针对创业的相关部门、与创业计划相关的政府机构、业内专家、房地产代理商、开发商、金融部门、行业协会、社会有关机构以及市场中的活跃人士进行广泛的交流接触，询问并请教，以较快的速度获得所需的市场信息。通过这种方法取得的信息往往比较可靠。

（2）观测评估：可以采用人员观察、仪器观察、总计测量的方式观察人们的反应和行动。比如，向顾客介绍某地产项目的未来发展预测，观察他们有何反应；根据对闹市区大型广告牌回头率的统计来评价各种广告被关注的情况。

（3）问卷调查：包括制作问卷进行实地问卷调查、电话调查、访谈、网络在线调查及局域性“踩点”调查等。

2. 二手资料的收集途径 分析二手资料对于界定营销调查问题非常有必要，创业计划中的信息资料通常是在收集二手资料的基础上，才开始收集一手资料的。一般来说，二手资料的收集途径主要有：

（1）各种类型的图书馆是各种文献资料集中的地方，可以寻找到大量公开的商业信息，或者能提供某些索引来寻找其他资料。

（2）政府部门及经济管理部门的有关方针、政策、法令、统计报告等。

（3）各种经济信息中心、专业信息咨询机构、行业协会经常发布或保存的各种资料，如行业法规、市场信息、发展形势、汇编等。

（4）新闻媒体，如电视、广播、报刊、杂志等，含有丰富的经济信息，也是重要的资料来源。

（5）有关生产和经营机构提供的商品目录、广告说明书、专利资料、商品价目表等。

（6）国内外各种展销会、交易会、博览会等促销会展以及专业性、学术性经验交流会议上所发放的文件和资料。

（7）网络是一个重要的信息来源，使用搜索引擎可以搜索到来自全世界的相关调研信息，与其他方法相比，因特网具有快捷、方便、经济等明显的特征，将在二手资料收集方面发挥越来越大的作用。

（二）防范信息陷阱

当今社会是一个信息爆炸的社会，任何事情都是瞬息万变的，更不用说灵敏的市场环境，可见创业者信息处理正确性、防范信息陷阱的重要性。进行信息整理能帮助创业者降低创业风险，处理不当有可能会延误良机或错失良机，甚至做出错误决策。因此，在处理信息时要尽可能将信息处理错误最小化。

1. 个体创业者处理信息时遇到的陷阱及解决方法　个体创业者由于容易受一些自身经验或认知方面的局限性，在处理信息时最容易出现一些偏误。

（1）个人主观推断：个人创业者主要靠的就是直觉，属于非逻辑思维。一般来说，人们的直觉推断是非常有用的，它大大减少了推断过程的复杂化。但有时个人主观推断会导致严重的偏差，并不以客观事实为依据的判断，盲目的判断事件的对错或走向，凭借个人主观意愿推断创新信息"可能""大概""也许"是这样的。主要是因为受个人主观能动性的驱使，缺乏客观理论依据，凭借脑海中比较生动、形象的思维意识进行的个人主观推断，针对以上情况，创业者需要克服"个人主观推断"认知偏见，将自己的决策与一些平时较理智的、喜欢分析的朋友、同事、专家进行讨论，以克服个人主观推断造成的决策性失误。

（2）认知偏见：认知偏见也可以称之为选择支持性偏差或者确认性偏见，是一种更愿意注意、处理和记忆能证实当前信念或假设的信息，而忽略那些不能证实当前信念的信息的倾向。这种认知偏见无意识地使创业者不断强化自己的信念或假设，而忽视创业中的风险。要克服这种"确认性偏见"，创业者可以找一些与自己意见相左的人士谈谈自己的决策，与平时观点不一样的人士讨论讨论，特别注意这些人士的不同意见，也可以将自己的想法与一些较悲观、喜欢挑刺的人进行探讨，听听最坏的前景预测，以纠正自己过分乐观的想法，及时纠正自己在创业中出现的认知偏差。

（3）控制错觉：人类有系统地高估自己对事件的控制程度，而低估机运或不可控制因素在事件发展过程及其结果上所扮演的角色，此现象被称为控制错觉。控制错觉是指人们相信通过努力和隐忍，自己有控制周围的能力，可以控制自己的未来与命运。这样导致创业者过高估计自己的控制能力，而低估了经济环境、竞争对手和其他很多不可控因素的影响。控制错觉的对策为创业者可以与周围保守人士讨论自己的决策，征求他们的意见，以纠正自己过分冒险的错觉。

2. 群体创业者处理信息时遇到的陷阱及解决方法　多数创业者因为各种主客观原因选择两个或更多人共同创业，但俗话说："三人一台戏"，意思在于每个人都有自己的主观性、想法和创意，如果控制的不够好，那么群体创业在处理信息时，必然也会容易遇到下列各种偏误或陷阱。

（1）群体极化：群体极化是指在群体中进行决策时，人们往往会比个人决策时更倾向于冒险或保守，向某一个极端偏斜，从而背离最佳决策。在阐述论点、进行逻辑论战时，群体成员中原已存在的倾向性，通过群体的作用而得到加强，使一种观点或态度从原来的群体平均水平加强到具有支配性水平的现象。要克服决策时的群体极化现象，在提出任何决策方案前，要求群体成员独立思考，书面列举出每人知道的所有相关信息，并提出自己的观点和方案，然后把各种信息和观点汇集在一起讨论，并做出评价。

（2）群体思维：群体思维是指当群体成员的凝聚力很强时，群体成员为了寻求与群体一致而产生的放弃个体的信息、意见、方案或决策的思维倾向。更确切地说，创业合伙人更相信他们最初的解释或决策是正确的。群体思维很容易使群体创业者陷入决策陷阱，造成决策失误。如果群体成员个人的观点与处于控制地位的大部分群体成员的观点不一致，在群体压力下，他就可能屈从、退缩或修正自己的真实感情或信念。作为群体的一员，与群体保持一致，即成为群体中积极的一分子，比成为干扰力量对我们更有利，即使这种干扰对于改善群体决策效果是有利的。

为了防止群体思维所带来的不良影响，首先，群体领导应该努力做到公正，并培养一种公开咨询和讨论的气氛；其次，群体成员应该像支持群体计划一样，鼓励人们提出问题或批评意见，不能轻易地反对或拒绝；再次，应请“局外的专家们”对群体成员提出挑战，并给群体带来新的思路，创业者可以邀请外行或者新人参与讨论或决策，鼓励提出不同的决策方案，同时禁止对各种方案的任何批评。

最后，在达到一个共同的意见之后，群体领导人应该安排“第二次机会”会议，使得群体成员能够将萦绕在心头的困惑和保留意见表达出来。

（3）信息流失：对于创业团队来说，一些群体成员由于各种主客观因素而不轻易发表自己的观点或意见，个体拥有的信息不能与群体其他成员共享，这也许会流失掉重要的信息，造成决策的失误，给创建企业带来灾难性的后果。为了防止群体成员间的信息流失，平时在群体成员中要充分发扬民主作风，多听取其他创业合伙人的想法，相互鼓励自由思考、鼓励反对意见、畅所欲言。

（三）撰写创业计划书的漏洞

在撰写创业计划书的过程中，创业者应尽量避免出现疏漏。主要存在以下几点：

（1）目标脱离实际：对于创业计划没有明确的时间安排、市场调查和分析、没有划分优先次序以及缺乏具体实施步骤。

（2）没有长期目标：创业者在企业运营过程中没有意识到可能遇到的障碍或者没有动力去坚持企业经营的长期目标。当创业者沉浸于自己的创意而忽略目标时，企业可能陷入困境。也就是说，他们没有意识到可能出现的问题。具体表现为：对未来可能发生的问题无法识别、没有重视计划中的欠缺与不足、无持续性或无备选方案。

（3）缺乏信念：很多创业者对企业缺乏真正的投入，具体表现为：对新鲜事物的短暂痴迷、对研究不感兴趣、不愿投入个人资本以及希望快速获利。需要指出的是，即使创业源于个人爱好或是兼职起步，创业者也必须认真对待。

（4）缺乏经验：很多投资者非常看重创业者的实践经验，因此经历与背景尤为重要。很多创业者努力涉足不了解的专业领域，由于不具备相关的专业知识，不了解所处行业的发展状况、业务范围、运营模式以及目标客户不明确等，因此注定会失败。

以上最常见的问题概括了导致融资失败的创业计划书的共同缺陷，在制定创业计划书前应仔细考虑这些方面，尽量避免出现以上问题，同时加上精心设计，创业计划书将得到更充分的评估，针对以上问题的梳理，并给予行之有效的对策，一定会为创业者制订行之有效的计划书打下坚实的基础。

【经典实例】

创业没有计划能成功吗？

许小姐一门心思想做老板。经过7年的努力工作和省吃俭用积蓄了一笔资金，其中10万元做了注册资金，5万元用于流动资金。她认为，个人创业必须有丰富的工作经验。所以在过去的工作中，她总是分内分外的事全都抢着干，从不计报酬。尤其是经营方面的事，她更是竖着耳朵听，目的就是为了多学点本事，为自己开公司做准备。另外，她认为个人创业必须有一个好的项目。她选择了一个当时的朝阳项目——房地产租赁咨询。

在办齐所有手续后，她勤勤恳恳努力工作，但她怎么也没想到，最初的3个月几乎没有生意，直到第6个月才稍有收入，可生意很不稳定，半年来，她赔了3万元。她开始动摇了，觉得自己是在靠天吃饭，靠运气吃饭。她认为做生意不应该是赌博，肯定是哪儿弄错了。她不想再这样干下去了，她认为不能等到这15万元都赔光的时候才行动。她要去弄明白问题到底出在哪里。第7个月她关掉了公司。

导致许小姐失败的原因很复杂，但其中一条重要原因就在于没有一个完整的创业计划。小企业抗风险能力很低，不考虑成熟，一厢情愿，自然危机重重。要想创业成功，还要学会怎样避免“打水漂”。仔细分析许小姐的案例，你会终生受益！

点评：

要寻宝必须要有一幅“寻宝图”，想要创业也要有一份详尽的“路线图”——创业计划书，创业计划书设定了新企业计划的目标和方向，是一份用于企业内外的两用文件。对企业内部而言，创业计划能帮助企业设计出实施其战略和计划的“路线图”；对于企业外部来说，创业计划是向潜在投资者及其他利益相关者汇报企业试图追求的商业计划以及如何把握机会的行动计划。由此可见，无论企业大小，在创办前期，都应有一份详细的创业计划。

第二节 大学生创业计划的论证途径

一、大学生创业计划大赛

1. 大学生创业计划竞赛不是普通意义上的大学生的专业比赛。创业计划不是单纯的、个人的、集中在某一个专业的学生竞赛，而是以实际技术为背景，跨学科的优势互补的团队之间的综合较量。竞赛的意义也不局限于大学校园，从某种程度而言，创业计划竞赛是高等院校与现实社会和大学生与企业之间的互动与沟通。

2. 参加创业大赛的意义

（1）能够更加系统地学习创业知识：参赛者在创作创业计划的过程中，一般可以通过大赛提供的系统培训以及学习、交流，全面地接受创业者所应具备的知识和技能训练。

参赛者通过参加竞赛，可以获得对产品或服务从构想变为现实的全局把握。在完成商业计划的过程中，培养沟通能力、说服能力、组织能力。在接受挑战的过程中，增强创业的勇气、信心和能力。参加项目大赛的经历本身也是一种财富。

（2）提升创新创业水平：通过社会新时期促进科技创新和成果转化，对培育高水平、高层次、高素质的创业团队和具有核心创新能力的高成长性企业有着推动作用，能够提升新时期创业团队的创新创业水平。

（3）培育团队精神：大学生创业比赛是培育大学生创业团队精神的绝佳机会，在真实的社会企业里，团队合作精神已被企业作为第一考核指标看待，人们往往认为“一个个人能力超强但是很难融合于团队的人为企业创造的效益远远小于个人能力稍弱但合作精神很强的人”，作为团队的一分子，你不是一个人在战斗，通过团队的分工与协作能够最大化地提升团队整体的竞赛实力。

参赛者们通过比赛，可以结识未来创业的合作伙伴，参赛小组的成员将最有可能在将来形成创业合作关系，开创成功事业。在此过程中，创业团队可以得到磨合，磨炼团队创业能力，形成创业凝聚力。参赛者将有机会加入一个充满智慧和活力的小组，与小组伙伴携起手来，接受挑战。参赛者将体验到前进中相互激励的力量和交流中灵感火花的跳跃以及成功时分享的喜悦。在这一过程中，参赛者会感受团队精神的力量，培养创业团队精神。

（4）完善创业计划：参加创业比赛的过程，就是设计、论证、实施、优化完善创业项目的实施方案的系统过程。参赛过程中，有创业团队的精心参与，有指导老师的专业指导，有大赛评委的精彩点评，有各参赛团队和参赛项目的交流，这些都是其他形式所不具备的创业论证优势。

（5）积累商业资源脉络：参赛者通过比赛，可以结识风险投资家。国内风险投资家若对创业团队的计划书表示浓厚兴趣，将对具有实际运作价值的作品进行详尽的投资可行性分析。参赛者可以向风险投资家充分展现自己的产品或服务的巨大市场前景，为进一步创业赢得资金。同时，参赛者还将结识商界和法律界人士，为将来创业建立良好的商业关系网络，为未来创业建立良好媒体资源。

二、大学生创业模拟训练

随着社会的高速发展，越来越多的大学生投入到了自主创业的潮流中。大学生如何实现自己这一人生理想，体现出自己的人生价值，如何实现创业无疑对创业团队来说是最光鲜亮丽的一个问题了。创业并非那么容易，掌握好各方面的能力，吸取多方的经验才有可能让企业更好地发展。而对于大学生创业来说，仅仅从教科书或是传统的课堂上学习一些经营管理的相关理论是远远不够的。通过模拟经营或虚拟经营的方式，演练创业项目和实施方案，是保障创业成功的重要途径。

（一）软件模拟经营

企业运营模拟实战训练系统是一种全新的实验实训创业课程，系统运用计算机软件与网络技术，结合严密的系统和精心设计的商业模拟管理模型及企业决策博弈理论，全面模拟真实企业的商业运营环境，学生在虚拟商业社会中完成企业运营中的各项管理决策。分为基本流程和特殊流程两种。需要按照所要进行的顺序进行。

真实的企业经营中，不允许创业者总是不断尝试，去犯各种各样的错误，有些决策失误甚至会导致创业失败。通过经营模拟软件，可以帮助创业者在模拟运营中的实战演练，体验创业的运营管理，完成企业运营管理中的分析决策，包括：制订企业战略、分析市场信息、制订研发计划等。能够让创业者在磨难的失败里找到自身存在的问题，不断领悟成功的真谛，从而真正提升创办企业的实际能力。

（二）组建商务模拟公司

商务模拟公司起源于20世纪50年代德国经济起飞初期，当时许多有职业经验的成年受训者不大适合传统的教师讲授为主的培训形式，希望有实际动手培训的机会，但创造商贸培训的实践条件又十分困难，于是“商务模拟公司”应运而生。“商务模拟公司”作为一种低耗高效的实训教学方案，采用以学生为主体、指导教师把握方向的半开放的运作方式，创业者在“企业创办”上学习。“商务模拟公司”的实施方法可参考以下步骤：

1. 选择机会　大学生通过思考、讨论，在众多纷杂的行业中，寻找适合自己的创业机会，从而为“开公司挣钱”创造好的开端。这一过程可在一周内完成，设计和展示自己的想法和梦想，活动一开始就达到一个仿真的环境和状态。

2. 核算成本　选择行业之后，大学生通过自行组建团队，并在一周内完成拟设公司的成本核算过程。这一阶段的工作，可通过上网查询、市场调查，最后提交创业所需的资金，包括设备、原材料、人工、注册费用等相关费用清单，以避免盲目行动。

3. 创建公司　在前两个步骤中，活动参与者基本上能找到自己的专长。在召开第一次股东大会后，选出董事会、监事会的所有会员，并由董事会组建公司的管理机构：采购部、生产部、财务部、营销部、人事部等，竞争（聘）上岗，合理分工。之后完成公司名称、标识的设计、公司文化的宣传、创业计划书的编写、公司章程的拟订、公司组织结构示意图、公司管理制度的制定。同时，按照有限责任公司注册的整体流程，在一周内完成公司登记工作。

4. 公司运营　在公司成立的基础上，活动参与者进行为期三周的模拟公司经营，主要训练公关礼仪、商业谈判、签订合同、布置展区、财务管理、仲裁诉讼等方面的能力。公司运营模拟的主要内容包括：①采购原材料。根据营销计划采购商品入库；存货管理；谈判、签订合同；寄发订单。②组织生产。根据生产计划组织产品的生产工作；废旧物资的利用，节约成本，增加收入。③开展营销。涉及产品定价，广告设计，展销会的布展，上门推销等内容；销售具体商品、签订和提供服务、解决客户异议、处理客户投诉等。④财务核算。为保证商流、物流、资金流的合理清晰，做好大量的票据传递和财务管理，做到每天的进销存日报表与现金日记账均做到核对无误。⑤税务申报。税务申报是保障公司正常运转必不可少的部分，模拟进行增值税、营业税、企业所得税等申报工作。此过程尽量保持和所安排行业的一致，以求买方和卖方的相互性和竞争性，可适时由某机构承担最终消费者和最初供应商的角色。

5. 业绩总结　为了激发创业热情，公平公正地评价每一位活动参与者，主要采取以下几种评价方式：①经营业绩评比：“模拟公司”运营周期结束后，提交公司的资产负债表、损益表及现金流量表，总结经营业绩。②岗位技能评比：对参加活动的成员进行岗位技能评比，如评出优秀经理人、优秀策划人、优秀财务总监、优秀营销总监等。③创业计划书方案评比：对所有公司创业时的创业计划书和经营过程中的具体方案进行评比，评出优秀的创业计划书和方案。

（三）企业经营决策沙盘模拟

企业竞争在当今社会的激流中越来越大，如何更好地运营自己的企业，能够在众多新创企业中脱颖而出，必须要进行一次激烈的模拟训练。企业经营决策沙盘以沙盘模拟的方式模拟企业的商务运作，在短短的2~3天的时间内模拟企业4~6年的全面经营管理，剥开企业经营理念的复杂外表，直探企业经营本质。模拟由七个企业相互竞争，和真实环境非常相似，能够反映出很多企业运营过程中真实存在的一些问题。小到财务知识，中到市场竞争，大到企业生存，都有很深刻的体验。

1. 理解企业血液系统　理解企业血液系统，也就是现金流控制的重要性。体验企业财务决策的过程以及贷款、融资、资产回报率（ROA）、权益回报率（ROE）等因素对业绩的影响。理解企业的“消化系统”——感受企业生产运营的决策过程，包括销售订单、原材料采购、产品销售、生产、库存等物流管理的相互协调以及产销排程、成本控制、合理开支、准时生产等，从而掌握科学运营的理论和方法。

2. 财务知识 理解财务和产品战略之间的关系。资金运转得好坏对企业的发展起着至关重要的作用。资金运转不好会直接影响企业的继续运作，更会影响到企业的发展和创新。现金流绝不能断，运营过程中要开源节流，必须降低成本。创业者缺乏财务知识会造成盲目投资，学会运用各种财务工具帮助创业者投资及决策，树立盈亏理念。

3. 市场竞争及经营 市场分析非常重要，不仅要充分分析市场的形式，也要分析对手心态。要做到这一点，既要掌握市场分析手段，更要有市场分析意识。市场的游戏规则必须清楚，在还没搞清楚市场规律之前就跳进去是件非常危险的事情。在自由竞争环境中，业务联盟有时会反受其害，企业要广结联盟，朋友越多，得到的帮助也会越多。市场经营存在四个阶段：初始阶段、发展阶段、创新阶段和成熟阶段。在每一个阶段过程中都有企业自身存在的很多问题，需要创业者从容不迫地去面对和解决。面对激烈的社会市场竞争，个体创业者或群体创业者的决策显得格外重要，一不小心就会跌入万丈深渊。

除以上模拟演练外还有 ERP 模拟沙盘。它是针对代表先进的现代企业经营与管理技术——ERP（企业资源计划系统）而设计的角色体验的实验平台。ERP 模拟沙盘教具主要包括：6 张沙盘盘面，代表六个相互竞争的模拟企业。模拟沙盘按照制造企业的职能部门划分了职能中心，包括营销与规划中心、生产中心、物流中心和财务中心。各职能中心涵盖了企业运营的所有关键环节：战略规划、资金筹集、市场营销、产品研发、生产组织、物资采购、设备投资与改造、财务核算与管理等几个部分为设计主线，把企业运营所处的内外环境抽象为一系列的规则，由受训者组成六个相互竞争的模拟企业，模拟企业 5 ~ 6 年的经营，通过学生参与→沙盘载体→模拟经营→对抗演练→讲师评析→学生感悟等一系列的实验环节，其融理论与实践于一体、集角色扮演与岗位体验于一身的设计思想，使受训者在分析市场、制定战略、营销策划、组织生产、财务管理等一系列活动中，参悟科学的管理规律，培养团队精神，全面提升管理能力，同时也对企业资源的管理过程有一个实际的体验。

第三节　创业计划书的撰写

创业计划书是一份全方位的商业计划，其主要用途是递交给投资商，以便于他们对企业或项目做出评判，从而使企业获得融资。创业计划书有相对固定的格式，它几乎包括反映投资商所有感兴趣的内容。创业计划书的好坏，往往决定了投资交易的成败。对初创的风险企业来说，创业计划书的作用尤为重要。一个酝酿中的项目，往往很模糊，通过制定详细的创业计划书，把正反理由都书写下来，再逐条推敲。这样创业者就能对这一项目有更清晰的认识。创业计划书，可以帮助创业者整理思路，争取资金投入和银行贷款，一份好的创业计划书必须具备以下特点：①清楚明了；②简明扼要；③逻辑性强；④真实可信；⑤必要时辅以图表。

一、撰写创业计划书的目的

创业计划书作为创业者组织创业活动并实现计划的行动指南，对创业者、投资者及客户等都具有一定的作用和价值，他们能通过创业计划书熟悉新企业，了解它的长期和短期目标，能够帮助企业在所选定的市场内的生存和发展能力做出判断，创业计划书同时还是筹措资金的重要工具。在具体创业过程中，制定创业计划书的目的主要有以下几个方面：

1. 说服自己 制定创业计划的过程是一个不断自我否定和自我肯定的过程，创业计划迫使创业者不断地思考自己的创意、冷静客观地面对自己的创业想法，最后创业者必须将创业计划全面地写出，这样的计划书才是相对客观的。如果这样客观的创业计划能说服创业者，说明这个创业计划具有一定的可行性。

2. 说服投资者 创业计划是创业者叩响投资者大门的“敲门砖”。创业计划中包含了很多投资者需要的信息，创业者往往凭借创业计划书对企业发展的良好规划、对市场和竞争者的客观分析、对产品和团队的充分信心，获得投资者的青睐，从而征服投资者，获得投资基金。

3. 说服合作者 创业计划书描述了创业者的理想，规划了美好的创业蓝图。所以创业计划很大程度上给创业合作者以期望，期望是创业团队努力的动力。另外，创业者通常需要争取亲朋好友的支持，有一个完整周密的创业计划可以帮助创业者赢得亲朋好友的信任和支持。

4. 有计划地行动 创业计划书中包含了创业的类型、资金规划、财务预算、产品开发、营销策略、投资回收、风险评估和企业管理等内容，对创业行动具有很好的指导作用。创业计划很好地理清了创业者的创业思路，明确了创业的方向和目标，促使创业者有计划按步骤地进行创业。

二、创业计划书的格式

创业计划书的结构通常包括封面、保密要求、目录、摘要、正文（综述）、附录几部分。

1. 封面 封面的设计要有审美观和艺术性，一个好的封面会使阅读者产生最初的好感，形成良好的第一印象。封面可以放一张企业的项目或产品彩图，但需留出足够的版面排列以下内容：创业计划书编号、公司名称、项目名称、项目单位、地址、电话、传真、电子邮件、联系人、公司主页、日期等。

2. 保密要求 保密要求可放在封面，也可放在次页，主要是要求投资方项目经理妥善保管创业计划书，未经融资企业同意，不得向第三方公开创业计划书涉及的商业秘密。

3. 目录 目录标明各部分内容及页码，要注意确认目录页码同内容的一致性。

4. 摘要 摘要是对整个创业计划书的概括，如果公司是一本书，它就像是这本书的封面，做得好就可以把投资者吸引住。撰写摘要的目的在于用最简练的语言将计划书的核心、要点、特色展现出来，吸引阅读者仔细读完全部文本，因而一定要简练，一般要求在两页纸内完成。它是出资者首先要看的内容，因而必须能让读者有兴趣并渴望得到更多的信息，给读者留下长久的印象。计划摘要应从正文中摘录出投资者最关心的问题，包括对公司内部的基本情况，公司的能力以及局限性，公司的竞争对手、营销和财务战略，公司的管理队伍等情况的简明而生动的概括。

5. 正文 正文是创业计划书的主体部分，要分别从公司基本情况、经营管理团队、产品或服务、技术研究与开发、行业及市场预测、营销策略、产品制造、经营管理、融资计划、财务预测、风险控制等方面对投资者关心的问题进行介绍，要求既有丰富的数据资料，使人信服，又要突出重点，实事求是。

6. 附录 附录是对正文中涉及的相关数据、资料的补充，作为备查。

三、创业计划书的内容

1. 摘要 摘要是对后面信息的简短概括，一般为2～3页，为了吸引战略合伙人与风险投资人的注意，将创业计划书的核心提炼出来制作成摘要，它是整个创业计划书的精华，涵盖计划书的要点。一般是在创业计划书全部完成后编写的，把主要结论性内容摘录于此，这样可以使摘要与后面的内容保持一致，以求一目了然，在短时间内给使用者留下深刻的印象。

摘要如同推销产品的广告，编制人要反复推敲，力求精益求精，形式完美，语句清晰流畅而富有感染力，以引起投资人阅读创业计划书全文的兴趣，是创业计划书的精彩剪影。

摘要的内容应简要介绍企业自身、市场机会、资金需求、发展目标以及相关的技术，特别要详细说明自身企业的不同之处以及企业获取成功的市场因素。目的在于吸引评估者或投资者继续浏览后面的内容。如果摘要不能做到简洁、有吸引力，那么读者会将创业计划书搁置，或者干脆简单地断定无投资可能。

2. 公司概述 主要是向战略合伙人或者风险投资人介绍融资企业或项目的基本情况。

第一，介绍企业名称及其特征含义。第二，介绍行业背景，包括发展现状及未来趋势，最好注明影响此计划的行业特殊发展状况。如果企业已成立或者已获得经营权，则应在此进行介绍。第三，详细介绍新创企业及其发展潜力。所有关键词应加注释，且易于理解，可采用图片、照片等方式对产品功能加以说明。第四，详细阐述新创企业所具备的竞争优势，包括专利、版权、商标、专有技术或市场优势。

具体而言，如果企业处于种子期或创建期，现在也只有一个美妙的商业创意，那么，应重点介绍创业者的成长经历、求学过程，并突出其性格、兴趣爱好与特长，创业者的追求，独立创业的原因以及创意如何产生。如果企业处于成长期，应简明扼要介绍公司过去的发展历史、现在的状况以及未来的规划。具体而言，包括：公司概述、公司名称、地址、联系方式；公司的业务状况；公司的发展经历；对公司未来发展的详尽规划；本公司与众不同的竞争优势；公司的法律地位；公司的公共关系；公司的知识产权；公司的财务管理；公司的纳税情况；公司的涉诉情况，等等。在描述公司发展历史时，正反的经验都要写，特别是对以往的失误，不要回避。要对失误进行客观的描述，中肯的分析，反而能够赢得投资者的信任。

3. 管理团队介绍 管理团队是投资者非常看重的，这部分主要是向投资者展现企业管理团队的结构、管理水平和能力，职业道德与素质，使投资者了解管理团队的能力，增强投资信心。

这部分主要介绍管理团队、技术团队、营销团队的个人工作简历、取得的业绩，尤其是与目前从事工作有关的经历，同时清晰阐述创业者在企业中的作用，并介绍所有顾问及董事会成员。

在编写过程中，首先，必须对公司管理的主要情况做一个全面介绍，包括公司的主要股东及他们的股权结构、董事和其他一些高级职员、关键的雇员以及公司管理人员的职权分配和薪金情况，必要时，还要详细介绍他们的经历和个人背景。企业的管理人员应该是互补型的，而且要具有团队精神。一个企业必须要具备负责产品设计与开发、市场营销、生产作业管理、企业理财等方面的专业人才。

此外，在这部分创业计划书中，还应对公司组织结构做一个简要介绍，包括：公司的组织结构图；各部门的功能与责任；各部门的负责人及主要成员；公司的薪酬体系等。

这部分应让投资者认识到，创业者具有与众不同的凝聚力和团结战斗精神，管理团队人才济济且结构合理，在产品设计与开发、财务管理、市场营销等各方面均具有独当一面的能力，足以保证公司以后成长发展的需要。

4. 产品（项目）介绍　在进行投资项目评估时，投资人最关心的问题之一就是企业的产品、技术或服务能否以及在多大程度上解决现实生活中的问题，或企业的产品（服务）能否帮助顾客节约开支、增加收入。这是市场销售业绩的基础。

技术产品（服务）介绍一般包括以下内容：产品的名称、特性及性能用途；产品处于生命周期的哪一阶段，市场竞争力如何；产品的研究和开发过程；产品的技术改进、更新换代或新产品研发计划及相应的成本；产品的市场前景预测；产品的品牌和专利。

在这一部分，企业家要对产品（服务）做出详细的说明，说明要准确，也要通俗易懂，让不是专业人员的投资者也能明白。一般地，产品介绍都要附上产品原型、照片或其他介绍。

此外，对于一些以技术研发为重点的高新技术企业来说，还要对相关技术及其企业研发情况进行分析，包括企业技术来源、技术原理、技术先进性、技术可靠性；公司的技术研发力量和未来的技术发展趋势，公司研究开发新产品的成本预算及时间进度，技术的专利申请、权属及保护情况、技术发展后劲和技术储备等，以使投资者对公司的技术研发队伍的实力，公司未来竞争发展对技术研发的需要有所了解。

产品（服务）介绍的内容比较具体，因而写起来相对容易。虽然夸赞自己的产品是推销所必需的，但应该注意，企业家和投资家所建立的是一种长期合作的伙伴关系。空口许诺，只能得意于一时。如果企业不能兑现承诺，不能偿还债务，企业的信誉必然要受到极大的损害，这是真正的企业家所不屑为的。

5. 行业、市场分析预测　行业与市场分析主要对企业所在行业基本情况，企业的产品或服务的现有市场情况、未来市场前景进行分析，使投资者对产品或服务的市场销售状况有所了解。这是投资者关注的重点问题之一。

行业分析主要介绍行业发展趋势，行业发展中存在的问题，国家有关政策，市场容量，市场竞争情况，行业主要盈利模式，市场策略等。

6. 市场营销策略　企业的盈利和发展最终都要拿到市场上来检验，营销成败直接决定了企业的生存命运。在介绍市场营销策略时，创业者要讨论不同营销渠道的利弊，要明确哪些企业主管专门负责销售，主要适用哪些促销工具以及促销目标的实现和具体经费的支出等。

一般来说，中小企业可选择的市场营销策略有以下几种：

（1）集中性营销策略：即企业只为单一的、特别的细分市场提供一种类型的产品（如制造汽车配件）。这种方法尤其适用于那些财力有限的小公司，或者是在为某种特殊类型的顾客提供服务方面确有一技之长的组织。

（2）差异性营销策略：即为不同的市场设计和提供不同类型的产品。这种战略大多为那些实力雄厚的大公司所采用。

（3）无差异性营销策略：即只向市场提供单一品种的产品，希望它能引起整体市场上全部顾客的兴趣。当人们的需求比较简单，或者并不被人们认为很重要时，该策略较为适用。

7. 生产计划 生产制造计划旨在使投资者了解产品的生产经营状况。这一部分应尽可能把新产品的生产制造及经营过程展示给投资者。主要的内容包括：

（1）公司现有的生产技术能力，企业生产制造所需的厂房、设备情况。

（2）质量控制和改进能力。

（3）新产品的生产经营计划，改进或将要购置的生产设备及其成本。

（4）现有的生产工艺流程，生产周期标准的制定及生产作业计划的编制。

（5）物资需求计划及其保证措施，供货者的前置期和资源的需求量。

（6）劳动力和雇员的有关情况。

同时，为了增大企业的评估价值，企业家应尽量使生产制造计划更加详细、可靠。

8. 财务分析与预测 这部分包括公司过去若干年的财务状况分析，今后三年的发展预测以及详细的投资计划。旨在使投资者据此判断企业未来经营的财务状况，进而判断其投资能否获得理想的回报，因而它是决定投资决策的关键因素之一。

财务预测的依据、前提假设是投资者判断企业财务预测准确性和财务管理水平的标尺，也是投资者关注的焦点。其主要依据和前提假设是企业的经营计划、市场分析。由于财务分析预测在公司经营管理中的重要地位，企业需要花费较多的精力来做具体分析，必要时最好与专家顾问进行商讨。

对于中小企业来说，财务预测既要为投资者描绘出美好的合作前景，又要使得这种前景建立于坚实的基础之上，否则会令投资者怀疑企业管理者的诚信或财务分析、预测及管理能力。

9. 融资计划 融资计划主要是根据企业的经营计划提出企业资金需求数量、融资的方式、工具，投资者的权益、财务收益及其资金安全保证，投资退出方式等，它是资金供求双方共同合作前景的计划分析。

融资计划的主要内容包括：

（1）融资数额是多少？已经获得了哪些投资？希望向战略合伙人或风险投资人融资多少？计划采取哪种融资工具，是以贷款、出售债券，还是以出售普通股、优先股的形式筹集？

（2）公司未来的资本结构如何安排？公司的全部债务情况如何？

（3）公司融资所提供的抵押、担保文件，包括以什么物品进行抵押或者质押，什么人或者机构提供担保？

（4）投资收益和未来再投资的安排如何？

（5）如果以股权形式投资，双方对公司股权、控制权、所有权比例如何安排？

（6）投资者介入公司后，公司的经营管理体制如何设定？

（7）投资资金如何运作？投资的预期回报？投资者如何监督、控制企业运作等？

（8）对于吸引风险投资的，风险投资的退出途径和方式是什么，是企业回购、股份转让还是企业上市？

这部分是融资协议的主要内容，企业既要对融资需求、用途提出令人信服的理由，又要有令人心动的投资回报和投资条件，同时也要注意维护企业自身的利益。其基础是企业的财务分析与预测。

由于与资金供给方合作的模式可能有多种，因此还需设计几种备选方案，给出不同盈利模式下的资金需要量及资金投向。

10. 风险分析　这部分内容主要是向投资者分析企业可能面临的各种风险隐患，风险的大小以及融资者将采取何种措施来降低或防范风险、增加收益等。主要包括：

（1）企业自身各方面的限制，如资源限制、管理经验的限制和生产条件的限制等。

（2）创业者自身的不足，包括技术上的、经验上的或者管理能力上的欠缺等。

（3）市场的不确定性。

（4）技术产品开发的不确定性。

（5）财务收益的不确定性。

（6）针对企业存在的每一种风险，企业进行风险控制与防范的对策或措施。

对于企业可能面临的各种风险，融资者最好采取客观、实事求是的态度，不能因为其产生的可能性小而忽视，也不能为了增大获得投资的机会而故意缩小、隐瞒风险因素，而应该对企业所面临的各种风险都认真加以分析，并针对每一种可能发生的风险做出相应的防范措施，这样才能取得投资者的信任，也有利于引入投资后双方的合作。

11. 附件和备查资料　附件主要是对创业计划书中涉及的一些问题的细节和相关的证书、图表进行描述或证明，如企业的营业执照、公司章程、验资审计报告、税务登记证、高新技术企业（项目）证书、专利证书、鉴定报告、市场调查数据、主要供货商及经销商名单、主要客户名单、场地租用证明、公司及其产品的介绍、宣传等资料、工艺流程图、各种财务报表及财务预估表、专业术语说明等。它与创业计划书主体部分一起装订成册。备查资料只需列出清单，待资金供给方有投资意向时查询。

四、创业计划书需要注意的问题

创业计划书的结构和内容已经做了详细的介绍，那么一份优秀的创业计划书应该注意阐述哪些问题呢？

1. 阐明创业项目的技术优势明显，具有潜在的研发领先能力或自主知识产权。
2. 市场需求大、目标市场明确、潜在需求具有现实性。
3. 产品（项目）能够替代主流产品（项目）或模式。
4. 经济效益显著，销售量、利润、现金流量、回收期、报酬率高。
5. 创业计划报告书主题明确、结构合理、逻辑严谨、论证充分、分析规范。
6. 团队优秀，专业结构合理、精干、合作性强、自信坚韧。
7. 产品（项目）是否具有可支持性（创业的动机与理念是什么）。

8. 产品（项目）是否具有可操作性（如何保证创业成）。
9. 产品（项目）是否具有可赢利性（创业能否带来预期的回报）。
10. 产品（项目）是否具有可持续性（企业能生存多久）。

五、创业计划书的写作技巧

1. 项目的可操作性、可盈利性以及可持续性。
2. 项目的独特优势、市场机会与切入点分析、问题及其对策、投入、产出与赢利预测，如何保持可持续发展的竞争战略。
3. 风险应变策略，确立目标应考虑的因素。
4. 市场：要影响的人是谁。
5. 动机：他们为何要买，或者为何不买。
6. 信息：所传达的主要想法，信息与态度是什么。
7. 媒介：怎样才能挖掘这些潜在客户。
8. 创业计划团队的最佳组合：专业技术人员与管理人员。

六、创业计划书的更新

创业计划书常作为一种计划工具辅助企业的创建。在企业成功创建后，对企业的发展、盈利所起的作用更为重要。对它进行更新的原因主要有以下几个方面：

（1）财务调整：根据财务需要，调整最新年度的财务预算与计划。

（2）增加融资：如果需要继续进行筹资，应对原来的创业计划书的现有资金部分以及其他变化加以调整。

（3）市场变化：顾客或竞争发生变化，调整既定战略。

（4）推出新产品或服务：通过调整计划书有助于评估新产品或服务的可行性。

（5）新的管理团队：新成员加入、现有人员的调整都会对企业发展造成影响。

（6）环境变化：之前的创业计划书是基于某些预测数据或假设条件的，企业一旦创建，相应环境发生变化。因此应根据真实情况对其进行更新。

七、制订创业计划的途径

创业计划制订所花费的时间根据创业者的经验和知识及目的的不同而有所不同。无论花费多少时间，创业计划都应尽可能地充实，以便为潜在的投资者描绘一个完整的企业蓝图，使他们对新的风险企业有所了解，并帮助创业者深化对经营的思考。制订创业计划，主要有哪些途径呢？

1. 行业分析 行业分析应包括对该行业的展望，即该行业的历史成就和将来的发展趋势。创业者也应该提供关于该行业新产品开发的看法。竞争分析也是重要内容，创业者应该识别每一个主要的竞争对手，分析他们的优势与劣势，特别是分析竞争对手将如何影响本企业在市场上潜在的成功。

做行业分析时，下面是值得创业者考虑的关键问题：

A. 在过去的五年中，该行业的销售总额是多少？
B. 该行业预计的增长率如何？
C. 在过去的三年中，该行业有多少新进入的公司？
D. 该行业最近有什么新产品上市？
E. 最接近的竞争者是谁？
F. 你的企业如何经营才能超过该竞争者？
G. 你的每个竞争者的优势和劣势是什么？
H. 你的每个竞争者的销售额是在增长、减少还是保持稳定？
I. 你的客户的特点是什么？
J. 你的客户与你竞争者的客户有什么区别？

2. 企业的描述 对新创企业进行的描述主要明确企业经营的范围和规模。关键要素应包括产品和服务、企业的地点和规模、所需人员和办公设备、创业者的背景以及该企业的历史。

3. 生产计划 如果新创企业是属于制造业，则必须制订一个生产计划，这个计划应该描述完整的生产过程。如果新创企业准备将某些甚至所有制造工序分包给其他企业，则应该在生产计划中对分包商加以说明。对于创业者自己将要实施的全部或部分制造工序，需要描述厂房的布局、制造运营过程中所需要的机器设备、所需原材料及供应商的姓名、地址、供货条件、制造成本以及任何资本设备将来的需求等。

4. 市场营销计划 市场营销计划是创业计划中的一个重要组成部分，它主要描述产品或服务将如何被分销、定价以及促销。营销计划是新企业成功的关键。因此，创业者应该尽一切努力把该计划准备得尽可能地全面而具体，以便投资者弄清新企业的目标是什么以及为了有效地实现这个目标将实施什么战略。对新创企业来说，很难进入其他企业已经稳定的销售渠道中去。因此，企业不得不暂时采取高成本低效益的营销战略。营销计划应该每年制订，并把它当做制定短期决策的行路图。

5. 组织计划 组织计划主要描述新创企业的所有制形式，即新创企业的所有制将是独资形式的、合伙制的还是公司制的。如果新创企业是合伙制企业，计划中就应该加上合伙的有关条款。如果新创企业是一个公司，就应该明确被核准的股份份额、优先认股权、公司的经理及高层管理者的姓名、地址及简历。除此以外，还应提供组织结构图，用以表明组织内成员的授权及责任关系。

6. 风险估计 创业者有必要进行风险估计以便制定有效的战略来对付这些威胁。新企业主要的风险可能来自于竞争者的反应，来自于自身在市场营销、生产或管理方面的弱势，来自于技术的进步导致其产品过时。创业者也有必要提供备选战略以应对上述风险因素的发生。

7. 财务计划 财务计划是创业计划的重要组成部分，它表明新企业所需要的潜在投资承诺，并表明创业计划在经济上是可行的。

财务计划通常要包括三个项目：

A. 新创企业开始三年中的预计销售额及相应的支出，其中第一年的有关预测还应按月提供。

B. 需要预测开始三年的现金流量，其中第一年的预测也要按月提供。

C. 需要预测资产负债表。

【知识拓展】

一、创业计划可行性评估

你了解自己吗？你有什么爱好和兴趣吗？你将要做什么？准备好了吗？创业的每一个细节我们都要去思考，在创业的每一个环节每一个细节，每一个大大小小的问题，我们都要认真去对待。如何确定自己适合创业的行业，你可以先和一些创业成功者进行交流，然后确定你的发展方向和创业目标。当你确定自己要进行创业后，你不必急着马上走上创业这条路，还必须先评估一下你的创业计划是否可行，具体从以下几个方面来分析。

1. 你能否用语言清晰地描述出你的创业构想？你应该能用很少的文字将你的想法描述出来。根据成功者的经验，不能将这想法变成自己的语言的原因大概也是一个警告——你还没有仔细地思考吧！

2. 你真正了解你所从事的行业吗？许多行业都要求选用从事过这个行业的人，并对其行业内的方方面面有所了解。否则，你就得花费很多时间和精力去调查诸如价格、销售、管理费用、行业标准、竞争优势等。

3. 你看到过别人使用过这种方法吗？一般来说，一些经营红火的公司经营方法比那些特殊的想法更具有现实性。有经验的企业家中流行这样一句名言："还没有被实施的好主意往往可能实施不了。"

4. 你的想法经得起时间考验吗？当未来的企业家的某项计划真正得以实施时，他会感到由衷的兴奋。但过了一个星期、一个月甚至半年之后，将是什么情况？它还那么令人兴奋吗？或已经有了完全不同的另外一个想法来代替它。

5. 你的设想是为自己还是为别人？你是否打算在今后 5 年或更长时间内，全身心地投入到这个计划的实施中去？

6. 你有没有一个好的网络资源？开办企业的过程，实际上就是一个组织诸如供应商、承包商、咨询专家、雇员的过程。为了找到合适的人选，你应该有一个服务于你的个人关系网。否则，你有可能陷入不可靠的人或滥竽充数的人之中。

7. 明白什么是潜在的回报？每个人投资创业，其最主要的目的就是赚最多的钱。可是，在尽快致富的设想中隐含的绝不仅仅是钱。你还要考虑成就感、爱、价值感等潜在回报。如果没有意识到这一点，那就必须重新考虑你的计划。

经过自我分析后证明你适合创业，同时你也能正确回答上述几个问题，那么你创业成功的胜算将会很高，你可以决定着手去创业。但是创业也并不是你一时冲动所决定的，如果创业前你举棋不定，最好还是选择工作这条路。因为，尽管你现在有机会创业，你的动机不错，想法也很棒，但是基于市场、经济能力或家庭等因素的考虑，现在也许不是你创业的好时机。

总之，你创业必须要有相当的竞争力，而且只有你自己才能决定怎么做最恰当。成事不易，创业更难。选择创业这条路，自然而然地你会憧憬成功的景象，而不会想到万一失败的问题——因为一开始就想到失败，未免太消极也太不吉利了。然而，往坏处打算尽管令人不愉快，却是创业之初应该考虑清楚的。

有了创业的可行性，有了以上关于创业相关知识的了解，我们一起来详细学习一下创业计划书模板及优秀计划书作品。

二、创业计划书结构模板

"XXXX"公司创业计划书

一、企业概况
1.1 企业概述
1.2 企业类型
二、创业团队情况
2.1 以往的相关经验
2.2 团队成员分工
三、市场评估
3.1 目标顾客及潜在顾客描述
3.2 市场容量或本企业预计市场占有率
3.3 市场容量的变化趋势及前景
3.4 SWOT 分析
四、市场营销计划
4.1 产品
4.2 价格
4.3 地点
4.4 促销
五、企业组织结构
5.1 企业将登记注册成
5.2 拟议的企业名称
5.3 企业组织结构图
5.4 各部门主要职责描述
5.5 员工岗位描述
5.6 企业将获得的营业执照或许可证
5.7 企业法律责任（保险、员工的薪酬、纳税）
5.8 合伙人与合伙协议
六、固定资产
6.1 工具和设备
6.2 交通工具
6.3 办公家具和设备
6.4 固定资产折旧
七、流动资金
7.1 原材料和包装
7.2 其他经营费用
八、销售收入预测
九、销售和成本计划
十、现金流量计划

练习与思考

1. 什么是创业计划书？
2. 说出创业者在制定创业计划书时会遇到的问题。
3. 简要描述创业计划书中的各项内容。
4. 为什么创业计划书要不断更新？
5. 以团队为单位完成一份创业计划书。

附录

优秀创业计划书展示之作品（一）

“温馨之家厨房”创业计划书
——“爱梦青年”团队作品

成员：2014 级卓越医师教改班王万伦、肖龙义

指导教师：刘逸洲

“温馨之家厨房”创业项目是由贵州医科大学爱梦青年团队提出，团队成员分别是临床医学 2014 级卓越医师教改班的王万伦、肖龙义。他们运用平时自己的所学所想，结合大学城实际情况与所学专业特点，发现存在的新商机，成功提出了“温馨之家厨房”创业项目。该项目得到了指导老师刘逸洲的大力帮助与支持。

该项目荣获贵州省 2016 年“创青春”全省大学生创业大赛“挑战杯”大学生创业计划竞赛二等奖，并参加国赛评选。荣获第六届全国大学生电子商务“创新、创意及创业”挑战赛贵州赛区全省三等奖。

一、公司宗旨

温馨之家厨房欲打造一个专属于大学生自己的厨房，贵州省贵阳市花溪区大学城第一家全自助餐馆。通过让大学生走进厨房，自己动手做家常菜、煮饭，使在校大学生在校园里找到家的感觉，填补他们很少回家的遗憾。同时，让在校大学生们吃上真正的放心菜。

二、公司简介

温馨之家厨房与传统餐饮业有三个明显的区别：

1. 温馨之家厨房只为大学生提供基本原料，除此之外从洗菜到做出成品菜整个环节都由大学生们自己动手。让大学生玩得开心，吃得放心。

2. 结合贵州医科大学的特色，温馨之家厨房的每个厨房都会配有一名营养指导厨师，为需要的大学生提供营养指导意见。

3. 温馨之家厨房采用线上支付，线下服务的运营模式，更加符合大学生的消费习惯，让大学生们更省心、更安心。

三、场地与设施

由于温馨之家厨房主要针对的是大学生群体，所以场地首选在大学校园内部，第一家将在贵州医科大学开设，同时也因为针对的是大学生群体，所以不需要设停车场。

所需设备简单，与大学生家里的厨房及餐厅相似，主要有：小厨房五个、桌椅、冰箱、厨具、餐具、电视机、棋牌娱乐设施等。

四、产品与服务

温馨之家厨房设有四种类型的厨房，分别是以下四种：

1. 专门为大学生情侣准备的小型厨房

厨房与餐厅之间用透明的玻璃或门帘分隔，让他（她）看着对方亲自为自己精心准备食物，增添一份浪漫的同时更让他们体验真正的情侣生活，更能检验情侣之间的爱情。

2. 为大学生集体聚餐与生日宴会准备的大型厨房

这种类型的厨房能供至少四人同时施展，所有的食物全由大学生自己准备。洗菜、做菜、煮饭、沏茶等，切切实实地让大学生体会到家的感觉，同时餐厅至少能同时容纳 15 人，餐厅里除了有电视机外还有棋牌娱乐设施，给大学生们一个全新的聚会以及生日宴会场所。也是一个展现自己厨艺、提升自己的场所，更能让他们体会到完全不一样的欢乐！促进同学之间的友谊。

在平时大型厨房没人预订使用的情况下，这个厨房就可以起到餐馆的作用，我们可以给单独来就餐的学生提供炒菜、炒饭、粉、面这些平常餐馆的饮食。充分利用厨房的资源。

3. 专门为喜欢做西餐的大学生准备的厨房

加设有做西餐专用的厨具以及餐具，同时餐厅也装修成西式格调，显现出不一样的浪漫气氛。同时让喜欢西餐的人有施展之处。

4. 专做各种甜点的厨房

考虑到有的学生喜欢吃甜点，温馨之家厨房专为这些学生设立甜点厨房，厨房设计模拟咖啡厅样式，除了必备的设备外，厨房还设有音乐播放设备，餐厅周围以及餐桌上放置多种盆栽，让学生在一个地方就能找到身处甜点屋和咖啡厅的感觉。

值得注意的是：

（1）四种类型的厨房都是厨房与餐厅一体化设计，这样在节约空间、节约费用的同时更拉近了人与人之间的距离。

（2）温馨之家厨房只负责提供原始材料，同时为了结合我校的特色，我们会为每一位厨房配备一个营养指导厨师以及两本菜谱，为学生们提供营养指导意见的同时也给平时在家里很少做菜的同学一个学习和操作的场所。

（3）作为副业，如果有学生不想自己下厨，温馨之家厨房的厨师也会为其做出其想要的菜式，每个菜式的收费标准与普通餐馆一样。

五、收费标准

温馨之家厨房对普通顾客的收费为每人 40 元，会员则给予八折优惠，同时每个厨房的使用时间都不得超过两个半小时。超过时间则每小时每人增收 10 元。

六、财务分析

1. 投资结构表

<table>
<tr><td>物品名称</td><td>单价</td><td>数量</td><td>合计</td><td rowspan="5">合计：225960 元</td></tr>
<tr><td>场地租金</td><td>5000 元/月</td><td>2 年</td><td>120000 元</td></tr>
<tr><td>桌子</td><td>100 元/张</td><td>6 张</td><td>600 元</td></tr>
<tr><td>椅子</td><td>10 元/只</td><td>60 只</td><td>600 元</td></tr>
<tr><td>电视机</td><td>2500 元/台</td><td>5 台</td><td>12500 元</td></tr>
</table>

续表

物品名称	单价	数量	合计	
冰箱	3000 元/台	5 台	15000 元	合计：225960 元
装修	60000 元		60000 元	
餐具	10 元/套	100 套	1000 元	
厨具	2710 元/套	6 套	16260 元	

2. 盈利分析

由于贵州省贵阳市花溪区大学城目前已有七所大学，每所学校大约有一万人，保守估计每个厨房平均每天可以使用两次，每次大约三人使用。周末使用次数加倍，按照每人收费 40 元计算，一个月的总收入大约为 49280 元，除去每月买菜约用 6000 元，员工工资共 12000 元，每月水电费约 1500 元，则每月的纯利润为 29780 元左右，一年的利润约为 357360 元。不到一年就能将前期的投资收回。

七、运营模式

1. 为了迎合大学生的消费习惯，温馨之家厨房采取线上支付，线下服务的运营模式。温馨之家厨房会在网络上开通人工交流平台（包括入驻 app 及微信平台），学生可以在网络交流平台上预订厨房的类型，使用时间，人数以及所需要的所有原材料。温馨之家厨房会为每一个厨房提供最基本，最常用的原材料，如果学生在网络平台上预订的订单中有比较稀有的菜式，温馨之家厨房会在其下单后提前为其准备所需材料放到厨房的冰箱中，大学生们在相应的时间到厨房后就可立即使用，保证让他们能够做出其预想的所有菜式。对于不太清楚想要吃什么菜的情况，我们每天会有不一样的菜单，都是一些很合理的搭配，而且会有一定的特色，学生也可以直接预订这类套餐。

2. 由于是线上支付模式，且厨房以大学生为主导，所以整个温馨之家厨房只需要六名工作人员，一个前台服务员，负责为大学生出票以及出售饮料。一位保洁员，负责顾客离开后各个厨房及餐厅的清洁工作。一位采购员，负责每天的食材采购，同时将每个厨房缺乏的食材及调料补齐。三名具备营养知识的厨师。极大地节约了人力及财力，也更加便于管理。

八、市场推广

1. 在开业初期，我们会采取 QQ 群、微信宣传、贴吧宣传、到各个大学里发放传单、会员制、与社团联谊等方式进行宣传推广，同时温馨之家厨房会将每月 23 日作为活动日，凡在 23 日当天光顾温馨厨房的所有人都能享受八折优惠。

2. 温馨之家厨房同时会开通微信公众号，并不定期在公众号中发布各种菜，包括中餐、西餐、甜点的制作方法及视频，让平时很少下厨的大学生有一定的了解后到厨房实际操作，提升自己，充实自己。同时温馨之家厨房的营养师会在公众号上不定期发布大量合理的、健康的、低卡路里的膳食配方及其制作步骤，或者根据大学生的具体情况不同为其私人定制食谱，通过食物增加许多学生的机体抵抗力，也让许多大学生不再饿着肚子减肥，既满足了自己的食欲，也不会增加体重。

3. 结合医学知识和大数据的便利，我们会对一些常见疾病发生发展与日常食物的关系进行分析。了解到哪些菜品和饮食习惯容易引发某些疾病，哪些膳食对疾病的康复有帮助。

这些信息都发布在微信公众号上。增加我们的知名度。有些生病的同学也可以来到温馨之家厨房，通过我们提出的合理膳食，吃到好吃又对身体有益的饭菜。

通过以上方式让每所大学百分之八十的大学生知道温馨之家厨房的存在。

九、发展优势

1. 极度创新，竞争少　当代大学生大多都有一种对新鲜事物感兴趣的本性，同时也有着恋家情节，所以作为贵州省贵阳市花溪区大学城第一家全自助厨房，也是最有人情味的一种餐馆，温馨之家厨房会很受青睐。同时由于大学城没有更多类似的餐馆，所以竞争会很低。

2. 庞大的消费群体　贵阳市花溪区大学城目前共有七所大学。每所大学约有一万人，所以预计每天有四十人会光顾温馨之家厨房，周末则人数更多。这样可以保持每天的营业额在稳定水平。

3. 优越的地理位置　贵州医科大学处于七所大学之间，与每一所大学之间的距离都相近，同时经过其他六所大学的公交车都能到达贵州医科大学；使得每所大学的大学生光顾温馨之家厨房都很方便。

4. 合理的收费　据粗略的调查结果得知，大学生在夏季至少每三周吃一次火锅，冬季至少每周吃一次火锅，每次费用为每人大约 30 元，但是火锅店火锅量少、不卫生。而温馨之家厨房的收费为每人 40 元，菜的数量完全由学生自己决定，40 元在其他餐馆或许只能吃到一个菜，但在温馨之家厨房你可以做出五个甚至更多的菜式，40 元也许只能在蛋糕店买到一小块蛋糕，而在温馨之家厨房可以做出数倍数量、不同口味的蛋糕且卫生有保障，而每人 40 元的收费对于大学生来说，每周体验一次完全可以承受。

5. 从源头上保证卫生　温馨之家厨房会选择与位于大学生附近的石板镇农贸市场中信誉最好的蔬菜及肉类供应商长期合作。由于距离很近，大学生可以随时到实地考察购买原料的整个过程，真正做到从源头上保证食物的卫生。

十、可能面临的风险以及对策

每所大学每年都会有近三个月的放假时间，这段时间温馨厨房的营业额将会大大减少；同时随着越来越多类似餐馆的增多，竞争将会加大。

对策：在放假时间将会有一部分的本科生、大部分的留学生和大部分的研究生留校，短期内温馨之家厨房主要针对这些人群营业，在这段时间将对所有光顾温馨之家厨房的学生给予八折优惠。同时对于竞争加大这种情况，温馨之家厨房会采取每天不同时间段不同收费标准的措施，比如每天上午 9：00—11：00 和下午 2：00—5：00 使用厨房的同学八折优惠，其余时间段正常收费。通过这种方式增加每个厨房的使用频率以增加每日营业额。

十一、未来的发展

随着收入的增加以及经验的逐渐积累，温馨之家厨房将会陆续在大学城每所大学开设分店，然后逐渐蔓延到贵州省每所大学，最后发展到全国开设分店，让所有大学生都能在大学校园里找到家的温暖。

优秀创业计划书展示之作品（二）

“家佳康”护理服务有限公司创业策划书
——“夹心饼”团队作品

成员：护理学院2013级护理学廖冰峰、杨培翌、赵潋均、龙光宇、邱维。

指导教师：杨英、郭永洪、王晓玲。

“家佳康”护理服务创业项目是由贵州医科大学夹心饼团队提出，团队成员分别是贵州医科大学护理学院2013级护理学专业的廖冰峰、杨培翌、赵潋均、龙光宇、邱维。他们结合自身专业特点以及护理学专业存在的就业趋势和社会调查等等，发现了存在的新商机，成功提出了“家佳康”创业项目。

该项目荣获2016年贵州省“互联网+”大学生创业大赛入围赛（目前尚未举行决赛），荣获第六届全国大学生电子商务“创新、创意及创业”挑战赛贵州赛区全省一等奖，2016年初，该公司已正式创建了家佳康护理服务有限责任公司，并于2016年7月招收了第一批接收培训的学员。

一、项目概述

随着老龄化社会的到来和环境污染的加重，越来越多的空巢老人和慢性病、恶病质的患者引起了社会关注，我们的项目初衷是希望通过护理专业的特长提供送药上门和用药指导的服务来帮助人们正确使用药物防止伤害。而我们同时进行的护理员培训的课题研究已经进展到了中期，我们想通过更进一步的研究实践来培训不具备资格的护理员取得国家资格证，达到安全上门、上医院服务的目的，增加医疗服务与接受服务的安全性。

公司机构构成

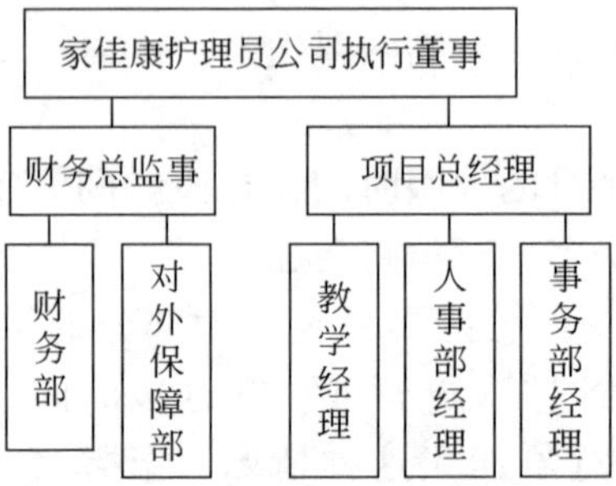

二、市场分析

1. 目标客户分析　随着社会工作压力变大，很多人在工作的时候不愿意去大医院看病也不愿意花时间去买药，去医院程序繁琐，我们通过与药店的合作，在药师人员的指导下将挂在网上的非处方药送到患者家中，节约患者时间，并提供基本健康指导。现在市场护工体制不完善，我们通过专业的实验室培训，让护工掌握生命体征测量，心肺脑急救等基本的医疗知识，并将护工的基本医疗和培训等级发布在客户端上，方便顾客了解、订购、给予评价，并根据工作时长为护工发放工资，提供福利，让家属安心，给护工保障，采取“重病专人制，普通疾病一对多”的模式合理分配护工资源，降低家属雇佣护工的费用，提高护工工资收益。

2. 创业机遇　当今社会，老龄化已成为中国社会面临和关注的问题。人口老龄化从抽象概念已逐步成为大多数家庭面临的现实问题，与此同时，由于家庭规模小型化、子女外出工作求学增多等原因，身边无子女的纯老年人家庭户在日益增加，高龄老人、独居老人增加已经成为贵阳人口老龄化过程中的重要特征。据联合国统计，到2050年，中国80岁以上的老龄人口将达到一亿人，占世界的五分之一。未来二十年中国老年人口将突破3亿。

三、公司产品与服务

1. 护理员资格证培训。
2. 护理员上门服务。
3. 同城快递送药。
4. 网络视频教学指导。
5. 在线医生咨询。

产品介绍：您的私人医生。在线医生是一种新型的医疗咨询服务，以计算机、网络、多媒体等技术为依托，实现医生与患者的一对一交流，从而达到诊断治疗的目的。

产品服务分析：

（1）专家24小时在线，一对一问诊（在线咨询的医生皆为专业医生，24小时与患者一对一"问诊"，有针对性地为每一位患者提供专业、权威、详细的咨询服务，切实有效地解决患者提出的问题）。

（2）各类病症免费咨询（在线专家实行全免费服务，针对各类病种，免费提供专业的治疗方案和康复指导）。

（3）更方便、更快捷（看病预约不仅可以为广大患者带来极大的方便，也使得医疗系统更具有合理的配置，建立个人健康档案，享受医院提供的专业医疗服务信息）。

（4）有效指导，轻松教学（有效率地指导用药，指导视频难解内容，让消费者更容易地学习视频内容）。

四、盈利模式

总体来说，家佳康护理服务公司所针对的人群包括护工、居民、患者、老年人等。

公司盈利业务主要分成以下四个部分：护理员资格培训（针对医院护工人员）、具有资格证的护理员上门服务（针对患者）、专业快递送药到家服务（针对患者）、在护理员上门服务的同时，本公司可以快递药品上门并进行健康指导。与各大实体药店联合，只收取快递服务费。预计每人每次20～100元（因距离不同）。

五、行业及市场调查状况

如今随着科技的发展，很多人们都不愿意出门购买药品，特别是有的处于偏离药店较远的大型小区或者别墅区郊区。而且由于疾病的特殊性以及病情的多样性和复杂性以及医院就医程序繁琐，很多患者选择"大病大医院，小病在家养"的疾病理念。这种拖延行为导致急性病逐渐转为棘手的慢性病，如扁桃体化脓转变为咽炎、支气管炎等。相比市场上存在的送药行业，我们医学类APP不仅能给患者正确的用药指导，还可以帮患者雇请护理员，给患者积分观看疾病视频教导。这就是我们相对于其他同行的一大亮点。

六、公司营销策略

1. 产品来源　联系城内各个药房，与他们取得合作，产品是从药房直接拿出来的上架药品，所有药品均由药房自行提供，药房提供的药品应该符合国家卫生部门的要求。

2. 价格策略

①正规药房联合，签订合同。②观看视频需要积分点，可以通过签到领取一定的积分

点，连续签到可以获得更多积分，假如断签，也可以从购买药物的渠道获得积分。③上门培训服务的护工必须持有国家颁发的护工职业资格证书，无证不能上岗。在我公司培训机构进行培训并成功获取国家颁发的护工职业资格证书的护工，在签订安全协议书之后，可以优先加入我公司进行上门服务。

3. 营销模式　主要分为线上和线下两块。

（1）线上：线上主要分为①网站建设、模块设计、数据管理、信息管理、在线支付、打分系统。②模块设计：a. 首页模块；b. 中药西药页面模块；c. 视频教学模块；d. 护工上门服务模块；e. 护工培训网上报名；f. 在线咨询模块；g. 下单模块等。

（2）线下：线下主要分为同城药品快递、护工上门服务。

（3）收费标准：培训班分为考前集训班和常规培训班。

考前集训班：2000 元/每人。（特点：快，专攻考试，针对学习时间较少的人群）

常规培训班：1500 元/每人。（特点：相对于考前集训班来说，培训速度较慢，但是有利于学员消化巩固学习内容，学习了解更多的护理知识，提高学员考试的通过率）

此收费不是最终收费，最终收费需要根据市场进行调整。

4. 宣传策略　促销手段，媒体宣传，朋友之间的推广。

护工培训：我公司名下将设置有专门的护工培训机构，所有在我培训机构完成培训之后并考取国家颁发的护工职业资格证书的护工，在经过面试并签订安全协议书之后，我公司将优先录用。

七、项目进度计划

我们项目以“大健康”为基础，以用户自身康养为蓝图，预计构建一个更方便更安全的护理电子平台。要确保项目的成功实施，我们需要制定有效的管理流程，保证项目设计的项目保质保量地完成。针对我们项目的管理要素，简要归纳以下计划：

<table>
<tr><th>项目</th><th>详情</th><th>时间安排</th><th>备注</th></tr>
<tr><td>市场调查</td><td>了解市场对于我们项目的需求以及价格定位</td><td>5 月份</td><td>回收问卷统计数据后销毁</td></tr>
<tr><td>建立项目管理机构</td><td>制定合理的团队章程</td><td>6 月份</td><td rowspan="9">购买必需设备、联系实体药店合作，员工招聘、培训，并录制好视频。
宣传推广可以同时进行；资金的筹集应该先有一部分资金到位以保障项目的前期进行，为前期筹集；另一部分在项目进行时筹集来保障项目后期建设，为后期的资金筹集</td></tr>
<tr><td>资金筹集</td><td>前期（项目比赛资金）</td><td>5 月份</td></tr>
<tr><td>购买及准备必需设备</td><td>后期（项目开展资金）</td><td>5–7 月份</td></tr>
<tr><td rowspan="2">取得 106 鉴定所所发放的资格证资格并制定教学大纲</td><td>摩托车</td><td>8 月份</td></tr>
<tr><td>具有发放资格证资格</td><td>8 月份</td></tr>
<tr><td>联系实体药店合作</td><td>一树药业</td><td>8–12 月份</td></tr>
<tr><td>学员招聘及审核</td><td>面向具有初中以上文化水平的人员招聘</td><td>9 月份</td></tr>
<tr><td>学员培训</td><td>实验室和教室根据教学大纲开展工作</td><td>9 月份</td></tr>
<tr><td>录制视频</td><td>按照分好的模块一次录制视频</td><td>9 月份</td></tr>
</table>

续表

项目	详情	时间安排	备注
网站试运行	运行制作完成的网页，检查	10月份	放入视频和药品信息，药品在取得合作的基础上挂出信息
APP模板制作	APP制作模型	10月份	由于APP制作要花费很多资金，所以先制作模板后寻找合作伙伴
公司宣传以及试运行	运行公司	11月份	通过开展活动宣传公司

八、具体计划

第一步，进行必要的市场调查，统计人们对于此项目的需求。

第二步，进行前期的网站以及APP制作。

第三步，建立项目管理机构需要12天，在1月份进行。

第四步，筹集资金，分前期和后期两个阶段。第一阶段，股东集资作为项目启动资金，这部分资金必须在项目建设前到位；第二阶段，可以向银行贷款、寻找合作商家等手段来保证项目的后期建设，这部分资金的筹集可以在项目建设的同时筹集，但要以不耽误项目建设进度为前提。

第五步，购买必需设备，如办公设备、网站维护系统等，以提供公司后勤保障。

第六步，联系实体药店合作。作为互联网+的项目，我们必须与有保障的实体药店进行合作。规避商业风险。

第七步，员工招聘与培训在3月份进行，培训时间按国家要求并获得资格证。

第八步，宣传推广，以传统海报加上新媒体的方式进行宣传。

第九步，员工培训完和设备调试之后进行试运行，具体时间为4月份初，为期10天。

九、公司经费预算

投入项目	单价（单位：元）	数量	经费（单位：元）
网站建立	5000	1	5000
网站维护（一年）	5000	1	5000
宣传调查单	0.5	5000	1000
聘请老师	60000	1	60000
聘请快递员（一年）	20000	2	40000
电子设备	20000	1	20000
电动车	3000	3	9000
请老师录制视频	50	60	3000
前期药店补贴	20000	1	20000
微博抽奖	12000	1	12000
规则都市报广告费	36000	1	36000
合计			211000

十、风险评估与风险退出

1. 风险评估　以康养为主要医疗服务点的公司竞争激烈，本公司主要针对社会群体，能够为用户提供方便、快速、专业、切合用户需要的信息。但目前，如何吸引广大用户注册，如何吸引广告商、厂家开展广告业务，如何迅速开通渠道，仍是本公司所面临的问题。

与家政公司以及单方面送药公司的竞争，如果不能保持自身的核心竞争力，将有可能遭遇失败。若公司前期推广与预算相差甚多，或有危机事件发生，可能导致破产。

2. 风险退出　公司可以与其他公司组建合资公司，售让股份以实现资金退出。公司也可以与同类经营良好的公司协商，由收购方发出邀约实现公司的出售，从而实现风险投资商的资金退出。根据公司与投资者的约定进行管理层或员工回购。约定的内容包括：回购条件、回购时间、回购份额。

附 1：医院护工问卷调查

您好！为了了解护理员培训使用情况，请您根据您的实际情况，在合适的选项上划“√”。本次调查不会对您和医院有任何不利影响。敬请配合。

1. 您的性别：男　　　　女

2. 您的年龄

A. 25 岁以下　　B. 26～35 岁　　C. 36～45 岁　　D. 45 岁以上

3. 您的工作年限

A. 0～6 个月　　B. 6 个月～1 年　　C. 1～2 年　　D. 2 年以上

4. 您的最高学历

A. 高中/中专及以下　　B. 大专　　C. 本科　　D. 其他

5. 您工作岗位的内容主要是

A. 老年人看护　　B. 医疗护理　　C. 清洁卫生　　D. 其他

6. 您是否接受过护工职业培训

A. 第一次上工前　　B. 边上岗边培训　　C. 未接受过培训

7. 您认为护工是否需要相关培训

A. 很需要　　B. 需要　　C. 一般　　D. 不需要

8. 您是否愿意参加培训考取国家级护理员资格证书

A. 愿意　　B. 不愿意

9. 您认为接受的培训最应在哪些方面加以提高

A. 基本技能　　B. 敬业精神　　C. 其他

10. 您认为从事护工工作哪些方面的素质最重要

A. 文化知识　　B. 岗位技能　　C. 职业道德　　D. 语言

11. 您认为陪护行业需要规范化管理吗

A. 需要　　B. 不需要

12. 您觉得您目前掌握的护理技术能满足市场吗

A. 能　　B. 不能

13. 除薪酬外，您最关心的是

A. 是否有提高自己的机会　　B. 与患者和谐的关系

C. 其他

14. 您接受培训的主要内容是

A. 患者生活护理　　B. 患者疾病护理　　C. 其他

15. 如果愿意参加培训，您能接受的费用是多少？

A. 500～700 元/人　　B. 700～900 元/人　　C. 900～1100 元/人

16. 您能够接受培训的时间和地点？

第十章　新企业的开办

本章要点

1. 了解创办企业的准备工作。
2. 了解企业创建的流程。
3. 了解成立企业的相关法律法规和伦理问题。

第一节　成立新企业的思考

一、企业的概念

企业是指依法设立的以营利为目的、从事商品的生产经营和服务活动的独立核算经济组织。一般以赢利为目的，通过提供产品或服务换取收入，以实现投资人、客户、员工、社会大众的利益最大化为使命。因社会分工的发展而成长壮大。

二、企业形态

我国企业的形式大体上分为有限责任公司、股份有限公司、中外合资企业、中外合作企业、外商独资企业、合伙企业、个体工商户、农村承包经营户等。我们应当根据自己的经济实力及其他有关情况，决定自己创办企业的形式。

不同企业法律形态有不同的要求，包括开办和注册企业的资金、开办企业手续的难易程度、风险责任的大小、纳税额的多少、筹措资金的难易、寻找合伙人可能性的大小、企业决策的复杂程度、企业利润的多寡等。

不同的企业法律形态其特点也各不相同，我们只有详细了解其特点，才能为选择企业的法律形态做好充分的准备。

（一）个体工商户

1. 概念　个体工商户是在法律允许的范围之内，依法经核准登记，从事工商业经营的自然人。

2. 法律特征　个体工商户是个体工商业经济在法律上的表现，其具有以下特征：

（1）个体工商户是从事工商业经营的自然人或家庭：自然人或以个人为单位，或以家庭为单位从事工商业经营，均为个体工商户。根据法律有关政策，可以申请个体工商户经营的主要是城镇待业青年、社会闲散人员和农村村民。国家机关干部、企事业单位职工，不能申请从事个体工商业经营。

(2) 自然人从事个体工商业经营必须依法核准登记：个体工商户的登记机关是县以上工商行政管理机关。个体工商户经核准登记，取得营业执照后，才可以开始经营。个体工商户转业、合并、变更登记事项或歇业，也应办理登记手续。

(3) 个体工商户只能经营法律、政策允许个体经营的行业。

3. 个体工商户的法律地位 在依法核准登记的范围内，个体工商户具有从事个体工商业经营的民事权利能力和民事行为能力。个体工商户的正当经营活动受法律保护，对其经营的资产和合法收益，个体工商户享有所有权。个体工商户可以在银行开设账户，向银行申请贷款，有权申请商标专用权，有权签订劳动合同及请帮工、带学徒，还享有起字号、刻印章的权利。

个体工商户从事生产经营活动必须遵守国家的法律，应照章纳税，服从工商行政管理。个体工商户从事违法经营必须承担民事责任和其他法律责任。

4. 个体工商户的财产责任 民法通则第29条规定：个人经营的个体工商户的债务，以个人财产承担；家庭经营的，以家庭财产承担。即以个人名义申请登记的个体工商户，个人经营、收益也归个人者，对债务负个人责任；以家庭共同财产投资，收益的主要部分供家庭成员消费的，其债务由家庭共有财产清偿；在夫妻关系存续期间，一方从事个体工商户经营，其收入作为夫妻共有财产者，其债务由夫妻共有财产清偿；家庭全体成员共同出资、共同经营的，其债务由家庭共有财产清偿。

(二) 个人独资企业

1. 概念 个人独资企业，是指依照本法在中国境内设立，由一个自然人投资，财产为投资人个人所有，投资人以其个人财产对企业债务承担无限责任的经营实体。

2. 法律特征

(1) 投资主体方面的特征：个人独资企业仅由一个自然人投资设立。这是独资企业在投资主体上与合伙企业和公司的区别所在。我国合伙企业法规定的合伙企业的投资人尽管也是自然人，但人数为2人以上；公司的股东通常为2人以上，而且投资人不仅包括自然人还包括法人和非法人组织。当然，在一人有限责任公司的场合，出资人也只有一人。

(2) 企业财产方面的特征：个人独资企业的全部财产为投资人个人所有，投资人（也称业主）是企业财产（包括企业成立时投入的初始出资财产与企业存续期间积累的财产）的唯一所有者。基于此，投资人对企业的经营与管理事务享有绝对的控制与支配权，不受任何其他人的干预。个人独资企业就财产方面的性质而言，属于私人财产所有权的客体。

(3) 责任承担方面的特征：个人独资企业的投资人以其个人财产对企业债务承担无限责任。这是在责任形态方面独资企业与公司（包括一人有限责任公司）的本质区别。所谓投资人以其个人财产对企业债务承担无限责任，包括三层意思：一是企业的债务全部由投资人承担；二是投资人承担企业债务的责任范围不限于出资，其责任财产包括独资企业中的全部财产和其他个人财产；三是投资人对企业的债权人直接负责。换言之，无论是企业经营期间还是企业因各种原因而解散时，对经营中所产生的债务如不能以企业财产清偿，则投资人须以其个人所有的其他财产清偿。

(4) 主体资格方面的特征：个人独资企业不具有法人资格。尽管独资企业有自己的名称或商号，并以企业名义从事经营行为和参加诉讼活动，但它不具有独立的法人地位。其一，独资企业本身不是财产所有权的主体，不享有独立的财产权利；其二，独资企业不承担独立责任，而是由投资人承担无限责任。这一特点与合伙企业相同而区别于公司。独资企业不具有法人资格，但属于独立的法律主体，其性质属于非法人组织，享有相应的权利能力和行为能力，能够以自己的名义进行法律行为。

3. 注册条件

（1）投资人为一个自然人：个人独资企业的投资人必须是一个人，而且只能是一个自然人。此处所称的自然人只能是具有中华人民共和国国籍的自然人，不包括外国的自然人，所以外商独资企业不适用独资企业法，而适用外资企业法。

（2）有合法的企业名称：如前所述，独资企业享有名称权和商号权。独资企业的名称应当与其责任形式及所从事的营业相符合。企业的名称应遵守企业名称登记管理规定。企业只准使用一个名称，在登记主管机关辖区内不得与已登记注册的同行业企业名称相同或者近似。独资企业的名称中不得使用“有限”“有限责任”字样。

（3）有投资人申报的出资：一定的资本是任何企业得以存在的物质基础，独资企业也不例外。但由于独资企业的出资人承担的是无限责任，而并不是仅以出资额为限承担责任，对与之进行交易的第三人并无所虞，故独资企业法不要求个人独资企业有最低注册资本金，仅要求投资人有自己申报的出资即可。这一规定便于独资企业的设立，有利于独资企业的发展。

（4）有固定的生产经营场所和必要的生产经营条件。

（5）有必要的从业人员。

（三）合伙企业

1. 概念 合伙企业是指自然人、法人和其他组织依照本法在中国境内设立的普通合伙企业和有限合伙企业。

普通合伙企业由普通合伙人组成，合伙人对合伙企业债务承担无限连带责任。

有限合伙企业由普通合伙人和有限合伙人组成，普通合伙人对合伙企业债务承担无限责任，有限合伙人以其认缴的出资额为限对合伙企业债务承担有限责任。

2. 法律特征 合伙企业的法律特征有：

（1）生命有限：合伙企业比较容易设立和解散。合伙人签订了合伙协议，就宣告合伙企业的成立。新合伙人的加入，旧合伙人的退休、死亡、自愿清算、破产清算等均可造成原合伙企业的解散以及新合伙企业的成立。

（2）责任无限：合伙组织作为一个整体对债权人承担无限责任。按照合伙人对合伙企业的责任，合伙企业可分为普通合伙和有限合伙。

普通合伙的合伙人均为普通合伙人，对合伙企业的债务承担无限连带责任。例如，甲、乙、丙三人成立的合伙企业破产时，当甲、乙已无个人资产抵偿企业所欠债务时，虽然丙已依约还清应分摊的债务，但仍有义务用其个人财产为甲、乙两人付清所欠的应分摊的合伙债务，当然此时丙对甲、乙拥有财产追索权。

有限责任合伙企业由一个或几个普通合伙人和一个或几个责任有限的合伙人组成，即合伙人中至少有一个人要对企业的经营活动负无限责任，而其他合伙人只能以其出资额为限对债务承担偿债责任，因而这类合伙人一般不直接参与企业经营管理活动。

（3）相互代理：合伙企业的经营活动，由合伙人共同决定，合伙人有执行和监督的权利。合伙人可以推举负责人。合伙负责人和其他人员的经营活动，由全体合伙人承担民事责任。换言之，每个合伙人代表合伙企业所发生的经济行为对所有合伙人均有约束力。因此，合伙人之间较易发生纠纷。

（4）财产共有：合伙人投入的财产，由合伙人统一管理和使用，不经其他合伙人同意，任何一位合伙人不得将合伙财产移为他用。只提供劳务，不提供资本的合伙人仅分享一部分利润，而无权分享合伙财产。

（5）利益共享：合伙企业在生产经营活动中所取得、积累的财产，归合伙人共有。如有亏损亦由合伙人共同承担。损益分配的比例，应在合伙协议中明确规定；未经规定的可按合伙人出资比例分摊，或平均分摊。以劳务抵作资本的合伙人，除另有规定者外，一般不分摊损失。

3. 订立合伙协议的内容　为了避免经济纠纷，在合伙企业成立时，合伙人应首先订立合伙协议（又叫合伙契约，或叫合伙章程），其性质与公司章程相同，对所有合伙人均有法律效力，一般包括以下内容：

（1）合伙企业的名称（或字号）和所在地及地址。

（2）合伙人姓名及其家庭地址。

（3）合伙企业的经营以及设定的存续期限。

（4）合伙企业的设立日期。

（5）合伙人的权利和义务。

（6）合伙人的投资形式及其计价方法。

（7）合伙的退伙和入伙的规定。

（8）损益分配的原则和比率。

（9）付给合伙人贷款的利息。

（10）付给合伙人的工资。

（11）每个合伙人可以抽回的资本。

（12）合伙人死亡的处理以及继承人权益的确定。

（13）合伙企业结账日和利润分配日。

（14）合伙企业终止以及合伙财产的分配方法。

（15）其他需经全体合伙人同意的事项。

（四）有限责任公司

1. 概念　有限责任公司，又称有限公司（CO，LTD）。指由法律规定的一定人数的股东所组成，股东以其出资额为限对公司债务承担责任，公司以其全部资产对其债务承担责任的企业法人。

2. 注册条件　注册有限责任公司，应当具备下列条件：

第一、股东符合法定人数

法定人数是指法定资格和所限人数两重含义。法定资格是指国家法律、法规和政策规定的可以作为股东的资格。法定人数是《公司法》规定的注册有限责任公司的股东人数。《公司法》对有限责任公司的股东限定为二个以上五十个以下。一人有限公司为一个股东。

第二、股东出资达到法定资本的最低限额

公司必须有充足的资金才能正常运营。股东没有出资，公司就不可能设立。股东出资总额必须达到法定资本的最低限额。即：

（1）以生产经营为主的公司人民币五十万元；

（2）以商品批发为主的公司人民币五十万元；

（3）以商业零售为主的公司人民币三十万元；

（4）科技开发、咨询、服务性公司人民币十万元。

特定行业的有限责任公司注册资本最低限额需高于前款所定限额的，由法律、行政法规另行规定（如拍卖业至少需100万元注册资本）。

股东可以用货币出资，也可以用实物、工业产权、非专利技术、知识产权、土地使用权作价出资，以工业产权、非专利技术作价出资的金额不得超过有限责任公司注册资本的百分之二十，对国家采用高新技术成果有特别规定的除外。科学技术部、国家工商局规定，以高新技术成果向有限责任公司出资入股，作价总金额可以超过公司注册资本的百分之二十，但不得超过百分之三十五，作价金额超过公司注册资本百分之二十的，需报省级以上科技管理部门认定，方能到工商行政管理机关办理有关登记。

第三、股东共同制定章程

制定有限责任公司章程，是设立公司的重要环节，公司章程由全体出资者在自愿协商的基础上制定，经全体出资者同意，股东应当在公司章程上签名、盖章。

第四、有公司名称、建立符合有限责任公司要求的组织机构

设立有限责任公司，除其名称应符合企业法人名称的一般性规定外，还必须在公司名称中标明" 有限责任公司" 或" 有限公司"。建立符合有限责任公司要求的组织机构，是指有限责任公司组织机构的组成、产生、职权等符合《公司法》规定的要求。公司的组织机构一般是指股东会、董事会、监事会、经理或股东会、执行董事、一至二名监事、经理。股东人数较多，公司规模较大的适用前者，反之适用后者。

第五、有固定的生产经营场所和必要的生产经营条件

【法律特征】

按照我国2006年1月1日开始执行的新《公司法》规定，有限责任公司具备如下法律特征：

（1）有限责任公司是企业法人，公司的股东以其出资额对公司承担责任，公司以其全部资产对公司的债务承担责任。

（2）有限责任公司的股东人数是有严格限制的。各国对有限责任公司股东数的规定不尽相同。我国《公司法》规定股东人数为2人以上50人以下。

（3）有限责任公司是合资公司，但同时具有较强的人合因素。公司股东人数有限，一般相互认识，具有一定程度的信任感，其股份转让受到一定限制，向股东以外的人转让股份须得到其他股东过半数同意。

（4）有限责任公司不能向社会公开募集公司资本，不能发行股票。

3. 一人有限责任公司

一人有限责任公司是有限责任公司的一种，是指由一个股东发起成立的特殊有限责任公司。

一人有限责任公司，是指只有一个自然人股东或者一个法人股东的有限责任公司。一人有限责任公司的注册资本最低限额为人民币10万元。股东应当一次足额缴纳公司章程规定

的出资额。一个自然人只能投资设立一个一人有限责任公司。该一人有限责任公司不能投资设立新的一人有限责任公司。一人有限责任公司的股东不能证明公司财产独立于股东自己的财产的，应当对公司债务承担连带责任。

(五) 股份有限公司

股份有限公司对股东的数量未做具体规定，对注册资本数量也无具体限制，利润分配方面按股东出资比例分配利润，同时股东以出资额为限对公司承担有限责任。在经营上，企业成员入股，一般实行全员入股，建立资本金制度，职工既是参股人又是劳动者。

(六) 中外合作经营企业

中外合作经营企业的投资人至少包括一个中方投资者和一个外方投资者。对于这类企业，法律并没有特殊的注册资本限制，但如果是有限责任公司形式的，注册资本要按照有限责任公司的规定执行，是股份有限公司的按照股份有限公司的规定执行。需要特别注意的是，申请设立中外合作经营企业，应当将中外合作者签订的合作协议、合同、章程等文件报请国务院对外经济贸易主管部门或者国务院授权的部门和地方政府审批后方可。中外合作经营企业按照合作合同分配利润，并以其全部资金承担债务责任。该种企业形式在经营上设董事会或者联合管理机构，依照合作企业合同或者章程规定，决定合作企业的重大问题。中外合作企业的董事长或联合管理机构主任由中国公民或外国公民担任，副董事长或联合管理机构副主任由另外一方公民担任。

影响选择企业法律形态的因素

1. 拟创办企业的规模大小。
2. 创业时所拥有的资金的多少。
3. 共同创业人数多少。
4. 创业的观念。
5. 所能承受的风险。
6. 准备创业的行业的发展前景。

具体而言，在选择企业形式时要注意以下几个方面：

（1）如果准备开办的企业规模较小，投资人较少，资金较少，所有风险由自己一个人承担，那么就可以选择比较简单的企业形式，如个体工商户或合伙企业。

（2）如果准备开办的企业规模较大，投资人比较多，需要的资金较多，为避免较大的债务风险，可以选择有限责任公司这种企业形式。

（3）如果能争取到国外的投资者，享受外商投资的有关优惠政策，可以考虑选择中外合作企业或中外合资企业这种企业形式。

（4）如果有其他的合伙人，则可以选择合伙企业、有限责任公司等企业形式。

（5）如果有较强的独立意识，不愿与他人合作，则可以选择个体工商户或个人独资企业。

（6）如果所选择的是科技含量高、需要大量投资的企业，可以选择有限责任公司或股份有限公司等企业形式。

三、企业组织架构

企业组织架构是企业组织内部各个有机构成要素相互作用的联系方式或形式，以求有效、合理地把组织成员组织起来，为实现共同目标而协同努力。组织结构是企业资源和权力分配的载体，它在人的能动行为下，通过信息传递，承载着企业的业务流动，推动或者阻碍企业使命的进程。由于组织结构在企业中的基础地位和关键作用，企业所有战略意义上的变革，都必须首先在组织结构上开始。

选定创业者要创建的组织形式

1. 应注意几种经营形式的区别 最新规定的有限责任公司最低注册资金为 1 万元，而且股东人数最少可以是一人。通常有限公司比个体户等经营形式在人们心目中的信任度高，经营行业项目限制较少，未来发展空间大，还可以取得一般纳税人资格。股东对企业债务承担有限责任，即最高清偿不得高于注册资本金的数额。

2. 主要产品（服务）和经营范围 这些内容是创业者在选定创业项目、筹集启动资金时必须考虑的。要注意仔细阅读和学习有关该种组织形式的法律法规，如需要行业主管部门批准的，与饮食有关的行业需环保行政管理部门和卫生防疫站审批；从事药品和保健品行业的需要医药管理局和卫生防疫站审批；社会力量办学须经教育部门审批；创办养老院，须经民政部门审批；从事娱乐场所经营的须经文化部门、公安局治安科、消防科审批等。

3. 创业者个人情况 创业者个人情况包括创业者年龄、性别、文化程度、技能特长、兴趣爱好及相关工作经历等。

4. 创业的基本条件 创业的基本条件包括创业项目、资金、场地等。

（1）创业场地要靠近你的目标客户群体。

（2）初次创业还要考虑租金的承受力。

（3）创业场地要符合国家有关行业的规定。

（4）选择创业场地还要搞清市政规划。

（5）选择创业地址还应考察周边的邻居。

（6）交通和停车情况都要考虑是否方便客户驻留。

（7）按照创业场地综合评估表给选定的场地做一个全面评估。

四、新企业的选址

办公地点是一个公司的重要条件，这就好比盖房子需要有土地一样，办公楼不仅是员工的工作空间，也影响着公司的对外形象，因此企业在选择的时候会按照自己的需求以及要求对符合条件的写字楼做全方位综合的评估，包括地段、交通、成本以及写字楼本身的配套、物业等方面的软硬指标。

第一、公司的地址必须跟你准备递交申请的注册机构的地址相一致，例如你准备在贵州省贵安新区工商局注册一家有限公司，那么你不能将公司地址定在贵阳市花溪区。

第二、公司地址所在地必须具备完整的产权证明文件。产权证明文件证明该所在地归谁所有，一般是指房产证，或者是购房合同加上银行按揭证明。房产证明是拿给工商局做确认用的，确认完了会退回给业主。

第三、一个地址只能注册一家有限公司，如果你定的地址以前已经注册过一家公司而且那家公司现在还没有搬走或注销，那么现在就不能用来再注册一家公司，即使是原来的公司搬走了，也要确认那家公司有没有办理地址变更手续。

第四、有些地方的工商局对注册有限公司的房屋档次有所要求，在注册之前必须了解当地的规定，或者到工商局先咨询清楚。

第五、如果公司地址所在地的所有权不属于任何一个股东，那么必须由其中一个股东跟业主签订一个租赁合同，在签订租赁合同之前一定要弄清楚上面所说的几点。租赁合同一般要签一年以上，这跟公司的经营期限是相关联的，例如你签的租赁合同期是一年，那么工商局批给你的经营期限最多也是一年，到期必须办理延期手续或者将公司注销，办理延期手续的时候必须递交新的租赁合同。

对于那些刚刚开始创业的人来说，SOHO（Small Office&Home Office，指小工作室或家庭办公室）办公也许是一个好的开始。但当你已经需要成立一个公司，开始走上真正的创业之路的时候，有一个真正属于自己的正规的办公场所显得十分重要。

创业企业都需要有经营场所，企业的选址与未来的经营发展有着很大的关系。对于创业者来说，将创业的地点选在哪个城市、哪个区域是一件先决性的事情。尤其是以门店为主的商业或服务型企业，店面的选择往往是成功的关键。好的选址等于成功了一半。

大多数创业者都会选择在熟悉的市、地（家乡或者学习的城市等）开展创业。在选定目标城市后，还需要进一步选择具体的经营地点。不同类型的创业企业，在选址上优先考虑的因素是不同的。

1. 生产性质的创业企业选址 这类创业企业在选址时要考虑具备生产条件：交通方便，便于原料运进和产品运出；生产用电要满足，生产用水要保证；生产所使用的原料基地要尽量离企业不远；所使用的劳动力资源要尽量就地解决；考虑当地税收是否有优惠政策等。如果是一些可能对环境造成影响的生产项目，还须考虑环保因素。

2. 商业性质的创业企业选址 这类创业企业在选址时应考虑创业地的实际情况、客流量、店铺租金等。如在城市，若干个商业圈往往带动圈内商业的规模效应，选择在商业圈内会较易经营。但与繁华商圈寸土寸金的消费能力相应，店铺租金或转让费也是寸土寸金，往往会让创业者捉襟见肘，想要得到立足之地倍感困难。因而可以在商业圈内利用联合经营、委托代销等方式，或者在商业圈边缘选址，转向“次商圈”，将因此而节约下来的资金用于货品升级、提升服务等。在选址时要有“借光”的意识，比如在体育馆、展览馆、电影院旁边选址等。如果选择商圈之外的经营场所，则要注意做出特色，形成自己独特的风格，以达到“酒香不怕巷子深”的效果。

3. 服务性质的创业企业选址 这类创业企业在选址时要根据具体的经营对象灵活选址，但对客流量要求较高。“天下熙熙，皆为利来；天下攘攘，皆为利往”，客流一定意义上就等于财流。在车水马龙、人流量大的地段经营，成功的概率往往比在人迹罕至的地段要高得多，但也应结合企业的目标消费群体特点，如针对居民的应设在居民社区附近，针对学生的则应设在学校附近。如果以订单为主，低成本、高效能的办公楼成为首选。

目前，创业的年轻人多以从事服务性和知识性产品创业的创业者为主，集中在网络技术、电子科技、媒体制作和广告等产业。这些性质的公司可以选在行业聚集区或较成熟的商务区以及新兴的创意产业园区。

在选择经营场地时，各行业的考虑重点各不相同，其中有两项因素是不容忽略的，即租金给付的能力和租约的条件。经营场地租金是最固定的营运成本之一，即使休息不营业，也得支出。有些货品流通迅速、空间要求不大的行业，如精品店、高级时装店、餐厅等，负担得起高房租，就设于高租金区；而家具店、旧货店等，因为需要较大的空间，最好设在低租金区。

【经典实例】

雀巢公司竞争战略案例

1. 了解顾客　雀巢公司通过坚持不懈的市场营销研究和搜集信息来研究自己的顾客，包括最终消费者和交易的情况。在全球遍布着20家雀巢的研究开发机构。通过广泛的消费者偏好调查研究，雀巢公司发现不同地区人们的口味是不同的，因此它在日本所售产品与在欧洲和北美所售产品并不一样。

2. 长期展望　雀巢公司花大气力分析任何一个可能的市场机会并据此研制出最佳食品，然后努力使之成为一项成功的长期投资项目。为了进入中国市场所进行的长期谈判就可以看出其耐心程度。在长达13年之久的对话之后，雀巢才被获准进入中国的黑龙江省。而雀巢公司在日本市场所作努力从其投资上便可见一斑，因为它在那里投入的资金相对于其目前的业务要更多一些。现在它在日本雇用了2300人，经营4家工厂，并且还有20家合作生产企业。

3. 产品革新　雀巢公司是积极的产品革新者。它在亚洲地区所聘用的首批食品技术专家便是当地精于家庭、餐馆烹饪的厨师。然后再将食品制造提高到大规模生产的水平，将其分解、加工成方便、耐久不坏的形式，这些技术在到达生产厂家之前已达到完善的程度。同时，它还对研究开发人员进行2至3年的培训，并且与其他的雀巢机构互相交流提高。

4. 质量策略　雀巢公司所设计出的是超出一般水平的优质产品。而且产品一经推出，雀巢公司便长期不懈地致力于改进、提高产品质量。例如，亚洲人开始逐渐反感人造调料而倾向于天然调料，因此雀巢公司便不惜花费研究预算的25%来开发出一种肉类调料，这种调料可以通过诸如发酵这样的生物过程提取出来。

5. 产品线延伸策略　雀巢公司生产不同规格、不同形式的品牌来满足消费者的不同偏好。这样可以使雀巢品牌在货架上占据更大的空间，从而防止了竞争者入侵未被占领的市场。例如在泰国，它将其熊牌浓缩牛奶加以改进，又开发出了新的加密熊牌浓缩奶。由于在热带国家蜂蜜是一种不常见的食品，产品的这一延伸策略收到了很大成效，年销售增长达到了15%。

6. 多品牌策略　在每一市场中，雀巢公司都要从其11个战略品牌组合的8000多个品牌中挑选出2~3个品牌。此举旨在降低风险并将攻击力集中。因此其中只有750个品牌在多于一个国家的范围内使用，而其中超过10个国家的品牌只有80种。雀巢公司不相信品牌生命周期的说法，正如其市场营销副总裁所说："一个精心策划的品牌将使我们受益终生"。

7. 大量广告　在创造消费者的强烈品牌意识和偏好方面，雀巢公司从不吝惜花钱。它为其在每个市场上所挑选的2~3个品牌大做广告，使之很快享有较高的市场份额。在韩国，自从20世纪50年代以来，克拉夫通用食品公司一直居于市场垄断地位。当雀巢公司进入后，仅7年便夺去了35%的市场份额，这主要依靠大规模的广告战。

8. 具有进取心的销售人员　雀巢拥有一支高水平的销售队伍，他们能够卓有成效地争取到货架空间，并与零售业客户在现场进行展销和促销活动。例如在泰国，超级市场销售在1989年只占其城市销量的8%，但到了1994年就一跃成为45%。因此雀巢公司彻底更换了销售队伍，授予他们新的称号——红热销售突击队。这支力量由掌握熟练英语的大学毕业生（甚至包括MBA）构成，其成员在瑞士总部接受最新的货架管理技术培训，然后由他们负责向诸如马可罗公司（雀巢在泰国的最大客户）这样的超级市场集团和超级商店进行销售工作。

9. 卓有成效的销售促进　雀巢公司因地制宜，及时改变其在其他地区很成功的销售促进策略，在亚洲市场接连打了几场漂亮的促销战役。例如，它通过由希腊雀巢公司研制出希克品牌，一种流行于泰国的冷饮咖啡，成功地进行了夏季咖啡的促销活动。与此同时，雀巢咖啡也在尽量减少使用促销活动，转而依赖广告来建立长期的消费偏好。

10. 良好的合作关系　雀巢公司坚信要想在亚洲取得成功，贸易伙伴是一个重要因素，因此它一贯与它们保持亲密的关系。雀巢公司在日本首先使用了销售网点推销活动，而这一策略它早已在其他地区使用了。同时它还把一部分促销活动转由一定的销售渠道和批发商来组织。在日本，雀巢公司完全与当地的批发零售系统融为一体，丝毫没有西方公司的特色。为了与泰国的超级市场建立牢固关系，它向它们提供了最新的库存管理系统，如“尼尔森太空人”系统，并教给它们如何使用。

11. 竞争强硬　由于雀巢公司进入亚洲的多数地区都比其他公司更早一步，因此在竞争上更占优势。它肯花费巨额资金阻止那些新兴挑战品牌进入市场，使之无法立足。例如，在马来西亚，一家当地企业所生产的以商店名为品牌的土豆片要比雀巢的马吉品牌便宜约25%。为了报复，雀巢公司在马来西亚东部采取了削价20%的策略。

12. 生产效率高　雀巢公司之所以在营销方面成为一家成功的大企业，与其在生产制造方面的高超技艺是分不开的。该公司在生产运行方面投入巨额资金以保持其成本在同行业中最低。

13. 拥有自主权的地区经理　雀巢公司在管理上采用了地区负责人拥有决策自主权的系统构架。在全世界雀巢公司拥有约100名这样的经理，每人只全力负责其所辖地区的事务。雀巢公司的经理人员在全球各地区间不断地流动，在其回到亚洲的那些不发达国家任职之前，要从欧洲或日本带回新的营销战术。美国公司的经理通常在亚洲的任职不超过3年，而雀巢公司派驻亚洲的经理则要工作4至5年。比如，雀巢公司在曼谷的咖啡加工厂的弗利皮诺经理将被派驻印度尼西亚去管理一家工厂。就这样，雀巢公司通过亚洲地区经理之间的跨国交流而不完全依靠将人才外驻来加强管理。因此，在公司内部，培训显得尤为重要。

第二节　成立新企业

2014年3月国家《新公司法》正式实施，降低了公司注册门槛，简化了公司注册流程。2015年“大众创业、万众创新”的热潮再次把注册公司推上了改革的道路，从2015年10月1日起在全国统一实施“三证合一、一照一码”登记制度改革，由工商部门核发加载“统一码”的营业执照（图10-1）。

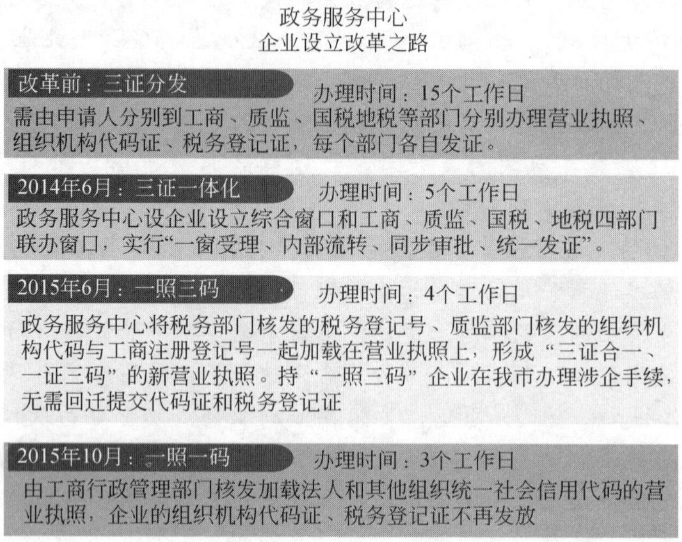

图 10-1　新登记制度

一、“三证合一”登记制度

（一）什么是“三证合一”

“三证合一”登记制度是指将企业登记时依次申请，分别由工商行政管理部门核发工商营业执照、质量技术监督部门核发组织机构代码证、税务部门核发税务登记证，改为一次申请、由工商行政管理部门核发一个营业执照的登记制度（图 10-2）。

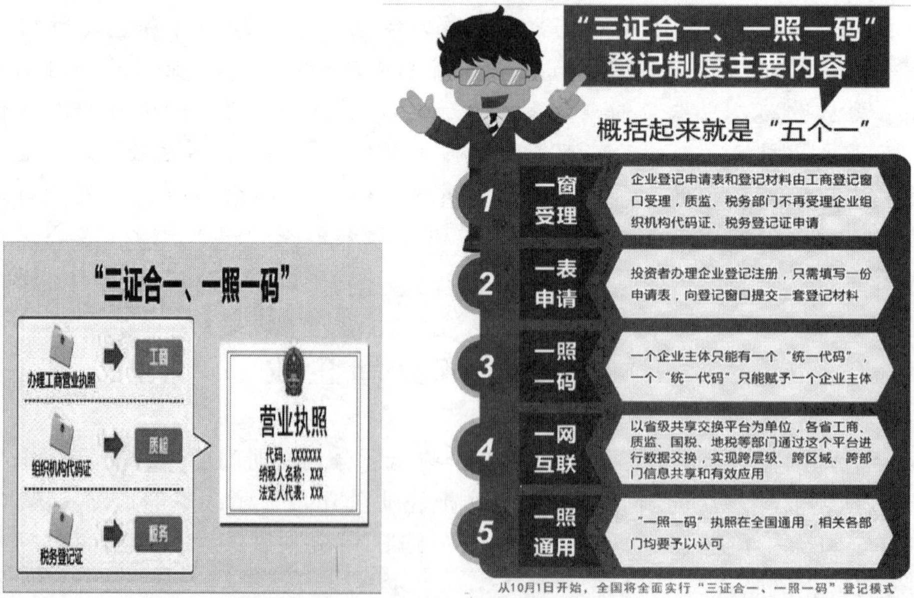

图 10-2　三证合一、一码一照内容

（二）“三证合一”登记制度改革的意义

全面推行“三证合一”登记制度改革，是贯彻党的十八大和十八届二中、三中、四中全会精神，落实国务院决策部署，深化商事登记制度改革的重要举措。加快推进这一改革，可以进一步便利企业注册，持续推动形成“大众创业、万众创新”热潮。这是维护交易安全、消除监管盲区的有效途径，是推进简政放权、建设服务型政府的必然选择，对于提高国家治理体系和治理能力现代化水平，使市场在资源配置中起决定性作用和更好地发挥政府作用，具有十分重要的意义。各地区、各部门要站在全局高度充分认识这一改革的重要意义，提高思想认识，加强协调配合，确保这一利国利民的改革举措顺利实施。

（三）“三证合一”的改革目标和基本原则

1. 改革目标　通过“一窗受理、互联互通、信息共享”，将由工商行政管理、质量技术监督、税务三个部门分别核发不同证照，改为由工商行政管理部门核发一个加载法人和其他组织统一社会信用代码的营业执照，即“一照一码”登记模式。

2. 基本原则

（1）便捷高效：要按照程序简便、办照高效的要求，优化审批流程，创新服务方式，提高登记效率，方便企业准入。

（2）规范统一：要按照优化、整合、一体化的原则，科学制定“三证合一”登记流程，实行统一的“三证合一”登记程序和登记要求，规范登记条件、登记材料。

（3）统筹推进：大力推行一窗受理、一站式服务工作机制，将“三证合一”登记制度改革与全程电子化登记管理、企业法人国家信息资源库建设、企业信用信息公示系统建设、政务信息共享平台建设、统一社会信用代码制度建设等工作统筹考虑、协同推进。

（四）公司注册新旧流程对比

公司注册流程	2015 年 10 月前公司注册流程	更改后公司注册流程
1. 核名	注册公司流程第一步先到工商局去领取一张“企业（字号）名称预先核准申请表”，填写已准备好的公司名称，由工商局上网（工商局内部网）检索是否有重名，如果没有重名，就可以使用这个名称，就会核发一张“企业（字号）名称预先核准通知书”	不变
2. 办理租房合同	注册公司流程第二步去专门的写字楼租一间办公室，如果你自己有厂房或者办公室也可以，有的地方注册公司时不允许在居民楼里办公。租房后要签订租房合同，并让房东提供房产证的复印件	不变
3. 编写“公司章程”	注册公司流程第三步可以在工商局网站下载“公司章程”的样本，修改一下就可以了，章程的最后由所有股东签名	不变
4. 网上预约登记	注册公司流程第四步在工商局网站上进行企业网上登记，在这里登记的是公司注册的全部信息，包括：公司名称、注册资本、法人、股东及股东的出资比例、任职分配、注册地址等信息	不变

续表

公司注册流程	2015 年 10 月前公司注册流程	更改后公司注册流程
5. 银行入资	注册公司流程第五步到工商局附近的银行开设企业临时账户（用于注资），把注册资本按照一定的出资比例分别从不同的股东名下打到企业的临时账户（目前有很多银行不能参与工商入资，所以工商局就近的基本都可以或者开户之前询问是否可以作为注资账户）	认缴制改革：公司应当将股东认缴出资额或者发起人认购股份、出资方式、出资期限、缴纳情况通过市场主体信用信息公示系统向社会公示。公司股东（发起人）对缴纳出资情况的真实性、合法性负责
6. 办理“银行询证函”	注册公司流程第六步联系一家会计师事务所，领取一张“银行询证函”（必须是原件，会计师事务所盖章）	取消
7. 开立公司验资户	注册公司流程第七步所有股东带上自己入股的那一部分钱到银行，带上公司章程、工商局发的核名通知、法人代表的私章、身份证、用于验资的钱、空白询证函表格，到银行去开立公司账户，你要告诉银行是开验资户。开立好公司账户后，各个股东按自己出资额向公司账户中存入相应的钱。银行会发给每个股东缴款单、并在询证函上盖银行的章	取消
8. 办理验资报告	注册公司流程第八步拿着银行出具的股东缴款单、银行盖章后的询证函以及公司章程、核名通知、房租合同、房产证复印件，到会计师事务所办理验资报告	公司实收资本不再作为工商登记事项。公司登记时，无需提交验资报告
9. 办理公司营业执照	注册公司流程第九步到工商局领取公司设立登记的各种表格，包括设立登记申请表、股东（发起人）名单、董事经理监理情况、法人代表登记表、指定代表或委托代理人登记表。填好后，连同核名通知、公司章程、房租合同、房产证复印件、验资报告一起交给工商局。大概 15 个工作日后可领取营业执照	不变（3～5 个工作日可以领取营业执照）
10. 公安局刻章备案	注册公司流程第十步凭营业执照到公安局指定的刻章社，去刻公章、财务章	不变
11. 办理企业组织机构代码证	注册公司流程第十一步凭营业执照到技术监督局办理组织机构代码证。办这个证需要半个月，技术监督局会首先发一个预先受理代码证明文件，凭这个文件就可以办理后面的税务登记证、银行基本户开户手续了	取消，三证合一
12. 去银行开基本户	注册公司流程第十二步凭营业执照、组织机构代码证，去银行开立基本账号	不变（一证一码，无单独的组织机构代码证）

续表

公司注册流程	2015 年 10 月前公司注册流程	更改后公司注册流程
13. 办理税务登记	注册公司流程第十三步领取执照后，30 日内到当地税务局申请领取税务登记证。一般的公司都需要办理 2 种税务登记证，即国税和地税	取消，三证合一
14. 申请领购发票	注册公司流程第十四步如果你的公司是销售商品的，应该到国税去申请发票，如果是服务性质的公司，则到地税申领发票	不变

（五）“三证合一”公司注册流程详解（图 10-3）

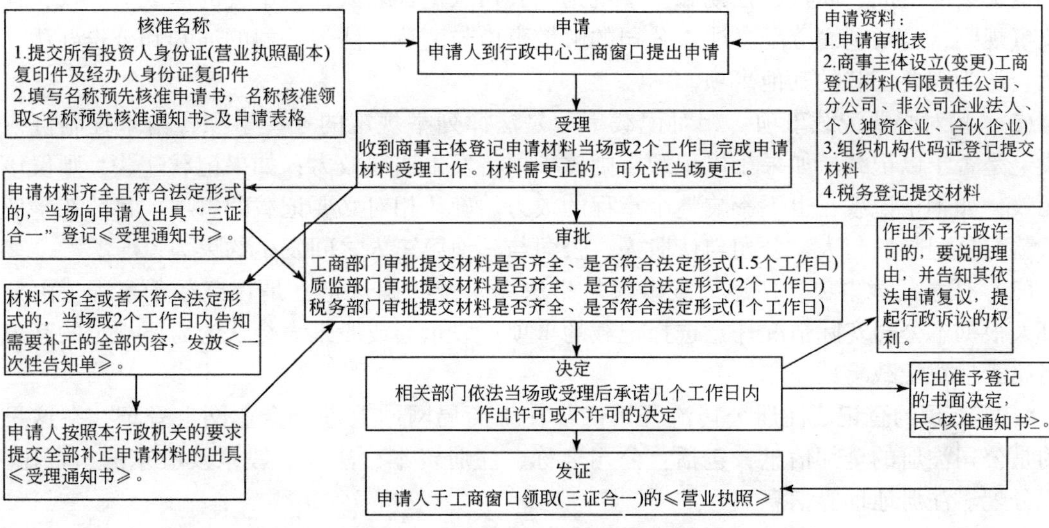

图 10-3 “三证合一”登记流程图

1. 工商局核名

（1）名称预查：领取并填写《企业（字号）名称预先核准申请表》《投资人授权委托意见》，同时准备相关材料，股东、法人提供身份。公司注册申请人事先最好想好 5 ~ 8 个公司名称，避免因审核时重名而浪费时间。

（2）名称审核：递交《企业（字号）名称预先核准申请表》、投资人身份证、备用名称若干及相关材料，等待名称核准结果。

（3）领取《企业名称预先核准通知书》：工商局名称审核通过后即可领取《企业名称预先核准通知书》，《企业名称预先核准通知书》有效期为半年，若半年内还未办理工商登记，可以延期。

（4）注册公司核名所需材料：

①全体股东的身份证原件、复印件。

②拟申请公司名称。

③公司主要经营范围。

2. 办理租房合同 去专门的写字楼租一间办公室，如果你自己有厂房或者办公室也可以，有的地方不允许在居民楼里办公。租房后要签订租房合同，并让房东提供房产证的复印件。

签订好租房合同后，还要到税务局去买印花税，按年租金千分之一的税率购买，例如你的每年房租是1万元，那就要买10元钱的印花税，贴在房租合同的首页，后面凡是需要用到房租合同的地方，都需要贴印花税的合同复印件。

3. 编写"公司章程" 公司章程是公司组织和活动的基本准则，可以在工商局网站下载"公司章程"的样本，修改一下就可以了，章程的最后由所有股东签名，其主要内容包括：

（1）绝对必要记载事项：绝对必要记载事项是每个公司章程必须记载、不可缺少的法定事项，缺少其中任何一项或任何一项记载不合法，整个章程即无效。这些事项包括公司的名称、住所、宗旨、注册资本、财产责任等。

公司的章程必须载明的事项包括：公司名称和住所，公司经营范围，公司设立方式，公司股份总数、每股金额和注册资本，发起人的姓名、名称和认购的股份数，股东的权利和义务，董事会的组成、职权、任期和议事规则，公司法定代表人，监事会的组成、职权、任期和议事规则，公司利润分配办法，公司的解散事由与清算办法，公司的通知和公告办法，股东大会认为需要记载的其他事项。

（2）相对必要记载事项：相对记载事项是法律列举规定的一些事项，由章程制订人自行决定是否予以记载。如果予以记载，则该事项将发生法律效力；如果记载违法，则仅该事项无效；如不予记载，也不影响整个章程的效力。确认相对必要记载的事项，目的在于使相关条款在公司与发起人、公司与认股人、公司与其他第三人之间发生约束力。

（3）任意记载事项：任意记载事项是指法律未予明确规定，是否记载于章程，由章程制订人根据本公司实际情况任意选择记载的事项。股东会或股东大会认为需要规定的其他事项当属于任意记载事项。

4. 网上预约登记 注册公司流程第四步在工商局网站上进行企业网上登记，在这里登记的是公司注册的全部信息，包括：公司名称、注册资本、法人、股东及股东的出资比例、任职分配、注册地址等信息。

5. 银行入资 实行注册资本认缴登记制。公司股东认缴的出资总额或者发起人认购的股本总额（即公司注册资本）应当在工商行政管理机关登记。公司股东（发起人）应当对其认缴出资额、出资方式、出资期限等自主约定，并记载于公司章程。有限责任公司的股东以其认缴的出资额为限对公司承担责任，股份有限公司的股东以其认购的股份为限对公司承担责任。公司应当将股东认缴出资额或者发起人认购股份、出资方式、出资期限、缴纳情况通过市场主体信用信息公示系统向社会公示。公司股东（发起人）对缴纳出资情况的真实性、合法性负责。

6. 注册公司 到工商局领取公司设立登记的各种表格，包括设立登记申请表、股东（发起人）名单、董事经理监理情况、法人代表登记表、指定代表或委托代理人登记表。填好后，连同核名通知、公司章程、房租合同等复印件一起交给工商局。大概3~5个工作日后可领取执照。

7. 该公章、财务章 凭工商局审核通过后颁发的营业执照，到公安局指定的刻章社去刻公章、财务章（后面步骤中，均需要用到公章或财务章）。章主要包括：篆刻公司印章需要准备的材料：

（1）营业执照副本原件及复印件。

（2）法人身份证原件及复印件。

（3）委托人身份证原件及复印件。

注册公司需要篆刻的印章：

（1）企业公章。

（2）企业财务章。

（3）企业法定代表人个人印鉴。

（4）企业合同章。

（5）企业发票专用章。

8. 去银行开基本户

凭营业执照去银行开立基本账号，开设基本账户须准备以下材料：

（1）《企业法经营业执照》原件及复印件。

（2）法定代表人的身份证原件及复印件。

（3）公司财务人员的会计证原件及复印件。

（4）开户许可证。

（5）开户申请书，并加盖公司公章。

（6）公司印章一套（公司公章、财务专用章和法定代表人私章）。

9. 申请领购发票　如果你的公司是销售商品的，应该到国税去申请发票，如果是服务性质的公司，则到地税申领发票。

二、“五证合一”概述

1. 什么是“五证合一”　“五证合一”的营业执照于2015年10月1日开始推行，现在是部分城市开始实行，并没有全面推广，部分城市仍然办理的是“三证合一”。

“五证合一、一照一码”概括起来说就是“五个一”：一是一表申请。今后投资者办理企业登记注册，只需填写一张申请表，向“五证合一、一照一码”登记窗口提交一套登记材料。二是一窗受理。企业登记申请表和登记材料由工商登记窗口受理，质监、税务、人力社保、统计不再受理企业组织机构代码证、税务登记证、社会保险登记证、统计登记证申请。三是“一企一码”。一个企业主体只能有一个“统一代码”，一个“统一代码”只能赋予一个企业主体。四是一网互联。全市工商、质监、税务、人力社保、统计部门等部门通过全省统一信息共享交换平台进行数据交换，实现跨层级、跨区域、跨部门信息共享和有效应用。五是一照通用。“一照一码”执照在全国通用，相关各部门均要予以认可。

2. “五证合一”登记制度改革的意义　“五证合一”是继“三证合一”以来，推进商事制度改革的又一项新举措，有利于进一步整合行政资源，提升行政效能，减少重复审批，促进大众创业、万众创新，更好地推动市场主体不断发展壮大，为促进经济社会快速健康发展注入强劲动力。

3. 办理方式　新的“五证合一”办证模式，采取“一表申请、一窗受理、并联审批、一份证照”的流程：首先，办证人持工商网报系统申请审核通过后打印的《新设企业五证合一登记申请表》，携带其他纸质资料，前往大厅多证合一窗口受理；窗口核对信息、资料无误后，将信息导入工商准入系统，生成工商注册号，并在“五证合一”打证平台生成各部门号码，补录相关信息，同时，窗口专人将企业材料扫描，与《工商企业注册登记联办流转申请表》

传递至质监、国税、地税、社保、统计五部门，由五部门分别完成后台信息录入；最后打印出载有五个证号的营业执照。办证模式的创新，大幅度缩短了办证时限，企业只需等待2～3个工作日即可办理以往至少15个工作日才能够办结的所有证件，办事效率得到提高。

3. “五证合一”登记制度改革能够给企业带来什么样的便利 对于企业而言，主要有三大便利。一是节省时间。企业无需单独再办理组织机构代码证、税务登记证、社会保险登记证、统计登记证，只需办理“统一代码”营业执照即可，减少企业往返各部门奔波之苦，为企业节省大量的时间和精力；二是节约成本。原来登记要准备多份重复资料，现在只需要准备一套登记资料，为企业节约成本；三是办事更方便。由于“统一代码”营业执照具有唯一性、兼容性、稳定性、全覆盖性的特征，企业到相关部门办事只带营业执照即可，再不需带一摞证照办事，因而企业办事更简单、便利。

第三节　开办新企业的法律政策与伦理问题

一、注册企业的法律法规

创业者在创建和经营企业前，必须了解国家关于企业注册的有关前置条件。在创建企业的过程中，必须了解和遵守有关法律法规，以确保自身和他人的利益不受非法侵害。

注册企业必须考虑的法律法规：《著作权法》《合同法》《劳动法》《商标法》《反不正当竞争法》《产品质量法》《专利法》。

二、创业扶持政策

1. 大学毕业生在毕业后两年内自主创业，到创业实体所在地的工商部门办理营业执照，注册资金（本）在50万元以下的，允许分期到位，首期到位资金不低于注册资本的10%（出资额不低于3万元），1年内实缴注册资本追加到50%以上，余款可在3年内分期到位。

2. 大学毕业生新办咨询业、信息业、技术服务业的企业或经营单位，经税务部门批准，免征企业所得税两年。新办从事交通运输、邮电通讯的企业或经营单位，经税务部门批准，第一年免征企业所得税，第二年减半征收企业所得税；新办从事公用事业、商业、物资业、对外贸易业、旅游业、物流业、仓储业、居民服务业、饮食业、教育文化事业、卫生事业的企业或经营单位，经税务部门批准，免征企业所得税一年。

3. 各国有商业银行、股份制银行、城市商业银行和有条件的城市信用社要为自主创业的毕业生提供小额贷款，并简化程序，提供开户和结算便利，贷款额度在2万元左右。贷款期限最长为两年，到期确定需延长的，可申请延期一次。贷款利息按照中国人民银行公布的贷款利率确定，担保最高限额为担保基金的5倍，期限与贷款期限相同。

4. 政府人事行政部门所属的人才中介服务机构，免费为自主创业毕业生保管人事档案（包括代办社保、职称、档案工资等有关手续）2年。提供免费查询人才、劳动力供求信息，免费发布招聘广告等服务。适当减免参加人才集市或人才劳务交流活动收费。优惠为创办企业的员工提供一次培训、测评服务。

三、创业伦理、社会责任

（一）创业伦理

1. 创业伦理是指创业者处理创业活动中内外利益关系的善恶评价的价值标准和行为规范。创业伦理是对创业活动的伦理考量和道德评价。

2. 创业伦理的作用：

（1）创业者良好的道德品质有助商机的发现。

（2）创业者良好的道德品质有助于制定正确的决策。

（3）创业者良好的道德品质是获取、保留关键性人才和激发成员工作热情的基础。

（4）创业者的道德文化促进了创业团队内外的协调。

3. 创业伦理问题

（1）社会转型：急需创业伦理教育的导向。中国从传统社会走向现代社会的过程中，既面临复杂的社会转型的任务，又要完成由计划经济体制向市场经济体制转轨的使命。而中国市场经济缺少正常的自然历史积累过程，要在短时期内完成社会转型必然会引发一系列严重问题，如社会道德底线一个一个被击穿等。改革开放 30 多年来，我国发展社会主义市场经济常常是摸着石头过河，在借鉴发达国家的经验、参与国际竞争的同时，也暴露出很多问题，当前比较突出的就是商业伦理问题。一些不道德商家的行为扰乱了市场秩序，主要表现在：①对消费者的欺瞒、欺诈。一般情况下，有偷工减料、缺斤少两行为，情节严重的使用有害食品添加物质、造假贩假等。②对合作者不诚实、不守信。拖欠货款的现象非常严重，有的还赖账出逃。③对环境肆意破坏。如任意开采，排放有毒污染物等。④拖欠工资，对员工缺乏关怀。此外，还有假冒伪劣、货不对板、过度投机、短期行为、行贿受贿、偷税漏税、使用盗版等等。舆论和媒体也常常对违反商业伦理道德的现象进行揭露和抨击，比如 3.15 打假活动，比如揭露矿难，再比如报道食品添加剂的危害等，起到了一定的监督和导向作用。

也有很多诚实守信的经商案例，他们以实际行动树立了现代商人的正面形象。但是，作为高等教育，有责任对有志创业的学生进行创业伦理规范培养，让学生明辨是非，懂得什么是优秀的创业者、什么是不道德的行为，并养成良好的创业道德伦理习惯。在急需建构社会主义市场经济商业伦理的今天，这一任务非常迫切。

（2）商业创新：急需创业伦理教育的促进。商业创新包括创新产品和服务项目、创新市场结构、创新营销手段、创新管理机制等。没有创新就没有发展。多年来，我们在学习和借鉴国外先进经验方面成效非常显著，许多行业在“边学边干”中得到快速发展。而如今在国际金融危机影响下、在更高层面的竞争和成本上升的压力下、在实现转型升级的要求下，企业不断创新才是唯一的生存之路。

要商业创新就不能走“假冒伪劣”的道路。制造假冒伪劣产品损害了创新企业的利益，打击了创新企业的积极性，破坏了市场竞争环境，因此是不道德的行为。要商业创新就要发展机会型创业、创新型创业。据调查，中国的创业活动仍以生存型为主导，96% 的创业活动没有创造新市场。在全球范围内的创业活动中，2/3 的创业者属于机会型创业，1/3 属于生存型创业。而在中国，仅有 4 成创业者属于主动发现机会而创业，创新型创业则是凤毛麟角。有创业无创造、有创业无创新、盲目跟风是生存型创业的典型特征。创业本质就是创新，只有实现了创新，真正发挥了创业精神和企业家精神。要商业创新就要关注并关心他人的需要。只有真正关心他人需要的人才能提供有价值的产品或服务。相反，如果创业者只关心企业利益、个人利益，不顾伦理道德，一切手段都可以为盈利服务，就会给社会主义市场经济体系造成严重破坏。中国经济的繁荣取决于一套能够支持市场有效运作的价值观念和规范。在高校广泛开展创业教育的今天，创业伦理教育不可或缺。

（二）社会责任

社会责任是指一个组织对社会应负的责任。一个组织应以一种有利于社会的方式进行经营和管理。社会责任通常是指组织承担的高于组织自己目标的社会义务。如果一个企业不仅承担了法律上和经济上的义务，还承担了“追求对社会有利的长期目标”的义务，我们就说该企业是有社会责任的。

社会责任是社会法和经济法中规定的个体对社会整体承担的责任，是由角色义务责任和法律责任构成的二元结构体系。责任分为两种：第一种是指分内应做的事，如岗位责任等。这种责任实际上是一种角色义务责任或者说是预期责任。第二种是因没有做好分内之事（没有履行角色义务）或没有履行助长义务而应承担一定形式的不利后果或强制性义务，即过去责任，如违约责任、侵权责任等。

社会责任又可分为“积极责任”和“消极责任”。积极责任也叫做预期的社会责任，它要求个体采取积极行动，促成有利于社会（不特定多数人）的后果的产生或防止坏的结果的产生。消极责任或者说过去责任、法律责任，则只是在个体的行为对社会产生有害后果时，要求予以补救。

【经典实例】

三鹿奶粉事件引发的对企业伦理的思考

一、三鹿奶粉事件回顾

从2008年3月份开始，三鹿集团陆续接到一些婴幼儿食用三鹿婴幼儿奶粉后患泌尿系统结石病的投诉。8月初经专家鉴定三鹿公司涉嫌问题奶粉中有大量致肾病的三聚氰胺，且未对外公布。9月份三鹿集团向消费者宣称已委托甘肃省质量技术监督局对本公司产品进行检验，结果显示符合国家的各项质量标准。直到2008年9月13日，前卫生部把“三鹿牌婴幼儿配方奶粉”事故定性为一起重大的食品安全事故时，三鹿集团仍未就此事向社会民众、媒体以及政府做出合理解释。随后，蒙牛、伊利、光明、完达山等数十个国内奶制品厂家的部分产品均被检测出不同程度含有三聚氰胺，至此乳制品行业的三聚氰胺事件成为2008年人尽皆知的事件，企业的社会责任问题被人们提到了首要位置。

二、三鹿奶粉事件原因分析

三鹿奶粉事件的发生绝非偶然，在现象背后掩藏着各种深层次的原因，分析如下：

1. 奶制品供求关系不平衡　随着生活水平的提高，人们普遍开始注重饮食的营养与健康，受近邻日本“一杯奶强壮一个民族”的影响和启发以及营养科研的发展所证实，牛奶确实是一种非常好的营养食品，因此，专家大力呼吁公众增加奶的摄入量，而政府也制定各种政策来支持奶行业的发展。这些确实为增强国人体质做出贡献。然而问题在于，制定政策时，却忽略了这样一个事实：我国畜牧业的发展满足不了人们对牛奶的需求。国家的草场深受沙漠化、过度放牧等问题的困扰，畜牧业发展受到了严重的限制，畜牧业的受限自然导致了牛奶产量的增长难以跟得上市场的需求。一些企业为了片面追求市场占有率，为了企业的盲目扩张，“满足”所谓的市场需求，在奶源不够的情况下，使用不正当的竞争方式。同时，由于面临跨国大公司的竞争和压制，企业为了在日益开放的市场中占据主动，反制外资企业的压制，盲目追求短时间内企业的飞速壮大，导致企业负责人头脑发热，罔顾食品安全和公众对于健康食品的需求，也不顾企业长远发展的需要，在奶中添加了三聚氰胺，最终坑害了消费者，也毁了企业自身。

2. 不良竞争和成本的增加　近年来，国内奶制品企业竞争激烈，除了蒙牛、伊利、光明、三鹿等几家大企业以外，还有一些实力强大的外资企业，如雀巢等，以及一些本地发展的中小企业，而中国目前的竞争往往是一个低层次的竞争——价格竞争。随着这几年原材料、燃料、人力等成本的大大增加，物价飞速上涨，奶制品行业同样也面临物价上涨的巨大压力。但是，市场的竞争异常惨烈，又使得这些企业在提高价格方面不得不三思而为之。据统计，日常市场中售卖的所谓的鲜奶，如果按照鲜奶收购价格、再去掉其中的各种成本，其价格远远高于现在的市场价格，也就是说，企业如果利用真正的鲜奶来生产，其实是亏本的。同时，之前检测鲜奶中蛋白质含量使用的凯氏定氮法，是通过检测氮的含量推算蛋白质含量的。因此，添加成本低廉的三聚氰胺增加牛奶和奶粉中的氮含量，使得蛋白质含量检测达标，几乎成了这个行业的一个潜规则。

3. 监管和监督的缺失　在食品行业发展迅速的今天，应该怎样来制订有效的监督机制。我们目前的食品，从田间到餐桌，中间要经过企业加工、运输和市场等几个环节，而在这几个不同的环节，监管监督机构是不同的，在田间是属于农业部负责，而市场是属于质检部门负责，而到了餐桌到进入人体则是由卫计委负责，多家监管的好处是可以有多方力量共同来维护这个食物链的安全运转。但是正是由于多头监管，加上中间的沟通问题，却使得监管容易缺失，某些环节容易出现问题，从而造成食品安全事故。

4. 企业社会责任意识的缺失。

如果企业不重视消费者的健康，只追求经济利润最大化，妄图用低劣食品来占领市场，壮大企业，缺失了良心和社会责任心，那么这个企业即使做得再大，也难有长远发展，最终会被消费者所抛弃。同样，如果相关部门不能进行有效的监管和监督，立法部门不能尽快制定出严格的食品安全法，就难以保证以后不会因为监督的缺失而再次发生严重的食品安全事件。

三、企业社会责任分析

1. 企业应当承担社会责任的原因　对于企业是否应当承担社会责任的争论古已有之，从当代的视角来看，企业社会责任的承担已被认为是企业生存必不可少的职责。

第一，企业承担社会责任是公众对企业的期望。三聚氰胺事件发生后，从网友们对于三鹿集团的声讨和谩骂中就可以看出，对于一个只谋求经济利益最大化而不顾消费者利益的企业，人们是极其不满的。

第二，只有勇于承担社会责任的企业才能获得长期利润。在乳制品中添加三聚氰胺，看似节约成本增加利润，但实质上却是将企业前途不管不顾的无知行为。

第三，承担社会责任能帮助企业树立良好的形象。不论是在三聚氰胺事件中破产的三鹿集团，还是受到牵连的蒙牛、伊利集团，他们在公众中的企业形象都受到损害，反观进口的雀巢公司，却因良好的口碑销量大增。

第四，全行业企业承担社会责任能够营造良好的社会环境。企业行为的导向作用是引导社会风气的重要原因。企业主动承担社会责任可以减轻政府压力，提高人民生活水平，引导积极的舆论方向。

第五，企业承担社会责任可以防患于未然。三聚氰胺事件就是企业未能承担社会责任引发严重社会问题的典型案例。在这次事件中，人们的生命安全受到巨大威胁，对乳制品行业在内的各行各业的信心都备受打击，一时之间人人自危。企业如果在事件发生之前做好安全检查，那就不会引发如此之大的损失。

2. 企业承担社会责任的动机　不得不承认的是，企业进行任何活动最原始的动机都是获取利润，承担社会责任也不例外。承担社会责任可以使得企业树立良好的形象，获得民众的信任和认可，这些都是企业的无形资产。积极主动承担社会责任才能让企业始终充满活力和生机，获得长期发展。

企业也应当从整个人类社会的角度出发，作为社会的活动主体，考虑其他人的利益，谋求社会的共同发展。当大多数企业忽略社会责任时，消费者对整个行业失去信任，其中每一个企业都会出现生存危机。企业和消费者都得不到利益，社会发展也将停滞不前。

3. 企业社会责任感缺失的原因　尽管从各个层面上来看企业都应当承担社会责任，但是近年来企业社会责任感的缺失却屡见不鲜：三聚氰胺事件、双汇事件、汶川地震捐款事件，等等。纵观各种事件，从中总结，导致企业社会责任缺失的原因是多方面的，概括起来主要有以下几点：

（1）企业以追求经济利益为主，而忽视消费者的权利。随着社会的不断发展，越来越多的管理者意识到单纯追求经济利益的做法，已经不能适应当今社会的发展。但是，从企业的净利润考虑，一旦承担社会责任必然意味着生产成本的增加，因此企业急功近利，不按质量标准生产，在生产过程中擅自添加禁用品。比如，三鹿集团的管理当局很早就知道自己生产的奶粉三聚氰胺超标，但为了追求更多的经济利益，而忽视消费者、供应商等利益相关者的利益。因此，当他们知道事实真相后，并不是想着怎样去挽回消费者的利益、如何去弥补受害人的损失，却一味掩盖现实，正是这种错误的举动导致事态进一步扩大，消费者受到更大的伤害。随后，三鹿集团为了维护自己的品牌形象，又试图将责任推卸给奶农，认为是不法奶农为提高牛奶中的蛋白质含量而添加三聚氰胺，并声称这些与三鹿集团没有任何关系。他们一直都没有检讨自己收奶时把关不严，加工中的质量检查不严，以及在产品出厂时的质量检疫敷衍了事的问题。2008 年 9 月当三聚氰胺事件真相曝光后，该公司副总裁张振岭在新闻发布会上宣读了致社会各界人士和广大消费者的一封公开信，向因食用三鹿婴幼儿配方奶粉导致的患儿及家属道歉，从道歉信来看，三鹿集团仍然没有对自己内部的问题进行反省，只强调是外面原因。对于自己应当承担的社会责任仍然没有清醒的认识，更谈不上积极履行。三鹿的品牌价值迅速下滑，2009 年 2 月三鹿集团正式宣布破产，这意味着三鹿被消费者抛弃，被市场淘汰。

（2）行业间恶性竞争，忽视供应商的利益。从 2005 年开始，三鹿、蒙牛、伊利、光明、完达山等乳企均进入飞速发展时期。以三鹿集团为例，从 2005 年开始陆续在全国设立 30 余家分厂。就在全国乳企一片扩张声中，国家为了限制乳制品行业的恶性竞争，规定各家乳品企业设厂间距要在 100 公里以上。但事实上，蒙牛、伊利、三鹿等乳品企业相继建厂，导致河北市场每 100 公里内就有四五家乳企工厂。当地日加工鲜奶能力达到 12000 吨，但全省奶牛日产奶仅 4000 多吨。前方扩张的乳企面临着空前的后方奶源危机。作为乳制品行业的供应商——奶农又比较分散，议价能力较差，因此鲜奶价格一直由乳企规定。乳企为了在终端市场占领更大市场份额，大打价格战，由此压低上游鲜奶价格。加之2006年下半年起，奶牛饲料价格高涨，于是为了争夺有限的奶源，大部分由私人拥有的收奶站，也成了各家乳企竞相争取的对象。这些奶站用扣押奶款的方式控制奶农，而奶站又利用乳企间的竞争索要高价。其中有一些人甚至发展为“奶霸”，下控奶农，上与各乳企要高价。很多奶站不甘心只赚每公斤鲜奶1～2毛钱的“抽头费”，开始在奶中加“东西”，奶站掺假愈发猖獗，比如三聚氰胺加水就可提高蛋白质的含量。

(3) 政府及社会监管不力。根据调查，多数政府管理部门对企业社会责任问题了解甚少，或者根本没有概念，对其利害关系没有清醒的认识，只注重企业的利润和税收，而对企业守法行为的监督力度不够。即使有些地方政府了解情况，也并没有从整体上积极推进。很多政府部门和企业互相包庇，为了保护当地企业和控制“负面影响”，延误上报达月余，直到事态蔓延到不可收拾的地步，被新闻媒体曝光以后，才采取相应对策。如在三鹿毒奶粉事件中，因为三鹿“请政府加强媒体的管控和协调”，而市政府非常“关心、呵护”纳税人而大力支持，所以媒体没有及时告知。当事态发展到不可收拾的地步时，石家庄市政府才就三鹿奶粉事件公开道歉。

(4) 领导者的思想道德观念薄弱，责任意识不强。当今社会推动企业发展的首要因素是人才，尤以高层领导者为核心。而我们国家有一些高层管理者认为，只要企业盈利，向国家纳税，就是在尽自己的社会责任。还有一些管理当局看到我国法律法规的滞后性、抓住现有法律法规的不健全、不完善之处，加之有些企业重视应享有的权利漠视应尽的义务，不履行企业的道德责任与政治责任，投机钻营，钻法律空隙，甚至违反法律，扰乱社会、市场秩序，致使企业利益相关者的利益受损。比如，在三鹿毒奶粉事件中，不少管理者就是抓住了乳制品行业是免检产品，所以只要放心大胆地、少量添加三聚氰胺是绝对不会有事的，但他们没有想到在整个供应链上，每一层的人员都这样想，都加一点，最后使三聚氰胺严重超标。短时间之内消费者不能感觉出问题，只有那些品牌忠诚者长期服用才会出现这样的问题，最后导致多数婴幼儿出现或轻或重的症状，引起公愤。

四、总结

企业社会责任是每一个企业的无形资产，是企业得以长远发展的基石。近年食品安全事故频发，消费者对食品行业已抱以怀疑的态度，这对食品加工企业来说无疑是一个警钟。各个企业更应当注重自身的社会责任，使消费者恢复对整个行业的信心，谋求稳定发展。

【知识拓展】

你周围有哪些市场机会？

1. 问自己五个问题

(1) 自己在生活中遇到过什么的问题或者不方便？

(2) 自己在工作中遇到了哪些问题？

(3) 其他人在生活和工作中遇到过什么类似的问题？

(4) 所在的社区缺少什么？

(5) 现在能不能有一种办法解决这些问题和不方便？

2. 调查你所处的环境

(1) 拥有什么自然资源？

(2) 人们的能力和技能如何?

(3) 拥有什么企业事业机构和单位?

(4) 所在地工业基础如何，交通物流如何?

(5) 有什么进口替代品需要被国产化?

(6) 发行什么出版物?

(7) 定期或不定期举办什么商品展销会?

3. 原则

(1) 如果存在人们无法获得的产品和服务，你来填补空白。

(2) 如果现有商品和服务水平很差，你来和它竞争。

(3) 如果某种东西涨价很快，去寻找更便宜的货源，或者是替代品，或者是成本更低、效率更高的分销系统。

(4) 如果某种东西因政策原因必须消亡，想办法改造它和升级它，使它符合政策要求。

(5) 为人们提出更高效、更有趣的销售方式。

练习与思考

开办企业的思考

第一步：自我评估，我能创业吗?

第二步：办个什么企业呢？要有一个好的构思。

第三步：市场容纳我办的企业吗？评估你的市场。

第四步：企业的人员和组织。

第五步：选择一种企业的法律形态。

第六步：认真考虑我当老板的法律环境和责任。

第七步：预测启动资金需求。

第八步：这个企业能钱赚吗？制定合理的价格，预测销售收入，制订销售和成本计划。

第九步：作个计划再考察考察，行的话，就全身心地去实践。

第十步：判断你的企业能否生存，开办企业。

参 考 文 献

1. 刘雪梅，赵平．大学生创业基础．北京：现代教育出版社，2014.
2. 李肖鸣，朱建新．大学生创业基础．2 版．北京：清华大学出版社，2009.
3. 唐平．大学生创业教育研究．北京：清华大学出版社，2014.
4. 姬振旗，周峰．创业教育务实．北京：高等教育出版社，2014.
5. 贺俊英．大学生创业基础与实训教程．北京：高等教育出版社，2010.
6. 周章斌，黄路明．大学生职业发展与就业指导．北京：现代教育出版社，2011.
7. 张耀辉，张树义，朱峰．创业学导论．北京：机械工业出版社，2011.
8. 郑晓燕．创业基础案例与实训．成都：西南财经大学出版社，2014.
9. 侯文华．大学生创新创业教育教程．北京：科学出版社，2016.
10. 朱坚强，周静．大学生职业生涯规划．北京：现代教育出版社，2013.
11. 国家发展和改革委员会．2015 年中国大众创业万众创新发展报告．北京：人民出版社，2016.
12. 杨乐克．大学生创新创业教程．北京：中国时代经济出版社，2014.
13. 任荣伟，梁西章，余雷．创新创业案例教程．北京：清华大学出版社，2014.
14. 史梅．走向成功——大学生就业与创业指导．北京：现代教育出版社，2013.
15. 潘永忠．大学生就业指导．北京：北京大学医学出版社，2012.
16. 张延东．大学生就业指导与创业教育．北京：现代教育出版社，2012.
17. 刘彩云．大学生就业创业指导教程．北京：现代教育出版社，2011.
18. 张景岫．大学生职业发展与就业创业指导．北京：现代教育出版社，2015.